法律适用方法

知识产权法案例分析方法

国 家 法 官 学 院
德国国际合作机构 著

丛书总编辑
黄永维
Dr. Jörg Binding

丛书副总编辑
冯文利
Dr. Johannes Schlichte

主要编写人员
Britta Beylage-Haarmann
王晓芳

中国法制出版社
CHINA LEGAL PUBLISHING HOUSE

德国国际合作机构-中德法律合作项目和国家法官学院

自1996年以来，我们一直在中华人民共和国卓有成效的司法改革中为最高人民法院和国家法官学院提供支持。为确保法治原则在法律适用过程中得到更好的实施和遵循，我们已为5000多名法官提供了法律适用方法的培训。

欲了解更多信息，请访问：

德国国际合作机构（GIZ）
中德法律合作项目

塔园外交办公楼1-13-2
亮马河南路14号
100600 北京，中国

电 话：+86 (0)10 8532 1401
网 址：www.law-reform.cn

国家法官学院

丰台区南四环西路111号
100070 北京，中国

电 话：+86 (0)10 6755 9245
网 址：njc.chinacourt.org

目　录

Contents

第一部分　法律适用方法导论

第二部分　知识产权法简介

第三部分　归入法案例分析方法（S）

第四部分　关系分析法案例分析方法（R）

序言一

美国法学家德沃金将没有清晰的法律规范加以确定指导的案件定义为“疑难案件”，认为对于“疑难案件”，法官需要通过运用正确的法律解释方法以及价值判断，发现案件的唯一正解。法律适用的结果是否存在唯一正解尚存争议，但是法律适用方法的客观化和统一却并非不可能：法官通过运用统一的、能为客观标准所衡量的法律适用方法，作出契合法律规范和承载法律基本价值内涵的裁判结论，在某种程度上也是回应了统一适用法律的司法本质要求。从方法论的意义上讲，素以完备和严谨著称的德国法律适用方法无疑对我国法律适用技术的完善和发展具有很强的借鉴意义和参考价值。

国家法官学院作为最高人民法院下属的全国法院法官培训机构，多年来一直致力于与各国保持着友好交流合作关系，并学习与借鉴他国有益的经验。自1998年至今，国家法官学院与德国国际合作机构联合举办三十多期法律适用方法培训班，内容涉及刑法、民法、行政法等多个领域，选取中国的案例，运用中国的法律，采用德国的案例分析方法（归入法、关系分析法）分析案件，得出结论。在举办培训班的过程中，参加培训的法官纷纷表示，此两种案例分析方法逻辑严密，推理缜密，对中国法官分析案情、运用法律具有很大的启发和借鉴作用。在每期培训班上，法官们都对本套书所选的案例进行了讨论。通过这三十多期培训班的举办，这些案例被打磨得愈加精辟而具有指导意义。此次，我们将这些精选的案例结集出版，既是作为中德双方在法官培训领域的合作成果展示，也希望这些凝结了中德法官的智慧和心血的作品能帮助更多的法律实务工作者。

本书的核心思想，即是以法院教育培训工作方针为指导，运用案例教学的手段，以法官亲历式的教学方式，将法律适用方法融入个案的分析过程中，以期提升法官的法律逻辑思维能力、驾驭法律信息资源的能力以及将理论知识运用于司法实践解决实际问题的能力。

黄永维

国家法官学院院长

Preface 1

American Jurist Dworkin defines "hard case" as the one without positive guidance by clear legal norms. When dealing with such "hard case", a judge needs to find the only right decision by making use of proper legal interpretation methods and value judgment. Though it is still controversial to say whether law application brings the only right decision, it is possible to make law application methods objective and unified; the utilization of unified law application methods measurable with objective criterion by judges to make decisions consistent with legal norms and bearing the basic value connotation of laws is a kind of response to the essential judicial requirements of unified application of law to some extent. Methodologically speaking, it is doubtless that complete and rigorous law application methods of Germany provide good examples and references for China's improvement and development of law application techniques.

As a national judge training institution under the Supreme People's Court, National Judges College has always been committed to maintaining friendly exchange and cooperation with as well as learning good experience from other countries for years. From 1998 to date, National Judges College has jointly organized over 30 training sessions concerning law application methods with GIZ, covering criminal law, civil law and administrative law, etc. By setting Chinese cases as examples, judges are trained to analyze cases and make judgments through applying Chinese laws and adopting German case analysis methods (subsumtions method and relation analysis method). Many judges participating in the training thought that the aforesaid two case analysis methods are rigorous in logic and reasoning, and they can draw inspiration and experience from them when analyzing cases and applying laws. Cases discussed in over 30 training sessions are now selected and published to exhibit cooperation achievements between China and Germany in judge training and show the wisdom and efforts of judges in both countries.

Guided by court education and training guidelines, this book uses cases to provide personal experience for judges, and integrates law application methods with case analysis, so as to improve judges' ability of logical thinking in legal issues, ability to utilize legal information resources and ability to solve practical legal issues with theoretical knowledge.

Huang Yongwei
President of National Judges College of China

序言二

2000年以来，德国国际合作机构（GIZ）中德法律合作项目与国家法官学院紧密合作，在民法、行政法和刑法领域，共同举办了长、短期的法律适用方法培训班。2012年我们开始将培训材料整理出版，这是双方长期以来卓有成效合作的又一重要里程碑。自2014年起，我们也相继推出了法律适用方法丛书的电子版和英文版。

我们的培训教材以及培训课程旨在支持和帮助中国政府在依法治国的背景下实现审判专业化和标准化的目标。从长远来看，只有当司法裁判和行政决定能清晰地在法律中找到依据时，法律的实施才是成功的。我们相信，除了渊博的法律知识之外，统一的法律适用方法亦能为实现司法裁判和行政决定的确定性和周全性发挥至关重要的作用。

秉持上述信念，我们很荣幸地向读者奉上新一册图书《法律适用方法——知识产权法案例分析方法》。对知识产权的保护，是知识创新型社会的基石。本书中，我们将讨论知识产权法领域中中国法官所遇到过的典型案例。因此，本书的重点在于介绍适用方法，实现并巩固统一解决模式的运用。

本书中介绍的德国方法论由“归入法”（Subsumtionstechnik）以及“关系分析法”（Relationstechnik）构成。前者是在事实清楚的情况下解决案例的方法，后者则是在事实不清楚的情况下解决案例的方法。该方法论在德国是历史悠久且根深蒂固的法律传统。它在法学教育中的普及以及在法律实践中的广泛应用，确保了所有法律专业人士都运用同样的方法解决法律问题。

归入法对于所适用的法律具有完全的独立性。因此它能够适用德国法、中国法或者其他任何国家的法律来解决案件。相对而言，关系分析法反映了德国民事诉讼法的基本原则，这些原则与中国民事诉讼法有一定的区别。然而，即使各程序法基于不同的原则，关系分析法也可以通过将其结构适用于既定程序体系的方式，应用于中国的法律。

我们在本书中编写了一些适用中国法的案例作为介绍德国法律适用方法的素材。需要强调的是，我们仅仅是法律方法论的专家而不是中国法方面的专家。我们尽可能准确地适用德国方法论解决中国的法律问题。尽管如此，对于在适用中国法过程中可能出现的错误还希望读者予以包容。

我们衷心地希望，本书中的法律适用方法对来自中国各级法院的法官同仁的工作能有所裨益——这样我们编写本书的目的也就达到了。

我代表德国国际合作机构（GIZ）中德法律合作项目对组织和支持本次出版的人员和机构表示感谢。特别要感谢我们的合作伙伴国家法官学院的黄永维院长、冯文利副院长以及国际合作处处长王晓芳女士对我们一如既往的支持和信任。

德国法律顾问白蕊女士（Britta Beylage-Haarmann）为编写及改进培训材料做出了巨大的贡献。中德法律合作项目的德国法官杨翰博士（Dr. Johannes Schlichte）负责法官培训和交流活动以及团队协调工作。胡兰女士、万迪女士、赵晓兰女士和路易斯先生（Lutz Grzonka）也为本书的出版做出了很多努力。我对他们表示衷心的感谢。

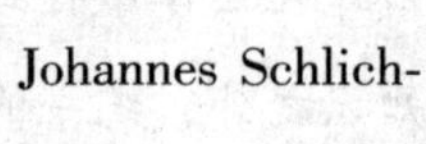

雅克博士（Jörg Binding）

项目主任

德国国际合作机构

中德法律、消费者个人信息保护、金融及质量基础设施合作项目

Preface 2

Since 2000 the Sino-German Legal Cooperation Programme of the Deutsche Gesellschaft für Internationale Zusammenarbeit GmbH (GIZ) and the National Judges College of China have been closely working together in conceiving and carrying out long-term and short-term training courses on judicial methodology in civil, administrative and criminal law. In 2012, we began to publish the training material used in those courses, which marked another significant milestone in our longstanding and successful cooperation. Since 2014 we also publish electronic and English versions of our books.

Both our training material and our training courses aim at supporting the efforts of the P. R. China's authorities to professionalize and standardize jurisprudence based on the rule of law. In the long run, the implementation of law will only be successful if judgments and administrative decisions clearly find their basis in the law. We are convinced that, besides a profound knowledge of the law, a uniform method of the application of law is essential for reaching predictable and comprehensive judgments and decisions.

Following this conviction, we are proud to present the new volume "Judicial Methodology: Methods for Case Studies in Intellectual Property Law". The protection of intellectual property rights is, among other things, the basis for a knowledge-based and innovative society. In this book we aim to discuss typical cases Chinese judges are confronted with in the field of intellectual property law. Thereby the main focus lies on the introduction of techniques that enable and enhance a uniform approach to solving these cases.

The German methodological approach presented in this book is characterized by the "subsumption technique" (Subsumtionstechnik), a method used for solving cases in which the facts are already clear, and the "relation technique" (Relationstechnik), a method used for solving cases where the facts are unclear. This methodology has a long and deep-rooted tradition in the German legal system. The fact that these techniques are taught in the legal education and applied in the legal practice ensures that all legal professionals have the same approach to solving legal cases.

The subsumption technique is completely independent from the content of the jurisdiction where it is applied. Thus, it can be used for solving cases under German law, under Chinese law or under any other law. The relation technique, on the other hand, reflects basic principles of the German civil procedure law which in parts are different from those of the Chinese civil procedure law. However, the relation technique can be adapted to the Chinese procedural rules—even if they rely on different principles—by taking these principles of the procedural system as a basis.

Accordingly, the case studies presented in this book serve as examples of how the German methodology can be applied to cases under Chinese law. We should stress that we are experts only in legal methodology and not in Chinese law itself. Nevertheless we have done our best to adapt the German methodology to reflect the specific characteristics of Chinese law as accurately as possible. Nevertheless, we kindly ask for indulgence for any errors made as regards the application of Chinese law.

We hope that our Chinese colleagues, judges from Chinese courts at all levels, from all regions and provinces of the P. R. China, will find the case study methodology helpful to their work—then the aim of this book is achieved.

On behalf of GIZ's Sino-German Legal Cooperation Programme, I would like to thank all the organizers and supporters of this publication. I am particularly grateful to the National Judges College of China, notably President Huang Yongwei, Vice President Feng Wenli and Ms. Wang Xiaofang, head of the International Department, for their continuous support and long-lasting trustful cooperation.

The development of this training material is mainly owed to the efforts of Legal Advisor Britta Beylage-Haarmann. German judge Dr. Johannes Schlichte, who is in charge of the judicial training and exchange activities of the Sino-German Legal Cooperation Programme, was responsible for the coordination of our team. Ms. Hu Lan, Ms. Wan Di and Ms. Zhao Xiaolan and Mr. Lutz Grzonka have also put a lot of effort into this book. I would like to thank all of them very cordially.

Programme Director

GIZ Sino-German Legal Cooperation Programme

第一部分

法律适用方法导论

导　论

中国正在走向法治国家。法治至少具有两方面的特点：首先必须由立法机关来制定法律，其次制定的法律也必须得到实施。对于法律工作者来说，无论是法官、检察官、律师或是政府工作人员，他们最主要的工作就是实施法律。成功实施成文法律的一个关键要素是它的统一适用，但是这并非总能得到保证，因为法律通常非常繁复，有时没有明确规定，或者无法穷尽丰富多彩的现实生活中各式各样的情形。法律适用的方法论对于解决这一难题是非常有用的，它可以帮助我们获得更统一的结果。

为了实现这一目的，对于法律适用者进行良好的训练是十分重要的。正是出于这个原因，中国的有关部门近年来采取许多措施来保证法律适用者获得必要的培训，一方面他们通过改革现有的相关法律规则，另一方面他们设立并扩建了法律培训设施。在我们的“法律适用方法导论”当中，我们希望能够帮助您了解一种系统性的方法，这种方法是德国的法律工作者在他们法律学习初始阶段所要学习的内容。这种方法使大家都用同一种思维方式来思考问题；您以后会发现，几乎每一个在德国学习法律的人都用的是这种思路。这种方法的好处在于，它与被适用的法律条文内容几乎完全独立存在，自成一体，因此，这种方法也就同样可以帮助中国的法律职业者适用法律。为了使中国读者更容易掌握，我们根据中国法的规则编制了案例与其他示例。当然，我们可能是方法论方面的专家，而您实际上是中国法律的专家。对于我们适用中国法律内容时可能发生的错误，我们恳请您多多包涵，并且请帮助我们改进这本教材。正如我们一贯强调的，方法论并非是一个黑白分明的选择题，它并不是要教给你法律条文的具体内容，而是要提供给你一种分析框架和思路。

本篇“法律适用方法导论”由三个部分组成：第一部分是对于基本原则的介绍，包括法律的目的、法律的实施以及采用法律适用方法的理由。第二部分与第三部分大致浓缩了德国法律职业者在参加工作之前所必须学习的内容：四年的大学阶段学习法律以及在给定的事实下如何适用法律（归入法）。此后，两年的实践训练阶段，他们需要学习当各方当事人对事实存在争议时如何适用法律，而这正是现实生活中最常见的情况（关系分析法）。在本文以及其他用来培训学员应用上述方法解决案件实际能力的其他培训材料当中，我们将通过中国民法方面的案例来作为教学范例。

如果你发现我们介绍的法律适用方法论对你的实际工作确有帮助，那么我们的目标和愿望也就实现了。

结　构

一、理论背景

Ⅰ. 法律、法规与规章的目的

1. 法律的目标
   a. 管理社会
   b. 国家垄断强制力量的补偿
   c. 影响人们的行为
2. 法律适用的重要性
3. 日常生活中的法律
4. 违法行为与纠纷
5. 法律与正义

Ⅱ. 人们遵守或违反法律规则的理由

1. 对于某些规则自然而然地遵守
2. 因畏惧强制措施而遵守

Ⅲ. 法律之外可以作为社会组织原则的选择

Ⅳ. 采用一定方法适用法律的理由

1. 法律适用中的问题
   a. 一般问题
   b. 具体问题：对于法律条文语言的不同理解问题
2. 一个统一的适用方法如何处理这些问题
3. 法律确定性是统一法律适用最主要的好处
   a. 实践中的法律确定性
   b. 法律确定性与法治
   c. 法律确定性的效果
   d. 法律确定性在中国
   e. 法律确定性的局限

一、理论背景

Ⅰ. 法律、法规与规章的目的

1. 法律的目标

法律是一个国家行使其权力最为重要的手段之一。依照法治原则建立起来的稳定的法律框架是实现社会和谐安宁与公民幸福安康的重要前提。

a. 管理社会

一个社会总是由各种各样的个人所构成，他们持有不同的观点，具有不同的需求。而只有当一个社会以公平的方式平衡各成员之间的利益，它才能够维持内部的秩序。而法律正是实现这种平衡的一种非常有效的工具，可以在保护社会整体的同时，也保护其公民的利益。

b. 国家垄断强制力量的补偿

国家在其疆域之内垄断强制力量，因此需要法律来对人民因此丧失的权利作出补偿。比如，如果一个公民的财产失窃了，他不能自行对窃贼作出惩罚，而国家必须提供有效的措施来保护公民的财产并且惩罚那些违反法律的人。这种措施就包括制定禁止盗窃的法律，并且规定对窃贼的起诉和惩罚。

c. 影响人们的行为

除了保护个人的权利，国家还可以通过法律的手段来影响公民的行为。国家可以通过支持或奖励某些行为，禁止或惩罚另一些行为，实现法律政策的这一功能。

> 例如：国家想要保障交通安全。因此，国家要求驾驶员在开车上路之前要首先通过驾车考试并获得驾驶执照。在这种情况下，这一法律强制所有驾驶员都持有驾驶执照，这就使得国家能够控制交通状况，并且让驾驶员都能够遵守交通规则。
>
> 或者，如果国家想要限制私人机动车的使用，那么它可以修改税法，对于机动车的购买和使用征收更高的税赋，如此一来，机动车对于消费者来说就会更加昂贵，就会有更多人不再使用机动车。这也是国家通过法律手段来实现目标的例证。

国家实现自己目标的方法多种多样。通过法律的手段，国家可以向企业或个人发布命令性规定和禁止性规定，授予某些权利或者施加某些义务或要求。

例如，国家可以：

禁止公民之间使用暴力

要求公司建立监事会

对合同当事人施加义务，要求他们履行约定的合同义务

在所有这些情况下，法律规则本身仅仅是实现目的的手段，用来实现立法者在制定该规则时所想要达到的目的。让我们来看一下上述例证：

规定禁止暴力是为了实现人们之间的和平相处，这是国家和社会都想要实现的目标。

公司必须建立监事会，用来控制公司的管理，以保证投资者利益。

货物销售合同必须得到双方履行，才能保证贸易活动得以有序进行。

2. 法律适用的重要性

但是徒法不足以自行，只有通过对法律的适用和公民及国家机关对法律的遵守，才能实现法律的目的。

> **要点**：法律只有通过适当的适用才能实现自身的目的。

社会中的各种利益不会仅仅因为法律中写有规定而自动达成平衡，在存在利益冲突的情形之下，只有当法律能够公平地解决冲突，社会才能达到一个利益平衡的状态。

人民的利益应当高于国家机关手中的权力。只有以此为前提，大多数人才会不再采取自力救济的方式，而是将法律作为实现他们自身权利的一个工具，其目标是将法律视为调整社会关系的公平规则。因此，为人民争取权益并给予保护通常会增进人民对法律以及立法、执法和司法机关的认可。

同样，人们尊重法律并不仅仅因为它存在某些抽象的规定，要求人们做出特定的行为，而是必须通过法律的实施，纠正、必要时甚至惩罚那些违反法律的行为，才能真正对人们的行为产生积极的影响。因此，如前所述，法律的统一适用及其适用的方法正是实现法律目的的关键所在。此外，适用法律的过程不仅应当是统一的，而且必须具有公平性、适当性以及可理解性。

3. 日常生活当中的法律

我们生活的许多方面都是通过法律塑造的，而法律是由国家制定的，国家使法律成为整个社会文化的重要组成部分。无论是购买食物、乘坐公交车或火车旅行、结婚、去餐馆吃饭、申请营业执照、打电话以及许许多多其他日常行为都涉及个人、组织之间的法律关系。我们平时没有意识到所有这些法律关系，正好证明了我们的行为通常（并且下意识地）与法律规则相一致，因为这些规则已经自然而然地融入了我们的生活，我们在餐馆里用餐后就会付钱，我们打电话后电话公司就会收费，坐公交车必须买票，乘客不得损坏公交车或者火车上的设备，这些都是再自然不过的现象了。

4. 违法行为与纠纷

人总是有自由的意志，因此要完全控制人的行为从而防止他们违反法律是不可能的（也是不可取的）。他们作出选择的理由并非总是出于理性，这就使得人们的行为难以预测。总有人可能会逆法而行。这是个人自由的一个关键要素。不过这种情况并不会妨碍法律规定本身的有效性。与其说法律是反映人们如何行为的一面镜子，倒不如说法律是规定人们应当如何行为的准则。所以，即使有人违反了一项规则，这个规则本身仍然是有效的，而问题在于其实施，是否能够使得所有人的行为都符合这个规则设定的标准。规则适用上的失败就可能导致这项规则在事实上失效，而仅仅是一个人对规则的违反则绝对不会导致规则失效。

法律就是提供了这样一个指导体系，目的在于有序地组织社会生活，最大程度地减少纠纷，并且使得人们能够共同满足基本需求（食物、睡眠、住宿、文化、社会关系）。而当纠纷发生的时候，法律就必须解决这些纠纷。

5. 法律与正义

为了实现所有目标，防止纠纷并且使规则被广泛接受，法律必须在相互冲突的利益之间尽可能地达成平衡。为了实现人们对法律更加全面接受这一目的，法律必须用一种总体上被认为公平的方式来解决冲突。因此，法律就必须坚持把正义作为最主要的目标之一。

所谓正义，首先必须尽量平等对待相同或相似的情况，以使人们能够在通常情况下可以预见自己行为可能造成的法律后果。这就使得他们可以据此来调整自己的行为。因此法律的目标之一就必定是创设法律确定性（也称为法律判决的可预见性）。

而且，同样很重要的是，判决的法律依据也应当符合涉案各方当事人的情况，从而使得他们可以有机会了解判决的缘由。因此政府机关的行为和决定本质上应当是透明的。

但是，首先必须考虑的是应当使法律法规的内容与人们的社会价值观保持一致。这样一来，大多数人就可以根据他们对于自我利益和正义的个人理解来理解和感受法律。如果一个法律规则与关于正义和适当性的一般观点相悖，那么对这一规则的接受度就会相当低，而实施这样的规则将会面临巨大的困难。

综上，法律的目标是要用一种统一、公平、适当与具有可理解性的方法来平衡现代社会当中各种互相冲突的利益，使用这样的指导方法，来实现社会当中人们的和平相处，并且通过实现个人的权利来维持国家对于强制力量的垄断。

但是最为重要的是，我们必须牢牢记住所有这些目标都依赖于政府机关以及广大人民对法律的适用。徒法不足以自行，要实现法律的目标，仅仅靠制定出法律是远远不够的，还必须有对于法律的实际的、统一的适用。

Ⅱ. 人们遵守或违反法律规则的理由

1. 对于某些规则自然而然地遵守

我们在前面已经解释过，大多数法律规范会得到大多数人的自觉遵守。这有很多种理由。一方面，大量的法律规则是基于广泛的社会共识，社会已经认可了这些规则的内容及其适当性。比如，几乎每个人都觉得自己在饭店用餐之后就应当付钱，同样，大家也都认为杀人是错误的。由此，这些规则就得到了社会的“普遍认可”。另一方面，个人的行为在具体的情形之下会因为对对与错的普遍认知的不同而不同。如果在具体生活当中个人也遵守了这一规则，那么就可以称为“个体认可”。在现实生活当中，个体认可并不总是和普遍认可保持一致。个体认可和普遍认可之间的区别可以用下列例子加以说明：

> **要点：**“普遍认可” ＝一个规则被普遍认为是必需的和正确的。
> “个体认可” ＝一个规则被特定个人认为是公平和正确的，即使在这个规则适用到他自己身上之时仍是如此，个人作出行为时都遵守这一规则。

所有人都认为，国家有必要通过征税来完成工作（普遍认可）。但是，很多人实际上会试图逃避缴税，甚至还经常使用违法的手段来达到此目的（缺乏个体认可）。同样的情况也出现在对于盗版软件和影碟的使用上。

2. 因畏惧强制措施而遵守

人们有时完全出于自愿遵守许多规定，但是在另外一些情况之下，则必须通过强制力量或者刑罚的威胁才能保证人们遵守规定。比如，人们普遍认同盗窃是错误的行为。但是，如果盗窃不会受到处罚，恐怕会有人因抵挡不住诱惑而去偷盗那些他们迫切想要得到却买不起的东西。要想大多数人遵守一个规则，那么就必须让人们知道，这个规则必定会通过强制力量得到实施，并且对于那些无视这一规则的人进行实际的处罚。

在法律适用的过程中使用的强制性力量还是越少越好，而法律秩序有效运转中最重要的因素正是对于规则的知晓、理解和接受。遵守规则的第一步是知晓规则。在此基础上理解规则通常可以帮助评价规定是否适当。此外，这也有助于实现对规定的接受，或者，对于那些认为规定不可接受的人来说，至少让他们进一步知晓违反规定可能产生的后果。

> **要点**：知晓法律以及某一行为的法律后果的可预见性，会使得法律的实施更加简单，并且也能够降低强制力量的必要性。

因此，使得规定以及违反规定的后果"可以计算"是很重要的。如果公民们都能够事先判断他们行为的法律后果，那么法律规则的实施就会变得更加容易。

> 如果买方知道他必须支付货款，并且他也知道如果他不付款，法院会判他败诉，而且此后判决将会得到执行，那么买方不付款就没有任何好处，因为判决和执行的成本也将会需要他来承担。

对于企业的法律关系来说，能够预见行政决定或者司法判决的结果也是至关重要的，因为这样律师或者法律顾问才能事先给出行动建议。他们会假定规则得到了大体公正的适用。在这种意义上，法律规则就能够指导公司的行为，从而帮助他们在一开始就防止纠纷的发生。

Ⅲ. 法律之外可以作为社会组织原则的选择

纵观中国历史，不同的组织原则间曾经存在长期的对立，最为重要的两个原则大概是法家学说和孔子的儒家学说。

法家学说的主张者认为人类制定法律是将其作为一种组织原则，法律应当首先作为行使权力的工具。而与之相反，儒家学说认为法律只在社会发生动乱之时才有必要。儒家认为行动的守则不应当由人类来制定，它们是自然存在的，而正确行为的力量能够促使其他人也照此行事。他们认为，社会关系是通过特定人际关系中的行为来定义的，比如父子、长幼、夫妻、朋友。

人们行为的守则因此被看作宇宙秩序的镜像。尽管也需要有法律规章，但是这些规章是保密的，否则人们就会一个劲地寻找法律当中的漏洞。

> 如果一个士兵逃回家看望病中的父亲，法家会对他课以惩罚，而儒家却会对他施以奖励，因为他表现出了孝顺父亲的美德。
>
> 但是，如果儿子举报父亲偷窃，儒家则会惩罚他，而法家则会惩罚父亲。

关于社会应当如何得以组织的这两种学说长期以来同时存在，由此发展出这些理论的混合形式。直到今天，法律适用依然受到儒家学说的影响，特别是涉及个人之间关系的行为，有的时候并不与法律规定的标准保持一致。

但是与此同时，1982 年的《中华人民共和国宪法》（以下简称“《宪法》”）清楚地体现了对于法家观点的吸收，在第 5 条规定：

> 中华人民共和国实行依法治国，建设社会主义法治国家。

以及：

> 一切国家机关和武装力量、各政党和各社会团体、各企业事业组织都必须遵守宪法和法律……任何组织或者个人都不得有超越宪法和法律的特权。

要点：《宪法》第 5 条确立了法治。

如今，成文法律已经形成了一套严格且有约束力的法律体系，来实现有序的社会生活，尽管有的时候这些法律与处理私人关系的传统儒家学说互相冲突，有的时候被儒家的观点所覆盖。

由此，法律制度，至少是作为社会组织和实现政治目标的一种工具，在中国已经受到广泛的接受。经济改革也可以通过创设新型的现代化的商法和行政法来完成，这些法律的目标在于规制个人和企业的行为，以及政府机关的权力。

> 如果一家外国企业想要在中国投资——这正是中国政府想要达到的

目标——这家企业将遵守中国政府在这个领域所制定的法律的内容及其适用。政府将努力通过法律手段来指导这些投资的发展走向。

特别是在经济领域，法律正在迅速成为国家实施其政策的最为重要的工具，同样也成为公司和个人据以行动的制度框架。

但是，在私人关系的领域，以及在国家机关和公司这些主体彼此进行谈判和磋商之时，传统的儒家学说仍然可以发挥充分的作用。在法律提供的制度框架之内，上述领域和规章制度的实际适用依然密切相关。

Ⅳ. 采用一定方法适用法律的理由

我们在上文已经详尽地讨论过，法律适用在中国同样是作为一个组织原则来实现安宁和谐的社会生活。而且我们也已经说明了，公平、适当、可以理解的法律适用对于实现这些目标十分重要。

正因为其重要性，法律适用必须被控制和监控。法律判决的适当性可以被所有适用法律的人审查，判决的可理解性能够通过给出理由来保证，但是，公正判决的关键因素，即判决的统一性，并不能只凭一个法律适用者的决定而得到确保。首先，国家机关任何一个基于法律作出的单一决定都应当是公正且适当的。广泛而言，作出一致且公正的决定的一个关键要素是决定的方法要具有一致性。因此，要实现公正平等的判决不能仅依靠适用法律的单个人，而是应当依靠司法系统这个整体。法律适用如果不能保持一致性，那么如同适当性和可理解性受损的情况一样，这将严重损害法律判决的权威性。而一种统一的方法，则能够确保所有彼此独立的个人、机关和法庭能够使用相同的方法来适用法律。

1. 法律适用中的问题

a. 一般问题

要将抽象的规则适用到案件的具体情况之中，需要经过充分的训练，因为抽象的规则通常包含了大量的要件，需要首先确定这些要件，然后将它们与案件的情况予以比较。

不管是谁适用法律，他必须首先阅读并理解那些现代社会的规章制度，然后他必须能够判断出这些法律要件对于某一特定案件的情形来说具有什么具体含义。

我们上文已经说明，《宪法》第 5 条规定，一切国家机关都要受到法律的约束。法院和行政机关的任务就是在他们的职权范围之内，正确地将法律适用到特定的情形和案例中去。

b. 具体问题：对于法律条文语言的不同理解问题

法律总是通过语言的方式来表达立法者的意图。而这些文字必须被法律适用者所理解，这已经成为法律适用领域的一个特别的问题。

要点：法律通过文字来传达立法者的意图。

文字的问题在于，作者的意思和别人对它们的理解总是可能存在轻微的区别。而且，在法律文件中的文字还可能与它们在日常生活中的意思有所区别。

> 假设一个警察走进一家饭店，要找某个车牌号码的汽车的主人，他不一定就是指汽车的所有权人。他可能指的是把那辆车停在第二排的那个人，想让这位驾驶员把车停到正确位置。

原则上，法律规范应当用相同的方法去解释。不能根据某个人对于法律的个人理解去适用法律，因为法律必须依据立法者的意图而被适用。这就是司法语言必须体现出特定而稳定的含义的原因。有些情况下法律本身就以明确的方法定义了某些词语，如果没有这样的定义，那么法律解释必须借助立法者的具体指令，这些指令通过法规、政府或者高级别法院的解释来作出。

例如，让我们看一下“故意”这个词语在德国刑法当中的意思。法院和法学界将它定义为“明知而希望的行为”。如果一个人对法律并不熟悉，他对“故意”的理解就可能与上述定义存在细微的差别，可能比定义的范围更宽或者更窄。在很多情况下人们的理解可能可以保持一致，但是在某些情况下，对于这个词语的不同理解就会导致不同的结果。对法律不甚熟悉的人所理解的含义通常会比司法意义上含义要宽泛，并且也没有司法意义上的含义那么具体而准确。因此，法官总是要考虑到那些法律本身的相应规定或者由法院和法学专家发展出的定义和解释。

由于包括法官与公务员在内的每个人的观点都带有主观性，他们对于词语的解释也都或多或少带有主观性，这样一来，他们的解释就会互不相同，那么相同的案件由不同的法官或公务员来裁决就有可能产生不同的结果。这将损害到法律适用的统一性。尽管有时法官对于案件的特殊情况拥有自由裁量权，但是还是很有必要确保裁量者就法律术语的统一使用达成共识，并且法律规范的所有要件都得到了考察，整个适用过程当中没有漏掉任何一个要件。只有在慎重考察了某一个抽象规则包含的所有要件之后，才存在自由裁量的余地。法律只是在某个规则的所有要件都满足的情况之下，才允许法官进行自由裁量。也就是说，法官在针对具体案件作出决定时拥有充分的灵活性。但是，该灵活性的范围以法律框架内严格的法律推论为限。

2. 一个统一的适用方法如何处理这些问题

上文所述的问题，其起因主要是法律适用者互不相同的主观观点以及他们对法律的理解存在互相冲突的情况。但是如果每一位法律适用者都使用同一种方法来得出结论，那么这些问题就会大大减少。如果法院、行政机关以及每个适用法律的人在寻求法条的解释以及案件的解决方案之时，都经过相同的步骤，那么每个人都得出相同结论的可能性就相当大了。在这个方面，使用统一的适用方法具有许多好处：

要点：统一适用方法的好处：
- 统一
- 透明
- 有效率
- 便于检查
- 易于自我控制
- 统一推理结构
- 防止专断
- 便于采信证据

- 一个统一的适用方法能够确保每一个法院和每一个机关在适用某具体的法律规则时都使用相同的方法来检查该法律规则的要件。这样就能够容易地分辨出来，一个特定案件的解决方案与其他案件的解决方案的不同之处到底在于哪一点。这样就能够更容易地判断，一个特定的决定是基于何种理由作出的；若这一决定不同于其他类似案件的决定，那是基于何种单独的理由。通过给出一项有约束力的解释，就很容易使所有的结果保持一致了。

- 统一方法进一步的好处是它具有透明度。尽管法律的门外汉通常难以理解这一方法，但是政府机构、律师、经济组织以及其他与法律适用相关的机构可以迅速适应这种方法，由此就可以产生对于法律更高的接受程度。而且，公司也就可以在法官并未要求的情况下就向法官提供必需的信息，因为他们知道法官将会使用什么样的方法，也知道判决将依据什么根据而作出。这样一来，法院和国家机关就能够提高他们的工作效率。

• 通过具有透明度的判决确立过程还可以使其他机关或者个人能够仔细地检查判决结果。因此上级机关能够更加容易地发现错误并且具体地指出错误所在。下级机关的一个错误决定不仅会由上级机关宣告是错误的，而且更重要的是，上级机关能够定位错误所在，并就分歧之处与下级机关进行具体的沟通。另一方面，如果某一公务员作出的决定受到了质疑，那么法院可以更加容易地判断他是否正确地作出了决定，也就是通过观察他完成法律适用的所有必要步骤。

• 统一方法对于法律适用者自己同样也是很有好处的。通过适用统一的方法，他可以更容易地安排自己的工作，并在感到不确定的时候找到参考的对象，因为他可以很清楚地找到不确定的到底是什么地方。假定你需要适用一个法条，其中包含了没有明确定义的词句。如果没有统一方法，你就必须想方设法自己想一个结论。在你得出最终结论的时候，你没办法确信你自己对法律的理解是否正确，你的解决方案是否符合立法者的意图。统一方法会要求你在适用那些没有定义的词语时必须符合立法者在起草法律之时的本意。如果你意识到你无法确定立法者对某个词语的本意是什么，那么你可以去参考一些资料，比如法学论文、或者已有的法庭判决、或者向上级机构求助。这个方法使得法律适用者能够集中关注最为复杂的环节，更加迅速地解决案子，并且达到更好的效果。

• 统一方法还使得对所有判决使用统一的推理过程成为可能。因此涉案当事人可以更加深入地理解法律，而且也可以很清楚地了解，要取得胜诉或者得到某个特定的判决需要满足哪些条件。

• 统一地使用方法论来适用法律还能够防止出现专断的判决，因为它们的错误之处很快就会被辨别出来。如果关于如何作出一个决定存在非常清楚的规则，但是这个方法其中的一个步骤被漏掉了，那么要么就是法律适用者犯了一个错误，要么就是这位法律适用者蓄意要避开这个规则。既然方法的某一个步骤是否漏掉是非常容易辨认的一件事情，统一方法就能成为减少法律适用错误甚至消除腐败的一个很好的工具。

• 对于法院来说，法律适用的统一方法在证据采信方面也有特别的好处，因为依据该方法，一开始就能够很清楚地判断哪些证据是必需的，而哪些事实则是无关的或者是不存在争议的。

3. 法律确定性是统一法律适用最主要的好处

a. 实践中的法律确定性

统一方法的主要好处就在于它能够促进形成法律的确定性。

要点：法律确定性能够保护投资者，促进经济发展。

假设你是一家大公司的法律顾问，当新的立法颁布之时，你就会根据该法律来修改你所使用的合同当中的标准条款。你会非常仔细地阅读新法条的内容，然后根据你对该法条的理解来修改合同。如果后来针对这些合同产生了纠纷，而法院在判决中对法条的理解与你原先的理解大相径庭，并由此判决你的合同条款全部无效，这样一来你就会损失惨重。特别是对于外国投资者来说，类似这样的"意外"是他们避免在不稳定的法律环境下进行经济活动的重要原因。

如果存在法律适用的统一方法，那么公司的律师事先就可以用这种方法来理解新的立法，而此后如果有纠纷产生，法院采用的方法也应当与律师的方法保持一致。他们对相关词语使用同样的定义，并且采用同样的标准来得出结论。这样一来，公司和法院对于法律的理解保持一致的可能性就非常大了。通过这种方法，公司能够事先就了解到，法院会认为哪些合同条款是无效的，哪些是有效的。换句话说，公司对于法律的含义和条件能够有确定的理解，于是它在该国的活动就可以得到保障，而不必去担心法院会在日后宣判它的某个合同条款无效，或者某个行为违法。同样，如果公司决定无视法律的内容，那么它也会事先知道法院肯定会作出对它不利的判决。通过这种方法，公司就会知道自己应当如何活动，法院也能够为自己的判决找到合理的理由。这就是法律确定性的效果所在。

b. 法律确定性与法治

法治被明确写入了《宪法》，而法律确定性正是法治的一个关键方面。法治要成为所有国家机关都恪守的原则，那么就必须是法律规定的内容在事先就得到确定。公民必须事先了解法律说了什么，然后据此来调整自己的行为，并且确保国家机关不会在事后宣布公民的这些行为违反法律。因此，法治原则与建立法律确定性息息相关。

要点：法律确定性是实现法治的关键。

c. 法律确定性的效果

我们前面已经说过，法律确定性对于公民生活和商业活动具有巨大的影响。

概括来说，法律确定性具有下列效果：

- 法律的目的之一是要影响并规范人们的行为，这一目的必须通过法律确定性才能达到，因为法律确定性能够使人们在做出一定行为之前就可以判断该行为的合法性，从而依据法律调整他的行为。
- 每一个公民能够信任法律的权威及其实施，不必担心当法律适用到自己头上时，规则会被忽视。
- 法律确定性也能够保证法律的连贯性。每一个制度里的人都会知道，他据以行动的法律不会在适用到他自己身上时发生剧烈的变化，于是他可以制订出长期的计划。这一点在经济投资和商业活动当中尤其重要，在那里法律的稳定性是非常关键的考虑因素。
- 既然法律确定性对于商业活动如此至关重要，在一个国家确保法律确定性就可以吸收到更多的投资，并且也可以吸引更多的企业在该国设立。无论国内的还是外国的投资者都不愿意承担无法计算的风险。如果没有对等的利润，没有人会愿意投放资金、技术和人力资源。法律确定性就使得风险更加容易计算，从而吸引投资者。

d. 法律确定性在中国

法治原则是在 1999 年写入《宪法》第 5 条的。我们上面已经说明，法律确定性是法治的重要组成部分，它使法律的统一适用这个问题成为非常有趣的研究领域，同样这个问题也可以为中国的立法者和法律适用者提供一条制定和适用法律的全新思路。法律确定性将有助于实现宪法倡导的法治原则，并且通过吸引国外投资和促进国内企业发展来推进国家经济快速发展。特别是近年来中国立法机关制定的很多法律已经体现了中国想要建立值得信赖的法律体系的坚定决心，而法律的统一适用方法可以作为充分实施这些法律的有效工具。

e. 法律确定性的局限

但是，这个世界总是瞬息万变，要想实现绝对的法律确定性并不可能。法律确定性的确是法治的关键部分，但是如果这一原则会导致难以容忍的不公正结果，那么这一原则就不应当再作为优先考虑的对象了，比如在非典型的或是全新的案件中，过去的解决办法就不适合了。

指导原则应当是，一般情况下法律确定性必须优先考虑，只有在非常特殊的情况之下，当得出的结果不公正甚至是谬误的，我们才可以牺牲法律的确定性。无论是法院还是其他政府机构认为有义务作出不同于之前的或者更高级别机关作出的决定时，应当为此给出充分的说明和正当的理由。此时某个高级别的机关或者法院就可以决定，如果严格适用法律的传统解释，即保证法律的确定性，是否会真正损害公正。然而应当牢记的是，对法律确定性的“偏差”并不由法官（或者其他法律适用主体）决定，而是同样应当遵循法律方法论。当由司法先例所确立的法律解释不再适用于特殊情形，而需寻求新的解决方案时，法官仍然必须适用法律，而且他适用法律的方式必须遵循与针对“标准案例”适用和解释法律相同的规则。唯一不同的是，他最后得出的解决方案不同于之前可适用于标准案例的解决方案——法律确定性只有在这一范围内才可以让位于公正。这种新的方案将为未来解决同类案件提供法律确定性的依据，那时，其他法官严格依据法律方法论裁判将会得到同样的结果。

要点：在非常有限的情况下，如果法律确定性与公平发生了冲突，那么就必须牺牲法律确定性。

总结一下，统一方法的主要优势之一在于，它可以使得法律判决对于适用法律的机关和个人、涉案的以及受到影响的各方当事人以及社会公众更加透明。因此它就使得任何人都能用充分的理由来批评一个判决，或者通过令人信服的理由来支持一个判决。而且，统一的法律适用能够促成法律本身的协调统一，因为它有助于发现和消除误解。最后，统一方法也有助于减少腐败。

为了实现所有这些好处，每一份判决或每一个行政行为都应当由两部分组成：判决结果和书面的推理，后者就会体现我们所说的适用方法。这样，每个人都可以清楚地了解到，判决为什么是这个结果，而不是其他的结果。

4. 采用统一的法律适用方法的挑战

适用统一方法面对的挑战是，对它的适用必须严格遵守每一个步骤。这个过程非常复杂。而适用这个方法也需要每一位法律适用者经过一个长期的学习过程。对于那些已经多年使用原先方法的法律适用者来说，这种学习可能会存在困难，那些经验丰富的法官和政府官员已经使用旧的方法很长时间，对他们来说，要适应一种全新的工作方法恐怕会比较困难。要让他们改变对于法律适用的观念，是一个很严峻的挑战。然而，要使这一方法迅速成功地发挥效果，正是这些经验丰富的法官和政府官员才能起到关键作用，因为他们通常位居要职，掌握了控制和监督法律适用的权力。很多情况下，正是由他们来对于内部的分歧作出决定，这些决定往往是关于如何统一法律适用标准这一问题的。

要点：贯彻实施统一的法律适用方法必须要求经验丰富的法律适用者和官员的充分参与。

5. 一种可选的方法：归入法

法律适用的一种可选的统一方法被称为“归入法”，这种方法在德国长期得到使用并切实发生效果。在德国，每一份司法或行政裁决都依据此种方法作出。律师们也通过这种方法为他们的客户寻求最佳方案。我们将在第二部分详细阐释这一方法。

二、归入法

I. 归入法简单介绍

归入法是法律适用可选的一种统一方法，这种方法严格地规定了得出法律结论之前必须遵守的步骤。这些步骤使得法律适用者能够用一种系统的方法来审查案件事实，从而确认手头的事实情况是否符合了某个法律规范的各个要件。

归入法的第一步通常都是，针对某一个案件确定应当选择哪条法律规定来作为合适的抽象规则。然后要把这条抽象规则分解成各个部分和各个要件，并逐一与事实作出比较。对每一个要件的审查最后都应当得出一个结论。一旦对一个规定的所有要件都得出了结论，那么要决定这条规则的所有要件是否得到了满足就不再是难事了。

要点：归入法是法律适用的一个统一方法，它由四个步骤组成。

1. 归入法的基本原则

归入法是法律适用当中非常有用的工具。要想理解并掌握这一方法，我们需要先来了解一下这一方法背后的原则。当你使用归入法来解决案例遇到困难时，回顾一下这些基本原则会对你颇有帮助。

- 首先，法律是每一次归入的中心。归入法的方法确定某个案例是否应当适用某个法律条文，如果答案是肯定的，还要确定根据该法条将会导致什么法律后果，因此，每一次使用归入法都是始于法律，并且终于法律。在归入法的起点，必须说明法律的各个要件，而在结尾之处，必须说明案情是否符合了该法律条文，从而是否应当适用该法律条文。

- 归入法背后的原理就是接受立法者的意图。对于某个纠纷的解决方案不能由法律适用者自行决定，而是应当按照立法者在法律当中的规定来执行。法律适用者的使命正是确定立法者的意图并将其适用于特定的案件。因此，立法者的意图必须最大程度地得到遵守。在需要决定某个概念的含义或者决定法律的适用范围之时，这一点就凸显其重要性了。

- 法条的措辞一般来说就是每一次归入的起点，也是限制。通常不能对法律条文进行超越其适用范围的扩张解释。只在非常特殊并且被事先规定的案件里面，这个限制才能适当放松。

这就涉及归入法的基本原则，而这一原则在任何情况下都必须遵守，在出现例外情形时尤其应当坚守。

• 该方法必须严格适用。任何一个步骤都不得遗漏（有时如果情况非常简单，那么在书面叙述当中可以跳过一个或几个步骤，但是在思考过程当中仍然必须包含这些步骤）。问题变得越复杂，要解决它就必须挖掘法律文字和内容的越深层次的含义，那么就应当越彻底地遵守这个方法。

要点：归入法的基本原则是：
- 法律是每一次归入的起点和终点
- 立法者的意图是指导原则
- 法条的文字是归入法的限制
- 不能遗漏归入法的任何一个步骤

2. 前提：找到准确的法律规定并确定其各个要件

在确定哪条法律规定应当适用到某个案件之时应当特别慎重，因为它直接决定了是否能够得出正确的法律结论。尽管这看起来是个不言而喻的道理，不过实际上在这个步骤也会碰到棘手的问题。由于法律秩序发展得日益复杂，法院和立法机关作出的法律解释也数量庞大，这个问题也就越来越突出。有的时候，对于某个案件可能貌似可以适用一个一般性法律条文（比如“合同双方应当遵循诚信原则”），但是因为存在更加具体的法律规定（比如“合同双方必须履行他们约定的义务。卖方的义务是交付货物，买方的义务是支付货款。”），上述一般性规定就不再是正确的法律依据了。因为具体规定更加符合案件的情况，而且更加精确地反映了立法者的意图，所以这种特殊法应当优先于一般法而得到适用。另一方面，有的法律条文可能初看之下并不适用于某个案件，实际上却是起到决定性作用的。一旦你找到了准确的法律条文，你就必须接着确定使之得以适用的前提条件。

例如，《中华人民共和国民法通则》（以下简称“《民法通则》”）第 117 条第 2 款规定：“损坏国家的、集体的财产或者他人财产的，应当恢复原状或者折价赔偿”，条件就是“损坏”和“国家的、集体的或者他人的财产”，“应当恢复原状或者折价赔偿”则是法律后果，而并非前提条件。

在确定某个法律条文的要件是否得到满足之前，首先需要将该法条里包含的不同前提要件抽象出来。所以第一步就是要仔细阅读法条文本。法条当中描述某种情况或者交代某个事件的部分就可以被确定为前提，而法律后果则是以指令的形式被规定的。因此大部分的条件都能很容易地被确定。

要点：每次归入的前提是：
- 找到准确的法律依据
- 抽离出法律条文的每个前提条件

3. 归入法

a. 归入的步骤

归入法要求严格按照规定的步骤按部就班地展开。当你确定了某个法律条文的所有要件之后，你就可以开始归入处理每一个条件了。

第1步：总起句

（1）归入法的第一步就是写出一个总起句，说明这部分将会审查什么内容，帮助法律适用者集中精力在这一部分必须处理的问题之上。如果某个法条包含了多个复杂的要件，则这一步骤更加重要，逐个来解决这些要件会使工作变得容易一些。

例如，《中华人民共和国合同法》（以下简称“《合同法》”）第58条第1句规定“合同无效或者被撤销后，因该合同取得的财产，应当予以返还”。尽管要解决的总的问题可能是某人是否有权撤销合同，但你要解决的第一个问题可能只是确定双方是否已经缔结了一个合同（因为双方当事人之间存在一个合同是该法条的第一个要件）。

那么你对这个特定要件的总起句就是“前提条件是：双方当事人之间有一份有效的合同”。在这一句总起句之下，你就只讨论这一个问题，不管在当事人是否具有合同撤销权这个问题上存在多大的争议，也不用管这个法律条文还规定了多少其他可能更为重要的前提要件。在这一部分，你只关注与这个总起句中的问题有直接关系的事实和材料，其他无关的问题一概不处理，直到你最终完成了对这句总起句的回答，得出一个结论，可能是“双方当事人之间的确存在一份有效的合同”。此后你就可以开始处理下一个问题，写下下一句总起句。原则上来说，审查的每一个环节都通过一句总起句来引出，这个句子也可以用疑问句的形式。每一个总起句引出一个独立的部分，用来审查相应的要件是否得到满足，在这一部分的结尾，必须有一个结论性的句子与总起句互相对应。

（2）第二步是对于总起句当中出现的词语给出定义（在我们的例子当中就是“合同”这个词语的定义）。这个定义有的时候比较简单，在有些定义特别简单的时候可能就直接跳过不再讨论（比如“人”的定义）。但是在其他一些时候，就常常有必要参考法律的定义性规定中对此的定义、之前判例中对此的定义，或者在公布的法律解释当中的定义，或者参考一些学术文章。

第2步：定义

例如，本案当中，合同的定义就可以在法律的规定中找到。《合同法》第13条规定：“当事人订立合同，采取要约、承诺方式。”

（3）第三步是将案件事实与定义作出比较，确定事实是否符合定义。通过这一步骤你可以判断你所确定的要件是否得到了满足。这一步实际上是真正意义上的“归入”，将现实生活与抽象的规则和定义进行比较。

第3步：归入

（4）第四步是写出结论句。如前所述，这是呼应开头总起句的内容。在界定和比较了条件和事实之后，得出结论并不困难。如果事实情况符合定义，那么结论句将说明要件得到了满足。如果定义并未涵盖事实情况，则结论句将说明经过审查，要件并未得到满足。在撰写结论句时，非常关键的

第4步：结论

要点：结论句必须完全呼应总起句

一点就是它与总起句之间的关系。归入法是用来解决问题的，所以结论必须像一面镜子一样忠实地体现前面提出的问题（即总起句）。如果你的结论句并没有完全呼应总起句，那么你的归入过程就出了问题。

审查案件的这四个步骤应当分别适用于某个法律规定的每一个要件，同样对于这个法律规定作为整体也要适用。审查当中的每一步骤应当在视觉上和文字上都要清楚明确地加以区分。而如果产生了新的问题，那么就应当写出一句新的总起句，另起一个新的部分。在某些复杂的情况下，你在审查前一个问题的过程当中，就会产生出新的问题。

例如：在本案当中，“合同”一词的定义也包含不同的条件，即“要约”和“承诺”。要决定是否存在一项“要约”，你就得开始一项新的归入过程。如果你没有这么做的话，那么你就忽视了另外那个条文的统一适用，而当案情变得越来越复杂的时候，你就会在自己的分析过程当中晕头转向了。

但是在这里，归入法还是可以提供帮助。你从初始的问题开始着手（前提条件是当事人双方之间有一份有效的合同），然后如果出现了新问题（是否存在要约?），你就在你初始的归入法内部再写下一个新的总起句来启动一个新的归入过程。在这个例子当中你针对其中的要件需要启动两个新的归入过程，一个是关于“要约”，另一个是关于“承诺”。当你对这些“嵌入”的归入得出了结论（的确存在要约，也存在承诺），你就可以再回到第一个归入过程，根据你在嵌入归入中得出的结论而继续展开第一个归入过程。

在这种情况下，那些嵌入总起句的答案必须早于初始总起句的答案而给出。上面解释的这种框架，在案情或者所适用的法律规定相当复杂的时候就尤为有用。

b. 归入法的框架

前提：

- 找到准确的法律规定
- 确定该规定的各个要件

归入：

- 第一步：**总起句：**需要审查什么问题/什么要件？
- 第二步：**定义：**给出指向的要件的定义

○法律规定的定义

○司法解释、判例、学术文章中的定义

○如果针对定义存在分歧：

- 说明第一种观点
- 说明第二种观点
- 对所有观点进行讨论，并说明你将采用哪种观点（务必给出令人信服的理由！）

○如果定义仍然含有不明确的内容：启动一个新的“嵌入”的归入过程

- 第一步
- 第二步
- 第三步
- 第四步
- 根据嵌入归入的结论，继续回到原先的归入过程
- 第三步：**比较/归入：**将案件事实与定义作出比较
- 第四步：**结论：**说明比较的结果，务必与总起句严格呼应！

如果该法律规定的要件不止一个，那么应当继续对下一个要件使用归入方法。

务必牢记，对于每一个要件、每一条法律规定，都应当以总起句开头，并且以结论句结束你的分析，对于整个案件的最后结论，也是如此。

c. 归入法的示范案例

案例 1

B 希望购买一辆二手汽车，他与二手汽车代理商 D 就一辆汽车的出售进行了协商。他希望以 50000 元购得该车，但 D 希望的售价是 70000 元。

他们是否缔结了一项合同？

解决方案

第 1 步：总起句

当事人双方可能缔结了一项合同。

第 2 步：法律的定义

根据《合同法》第 13 条的规定，当事人缔结合同，采取要约、承诺的方式。第 14 条规定，要约是希望和他人订立合同的意思表示；第 21 条规定，承诺是受要约人同意要约的意思表示。换言之，要约和承诺的内容应当是一致的。

第 3 步：归入/比较

本案中，双方当事人进行了讨价还价，但并未就最后的价款达成一致。

第 4 步：结论句

因此合同并未缔结。

案例 2

C 是一个收藏家，他收藏不同的瓷器花瓶。他给自己的一个朋友 F 写信，表示愿意以 3000 元的价格将自己的一些瓷花瓶出售给 F。F 回复说自己有兴趣购买花瓶，但是必须先挑选出可以交易的花瓶。

他们是否缔结了一项合同?

解决方案

第 1 步：总起句

双方当事人之间可能缔结了一项合同。

第 2 步：法律的定义

根据《合同法》第 13 条的规定，当事人缔结合同，采取要约、承诺的方式。《合同法》第 14 条第 1 句规定，要约是希望和他人订立合同的意思表示；第 2 句规定，要约的内容应当具体确定。《合同法》第 21 条规定，承诺是受要约人同意要约的意思表示。

第 3 步：归入/比较

在本案中，C 和 F 未就交易的标的物达成一致。

第 4 步：结论句

因此，合同尚未缔结。

案例 3

设计师 D 在自己商店的橱窗展示了一件标价为 2000 元的女装。S 女士致信说她愿意购买该女装。D 回复说将会把女装送到其家中。

他们是否缔结了一项合同?

解决方案

双方当事人可能缔结了一项合同。

第 1 步：总起句

《合同法》第 13 条规定，当事人缔结合同，采取要约、承诺的方式。

第 2 步：法律的定义

本案当中，D 和 S 就以 2000 元购买一件女装达成了一致。

第 3 步：归入/比较

因此他们已经缔结了一项合同。

第 4 步：结论句

案例 4

后来，B 进入了 D 的工作室，希望购买这件女装。D 对她解释说这件女装已经被卖出了。但 B 仍坚持自己与 D 之间合同已经成立，D 应当交付该女装。在她看来，D 在橱窗中陈列女装这个行为本身就是要约，她已经对此要约作出了承诺。

解决方案

当事人双方可能已经缔结了一项合同。

第 1 步：总起句

根据《合同法》第 13 条的规定，当事人缔结合同，采取要约、承诺的方式。

第 2 步：法律的定义：有两个前提条件

D 先生在自己的橱窗中陈列女装可以被视为一项要约。

《合同法》第 14 条规定，要约是希望和他人订立合同的意思表示。但合同法区分了“要约”和“要约邀请”。根据《合同法》第 15 条，要约邀请是希望他人向自己发出要约的意思表示。寄送的价目表、拍卖公告、招标公告、招股说明书、商业广告等为要约邀请。

第 3 步：对第一个前提条件“要约”的归入（即所谓的“嵌入”归入，包括“嵌入的定义”、“嵌入的比较”和“嵌入的结论”）

在本案中，带有 2000 元价格标识的女装被放在橱窗展示，表明了出售该女装的意愿，已经包含了缔结合同所需的必要条款。但是，D 先生并无意把该女装出售给所有有购买意愿的顾客。女装只能出售一次，也只能交付给一位买主。所以，D 先生的橱窗展示行为只是要约邀请。

因此，D 先生的橱窗展示行为不是要约。

在 B 和 D 的关系中，最初发出要约的是走进 D 的工作室的 B，她表达了购买女装的意愿。

第 3 步：归入（回到最初的归入过程中），以“嵌入”归入的结论为前提

D 先生并未对 B 的要约作出承诺，因为他已经把该女装卖给他人了。

第 4 步：结论句

所以双方当事人并未缔结合同。

案例 5

R 先生是一家意大利餐馆的业主，他每周会检查自己的葡萄酒库存。本周一，他通过传真向 S 订购了 140 瓶红葡萄酒和 80 瓶白葡萄酒。S 通过传真回复说他将于周二发货。

他们是否缔结了一项合同？

解决方案

第 1 步：总起句

当事人双方可能已经缔结了一项合同。

第 2 步：法律的定义

《合同法》第 13 条规定，当事人缔结合同，采取要约、承诺的方式。

第 3 步：第一个前提条件“要约”的归入（所谓的“嵌入”归入）

《合同法》第 14 条第 1 句规定，要约是希望和他人订立合同的意思表示；第 2 句规定，要约的内容应当具体确定。《合同法》第 12 条第 5 项规定，价款是要约内容的基本组成部分。但《合同法》第 61 条又规定了当事人可以在合同生效后，以协议补充价款。《合同法》第 62 条第 2 项规定，价款不明确的，按照市场价格履行。上述观点也被 2009 年 4 月 24 日发布的《最高人民法院关于适用〈中华人民共和国合同法〉若干问题的解释（二）》（以下简称“《合同法解释（二）》”）的第 1 条所支持。根据该条第 2 项，对合同欠缺的当事人名称或者姓名、标的和数量以外的其他内容，当事人达不成协议的，人民法院依照《合同法》第 61 条、第 62 条等有关规定予以确定。

第 3 步：归入（回到最初的归入过程中），以“嵌入”归入的结论为前提。

在本案当中，R 先生的订货表明了他愿意就瓶装葡萄酒与 S 缔结一项买卖合同，并且愿意接受这项订货行为的拘束。尽管订货传真中没有提到价款问题，但由于价格可以按照平均市场价格计算，因此，R 先生的订货行为构成一项有效的要约。S 已经通过传真对此要约作出了承诺。

因此他们之间的合同已经成立。

第 4 步：结论句

4. 归入法中的困难点

a. 未写明的前提要件

很多法律规定包含的某些前提要件并没有在规定当中直接提及。这些因素并不能通过阅读法条本身而直接找到。有一个例子就是因果关系。很多法律规定要求行为和后果之间存在因果关系，但是并不明确规定出来。这一要件常常以“通过”或者“由此”这些词语体现出来，偶尔也会从基本原则或更一般性的规则中发现一些额外的要件。这样的一般性规则的一个例子是《中华人民共和国行政诉讼法》（以下简称“《行政诉讼法》”）第 77 条，该款规定行政处罚显失公正的，法院可以判决变更。由此，所有的行政处罚行为都有一个前提条件：不能显失公正，即使在关于行政处罚的具体规定中没有涉及这一前提条件。有时，这些在法律条文文字中未被写明的额外要件在逻辑推理过程当中也会体现其必要性。在另外一些情形下，要想搞清楚有哪些潜在的因素，我们需要参考上级法院的判决或者学术评论，倒不是说那些判决或者评论具有法定约束力，但是，它们对于解释某个法律条文并充分理解其含义很有帮助。

要点：未写明要件可能来自于：
- 逻辑
- 判例
- 学术评论

b. 没有定义的法律术语/法律解释的四个原则

很多抽象法律规则包含了没有经过定义的术语，其含义无法通过法律规定本身的表述得到解释。我们要想使用这些术语的话，就必须首先正确地解释它们。

为了确保法律确定性和法律的统一适用，法律解释也必须遵循某些特定的原则。大陆法系的法律解释依据下列原则。在遵循先例的普通法系中一些原则可能有不同的名称，适用方法可能也有细微的差异，但是解释的基本方法还是类似的。因此，这些原则可以被认为是超越国界和法域而普遍得到适用的。

法律解释有四个基本原则：

aa. 字面解释（语义解释）

> **要点**：解释的四种方法：
> - 字面解释
> - 体系解释
> - 历史解释
> - 目的解释

任何解释首要的依据必然是法律文字本身的含义。因此我们首先要审查的就是某个法条中采用的表达方式和组成部分，试图从中判断它们的字面含义。这些文字的含义应当作为任何解释的起点和限制，因为如果文字内容根本没有将某个案件事实涵盖在内，那么我们就不能适用那条法律条文来对该案件使用归入法。字面含义没有涵盖的情况就不再是该法律条文所要适用的范围，这些情况只能在类推适用（我们会在5a部分对此作出解释）的情况下才受到该法律规定的规制。当然，因为文字的含义有时非常复杂，所以，确定是字面含义已经涵盖了某种解释，还是说这种解释是对法律进行进一步推演之后的结果，要在这两者之间画一条截然两分的线有时并非易事。

bb. 法律文字在上下文中的含义（体系解释）

解释的第二种方法是要在上下文之中来审查法律。此处的上下文包括被审查法律条文之前和之后的条文，也包括相关的其他法律、法规。这就可以确保一部法律内部的连贯性，也可以保证整个法律体系的统一性。

如果根据法律文字的字面含义产生了好几种可能的解释，那么就应当优先选择与其他法律条文保持一致的那种解释。

cc. 历史上立法者的原意（历史解释）

这种解释方法为考察立法者的原意需要提出这样的问题：立法者在立法时想要在法律里面体现什么样的内容和价值？历史上立法者的原意以及立法者为了实现其愿望而作出的明确决定，对于法律解释者都是具有约束力的指导原则，即使这些解释者需要调整或者补充法律。例如，通过类推适用或者目的限缩的方法来处理那些历史上的立法者当时没有预见到的情况。在探寻立法者的意愿过程中，那些历史上的立法资料都是很有帮助的，比如法律通过之前的草案，征询意见的记录以及起草法律的理由说明等。

如果通过字面解释和体系解释，还是存在不同的解释结果，那么就应当优先采用最为贴近立法者原意的那种解释。

dd. 法律的客观目的（目的解释）

法律解释最后的但是通常具有决定性的原则是寻求法律的客观目的（目的解释）。通常，法律的目的就是对于一个纠纷形成一个公平的解决方案，对于涉及的所有利益给予充分的考虑，同时保护合法利益并确保法庭程序依法进行。此外，大多数法律还试图适当地平衡所有涉及的利益。通常情况下，每一部法律的目标都是不要与先前的法律相抵触（除去先前的法律已经被正式修改或废止）。解释法律的时候必须考虑这些目标。

除了这些法律解释的标准原则之外，有些法律还具有一些特殊的性质。有这样一些未经定义的术语，如“诚实信用”、“善良风俗”以及“衡平原则”等，这些原则可以使得法律规则更加充满弹性，以适应社会价值随着时代变迁发生的变化。要使这些词语具有具体的含义，并非是一个简单的解释过程，而是必须将案件事实与当时社会公众普遍认为的“公平”或者“诚实信用”标准作出比较。这种比较正是法庭职责的一个组成部分。为了确保法律适用前后一致，考察近期判例当中已经作过的比较是一个明智的选择。但是，这并不是说案例也成为了具有约束力的法律，而是说之前已经判决的案件当中的推理过程可以给出一定程度的指示，说明某个术语之前是如何被理解的，也说明如果目前的案件到了那个法院手中，他们会如何作出判决。特别是对于律师来说，判例是解释法律的一个重要来源，可以帮助他们就法律的内容向其客户提供可靠的信息。

> **要点：**判例虽然不是具有约束力的法律，但是可以作为解释中的有用工具。

通过使用所有上述解释方法，法律条文当中没有明确定义的那些词语也可以得到可靠的和统一的确定。

c. 加入解释的归入法示范案例

案例 5——替换条件

R 先生是一家意大利餐馆的业主，他每周会检查自己的葡萄酒库存。本周一，他发出带价格的订货单，订购了 140 瓶红葡萄酒和 80 瓶白葡萄酒，供货商 S 于当天下午发货。

他们是否缔结了一项合同？

解决方案

第1步：总起句

当事人双方可能已经缔结了一项合同。

第2步：法律的定义

《合同法》第13条规定，当事人缔结合同，采取要约、承诺的方式。

第3步：对第一个前提条件要约的归入

《合同法》第14条第1句规定，要约是希望和他人订立合同的意思表示。在本案中，R先生的订货表明了他愿意就瓶装葡萄酒与S订立买卖合同并受该买卖合同拘束的意愿。因此，周一发出的订货单是一项有效的要约。

第3步：对第二个前提条件承诺的归入

《合同法》第21条规定，承诺是受要约人同意要约的意思表示。第22条前半句规定，承诺应当以通知的方式作出，但是本案中，S并未以任何口头或书面方式通知R先生，相反，他直接交付了葡萄酒。

《合同法》第22条后半句给出了一种以通知方式作出承诺的例外，即承诺也有可能通过行为方式（比如直接交付货物）作出，只要这种行为符合交易习惯，或者要约表明可以通过此种行为作出承诺。本案事实并没有任何关于双方交易习惯的描述，要约中也没有提到承诺的作出方式问题。因此，这一前提未得到满足。

解释：这里用到了字面解释、体系解释和目的解释

但这里应当参考《合同法》第21条和《合同法》第22条背后的概念。第21条将承诺定义为“受要约人同意要约的意思表示”。另外，此处还应该参考1988年1月26日《最高人民法院关于贯彻执行〈中华人民共和国民法通则〉若干问题的意见》（以下简称“《民法通则意见》”）第66条。该条文规定，一方当事人向对方当事人提出民事权利的要求，对方未用语言或者文字明确表示意见，但其行为表明已接受的，可以认定为默示。实际上，对于本案当中的要约人而言，明示同意要约的通知并无特别意义，受要约人以行为表示缔结合同的意愿就足够了。因此对于《合同法》第22条的规定

就应当作如下解读，即一般而言，承诺的通知除了可以口头或书面通知的方法明示作出外，还可以通过实际履行合同义务的方式默示作出，除非要约中明确表示不得以默示方式进行承诺。

因此，本案中的交货行为构成一项默示的承诺。

第 4 步： 结论句

合同已缔结。

案例 6

汽车制造商 BMW 为了生产新款汽车而在中国购买发动机。由于其他汽车部件的供应困难，这一批新购的发动机直到购买后六个月才开始安装。在安装过程中，工程师们发现这批发动机与原来订购的尺寸不符。

买卖合同中约定，合同适用中国法。当事人双方未约定货物验收的时限。因此，德方的法律顾问提出一个问题：应当如何对《合同法》第 158 条中规定的“合理期间”进行解释。

解决方案

根据《合同法》第 158 条第 2 款的规定，买受人在发现或者应当发现标的物的数量或者质量不符合约定的合理期间内未通知出卖人的，视为标的物的数量或者质量符合约定。

该法条未定义多长时间为“合理期间”，所以我们必须考虑到法律本身和案件具体情形。但是，由于《联合国国际货物销售合同公约》（CISG）第 39 条第 1 项也有类似的规定，所以后者至少可以提供一些关于“合理期间”长度的指导。根据这一条款，14 天或者至多一个月可以被视为大致合理的期间。

解释： 这里用到了字面解释、体系解释、目的解释。

从法律的目的出发进行分析，也可以支持这一解读方法。因为法律之所以规定货物质量验收期间，目的是要保护卖方，避免其在经过了很长的一段时间后还要受到买方的质量不符责难。法律所保护的这种卖方利益也可以在

《合同法》第 158 条第 3 款中读到，该款区分了善意的出卖人和恶意的出卖人。事实上，时间过得越久，出卖人要举证证明自己提供的货物符合质量要求就越困难。而另一方面，对于买受人而言，一般都有条件在收到货物后就着手进行质量验收。具体到本案，即便尚未开始安装这批发动机，但要检查它们的尺寸也是可能的。

因此，“合理期间”的长短应该取决于货物的性质、货物的瑕疵的性质以及案件的具体情形。但从保护出卖人利益的法律目的出发进行分析，对于普通案件而言，14 天至 1 个月应该可视作一个大概的指导性标准。

d. 收集案件事实

在学习归入的第三步的时候，你可能已经发现，要得到一个正确的解决方案，确定案件事实是非常关键的工作。如果你没有明确地确定哪些事实是案件的关键事实，那么你也没法将法律与事实作出比较。收集所有对于法律分析而言重要的事实，并且将它们与那些不具有任何法律意义的事实区分开，这个工作非常重要。下面的例子可以帮助作出解释。

> 一个十二岁的男孩子想申请获得驾照。在本案中就没有必要去审查他是否通过了驾驶测试，因为他并没有达到获取驾照要求的最低年龄。

在现实生活当中，这一点可能是最为困难之处，因为有些事实可能很难或者根本不可能查明或者得到完全肯定的证明，那么也就不可能将它与法律进行比较了。如果法院必须在关键事实无法得到证明的情况之下对一个案件作出判决，那么它必须作出对于负有举证责任一方——有责任提供该事实和支持该事实的证据的一方——不利的判决。这也就说明了，法律明确规定谁应当对于哪些事实负有举证责任这个举证责任分配的问题为什么如此重要。此外，这也说明了对于案件事实的充分调查必然是寻求纠纷解决方案的出发点所在。

5. 法律的发展

当案件情况被法律条文的文字涵盖之时，归入法就可以非常顺利地发挥作用。在那种情况之下，事实可以放进定义的框架里面，从而得出正确的结论。但是，有的时候如果将定义与事实进行充分的比较，我们会得出结论，事实并不符合定义，但是案件当中的情形与法律涵盖的情形极其类似，最为适当的结果似乎就是赋予该案件事实相同的法律后果。当然，一般来说，如果某个法律不能适用于某个事实情况，那么也不应当发生相应的法律后果。但是，立法者不能够在立法当时就预见到将来的所有可能情形，总有那么一些情形，如果立法者知道这种情形，就会把它们纳入法律当中，但是实际上他们却没有考虑到。解决这种矛盾的一种方法就是，一旦立法者注意到这样的情形，他就把它们写入法律条文之中。如果立法者对每一起案件都如此而为，那么法律就会非常冗长、非常难懂。而且，立法过程历时漫长，因此对于目前就处于这种情形中、急于得到一个判决的人们并无帮助。

要点：法律可以通过类推适用和目的限缩这两种方法发展出超出字面含义的内容。

这个时候，法律就必须由法律适用者加以发展从而保证公平。不过发展法律的方法必须受到限制，并且加以明确规定，以防止法律不确定性和肆意判决。两种公认的法律发展方法是类推适用和目的限缩。

a. 类推

类推是在法律的前提条件没有得到严格满足的情况下适用法律的一种方法，它的应用受到了严格的限制。类推的理论是基于这样的假定，即法律有时存在非立法者本意的漏洞，会导致对于实质上相同的案件作出不同的处理。但是，要实现法律确定性这一目的，就要求对相同的案件都作出同等对待。类推适用的规则规定非常严格，因为要防止法律被任意适用。类推必须遵守下列规则：

（1）首先必须证明法律当中的确存在漏洞，而案件也正因此未被法律涵盖。这应当通过法律解释方法得出结论。在具体实践当中，这一漏洞应当在使用归入法后得出，此时你已经得出结论：被用来归入的法条并没有涵盖案件的事实。

（2）接下来你必须判断这一漏洞是立法者故意留下的还是并非出于其本意。只有并非出于其本意的漏洞才可以通过类推的方式进行补充。有时立法者可能是故意将某种情形排除出某个法律的适用范围，这种漏洞被称为“法律上故意的沉默”。此类漏洞不应通过类推适用得到补充，否则会与立法者的明确的意愿相抵触。

（3）在证明漏洞并非出于立法者本意后，接下来就要比较案件的利益和事实情形。法条涵盖的案件情况应当与未能涵盖的案件情况保持一致。立法者在立法时的目标是要为某些特定情形规定某种特定的法律后果，并且以某种特定的方式来平衡其中的利益。如果涉及的利益及其相互关系十分相似，仅仅是前提要件并未完全吻合，那么我们就可以推定，立法者会想要用相同的方法来平衡这些相同的利益关系。由此，在法律条文涵盖的那些情况之下立法者确立的法律后果，同样也可以适用于这些没有被涵盖的案件，并且依据同样的理由，因为这种适用仍然是遵守了立法者的意愿。如果涉及的利益和对它们的评价是一样的，那么必须在法律上对这些案件同等对待。

> **要点：**只有在法律含有并非出于立法者本意的漏洞之时，并且在未涵盖案件当中的利益情形与已被涵盖案件情形相同时，才能够使用类推方法。

但是适用类推必须在特定的限度内。如上所述，对于立法者故意留下的漏洞以及利益并不同等的情况下，不得使用类推。此外，类推不能用来完成本来应当属于立法者的任务。类推只能限于解决单个或者有限案件当中的矛盾，而不能一般性地调整和发展法律。后者仍然应当由立法机构来完成。而通过类推得出的结果另一方面也可以作为立法者的指导原则，他们在以后修改立法的时候可以把类推结果转化为成文法律。

例如：旧的德国合同法没有就下列情况作出规定：卖方提供的有瑕疵的货物损害了买方的其他货物。请求合同下赔偿的唯一法律依据就是由于卖方无法履行或者履行不当而导致损害发生。但是这一法律规定并没有包含由于有瑕疵的货物本身所导致的损害之情形。法院和法学家们认为这是一个法律漏洞，因为这种情况下双方的利益关系与法律规定下的情况相同，于是通过将履行不能和履行不当条款的类推适用来解决此类案件。在修改合同法的时候，德国立法机关考虑了这一类推的本质，并且将法律的文字作出了修改，使之能够涵盖上述情形。

这个例子说明了类推是如何被用来发展法律的，而这种发展在后来又得到了立法者的认可。

通过使用这种方法，我们不必废弃现行法律而仅通过平衡原则来解决问题，我们通过类推就可以得出一个公正的并且具有适应能力的解决方案。由此我们就不必要总是对法律作出细枝末节的修改。德国的法律，比如商法典和民法典，可以保持上百年的效力而不必作出根本的修改，也不会影响到法律确定性或者法治原则，这就是其中一个重要原因。

类推的使用具有严格的限制条件，这一点能够使利益公平、迅捷判决与法律确定性三者达成一个平衡。如果使用正确，类推也能够保证法律的统一适用，其效果就如同适用对于成文法的严格归入一样。

b. 目的限缩

类推是法律发展所必需的一个方面。有时要实现公正的结果，法律的规定的范围并非太窄，而是太宽了。通过在那些情况之下使用归入方法，我们就能够把事实情形归入到法律要件之下。通常，这就会必然导致法律后果的适用。但是在某些情况下，这种方法会导致不公正的结果，因为在评价各种利益之后我们会发现，它会导致对于不同的情形适用了相同的法律。

摘要：目的限缩限制法律适用范围，以防止产生明显不公正的结果。

举例说明：《德国民法典》第 181 条禁止代理人代理被代理人与自己签订合同，这一对代理权的限制主要是为了避免利益冲突的情形发生。比如，如果代理人代理被代理人与自己签订了一份买卖合同，那么很难期待他在确定价格时会平等地考虑双方的利益。但由于法律用语的严格性，代理人也不得与被代理人签订赠与合同，根据该合同代理人将从他的资产中取出部分作为礼物赠送给被代理人。然而，应当牢记于心的是，《德国民法典》第 181 条的规定意在避免利益冲突。在代理人向被代理人作出赠与，并且在该法律行为中代理被代理人的情况中，并不存在这样的利益冲突，因为订立这样的赠与合同只会让被代理人获得法律利益。有鉴于此，尽管从法条用语来讲，似乎也能涵盖赠与案件，但实际对该法条的解释采取了目的性限缩的方法，将该法条局限于利益冲突有可能出现的情形。

这个例子清楚地说明了在什么情况下“目的”限缩是必要的。正如“目的”一词所表明的，目的限缩适用的情形应当是法律的目标和内容都要求缩小适用的范围，以确保公正的结果。

在判断目的限缩是否必要的时候，使用的标准和使用类推的情况非常类似，因为目的限缩也可以被视为类推的一种，只不过此时法律中漏掉的是一个消极的要件。在上述例子当中，漏掉的应当是消极要件“除非这种代理中不存在利益冲突”。如果这个要件并非有意被去掉的，而且在比较利益关系后发现，当前的案件与法律有意要涵盖的情况有着极大的区别，那么对这些法律规范就必须进行目的限缩。

6. 确定法律后果

a. 法律后果是法律分析的一部分

我们应当对每一个特定的前提要件作出判断，看当前的事实是否与其符合。下一步，要对整个法律规定作出同样的判断。再接下来就必须确定法律后果。法律后果在某种意义上就是整个审查过程的结果，并且也是涉案当事人最为关心的部分。这个法律后果是一份法律判决最为核心的部分，在该判决的正文部分，还需要根据上述归入法而给出判决理由。这样，判决的阅读者就可以辨别出是哪些具体事实导致了这样的法律适用结果。这可能会需要撰写出篇幅很长、内容具体的判决。不过撰写判决的过程要遵守得出结论的各个步骤，因此可能没有初看起来那么任务艰辛。

b. 对于法律后果的自由裁量权

很多法律规定赋予了法官一定程度的自由裁量权。也就是说法条给出了法律后果的范围或者不同的选择方案。

不过仍然必须强调的是，只有在法律规定所有要件都已经满足的前提之下，法官才可以运用其自由裁量权。否则法官不得擅自运用自由裁量权。对于案件的详细审查过程也是如此。只要涉及考察某个法律条文的前提要件，法官就必须严格遵照法律规定的文字，他们并没有自由裁量权去决定跳过某些要件而不顾。

> 比如，《合同法》第 54 条第 1 款第 1 项允许人民法院变更或者撤销因重大误解订立的合同。此时法律就赋予了法官一项决定以何种方法来变更合同的自由裁量权。但是在行使自由裁量权之前，他必须首先确认合同的确是在重大误解的情形之下签订的。没有这个前提，那么他就不能对合同作出哪怕任何一点变更。

在可以行使自由裁量权的时候，也应当受到指令、指导原则或者相关规定的限制，这些指令、原则和规定由法院、国家权力机关或上级法院来制定，规定法官应当如何行使自由裁量权。

此外，一旦法官可以行使自由裁量权，这种行使过程的统一性也相当重要。自由裁量权的目的并非是要给法官更多的自由余地，而是为了解决这样的情形，即一个法律条文当中可能涵盖了各种各样的情况，因为很多规则都是抽象的，所以这种情形也就不可避免。

> **要点：**自由裁量权适用也应当统一。

在重大误解的案件中，法官如何以最佳方式来平衡当事各方的利益

取决于重大误解的种类。但这并不意味着法官可以随意决定如何处理，而是应当考虑到所有相关因素以及具体案件中所涉及的利益。

因此法律的统一适用与司法自由裁量权之间并不矛盾，自由裁量权的存在反倒使得法官有可能对于某个一般性法律条款所涵盖的各种具体案件加以区别对待。这是自由裁量权得以行使的唯一正当的理由。司法判决不得受到其他任何动机的影响，包括个人观点或者个人偏好。

Ⅱ. 解决民事案件

归入法是适用法律的非常有用的工具。这一点对于民事法案件是一样的。对这种方法在民事法领域的具体适用情况加以研究，对于更好地理解该方法是大有裨益的。

民法中的一些复杂情形常常会受到不止一个法律条文的规制。因此，要彻底解决这样的案件，还需要一些其他的技术。

1. 对于案件的基础评价：WWW. 法律基础（WWW. LEGAL BASIS）

要点： WWW. 法律基础

解决某个案件的第一步必然是认真阅读案件事实。一开始阅读案情完全是为了对于事实情况获得一个初步的了解。不必在第一次读完案情之后就试图开始琢磨或者解决具体问题。接下来可以第二次阅读事实材料，判断案件的主要问题以及你对于解决方案的初始想法。当你读完两次之后，就可以使用下列基本框架了，这个框架会在解决民事案件时一直用到。它可以被称为 **WWW. 法律基础（WWW. Legal Basis）**，这可不是一个网址，而是一个缩写：“**谁**以**什么**为**法律基础向谁**请求什么？”（“**Who Wants What from Whom on what Legal Basis**?”）无论你什么时候开始分析一个法律案件，都可以使用这个框架来读取案件事实。用 WWW. 法律基础来向自己提问，而在困难的案件里面，你甚至可以把答案写下来。如果你把涉案各方的关系再画一个草图，那也将颇有助益。

> 让我们通过一个简单的例子来练习一下：买方 B 从卖方 S 那里买了一辆轿车。他在购买当天支付了一半的价款，并且应当在下个月支付剩下的货款。两周之后 B 发现轿车漏油，于是他找到 S 向让他修理轿车。S 不想这么做，而且 S 还要求 B 支付余下的货款。

谁以什么为法律基础向谁请求什么？

(Who Wants What from Whom on what Legal Basis?)

B 根据中国《合同法》第 111 条想要向 S 主张修理轿车，该法律条文规定，如果质量不符合约定的，买方应当有权请求卖方修理。

S 根据中国《合同法》第 109 条想要向 B 主张支付货款。

下面是一个简单的草图：

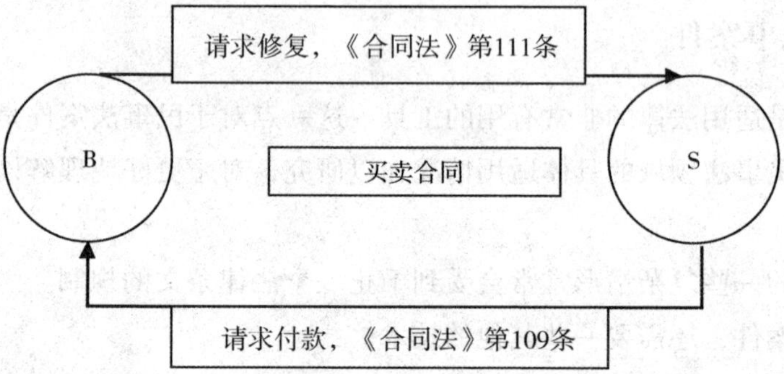

这个案件的事实非常简单。但是草图就已经告诉我们，因为双方都有所主张，那么我们就必须审查两个不同的请求。此外，由于他们是在相互提出请求，我们就必须判断这两个请求之间的关系。所有这些问题，通过草图和 WWW. 法律基础方法来分析，就变得容易多了，特别是当事实情况变得更加复杂的时候(例如，涉及更多的当事人，或者一方提出更多的请求，具有不同前提要件，却具有相同法律后果的法律条文，等等)

在整个分析过程当中，必须始终把 WWW. 法律基础问题的答案记在心中。它可以帮助你区分同一个案件中由同一个当事人提出的不同请求，并且是一个很好的工具，能够帮助你集中精力于相关的问题，而不至于在你的分析当中误入歧途。

2. 请求的法律基础和法律条文的结构

在你确定了上述问题的答案之后，你必须为请求人找到一个支持他请求的法律基础。因为法庭只能在法律规定的范围之内作出决定，因此你必须找到一个法律规定，其中规定的法律后果就是请求人请求的目标。比如，如果请求人想要从客户那里获得价款，你就必须找到一个法律条文，其中规定的法律后果是“买方应当向卖方支付价款”或者“卖方有权向买方请求价款”。

当然并不是每一个法律条文都能够提供请求的法律基础。法律可能还包括纯粹的定义、描述或者介绍性的条款。

因此，有的时候确定某个请求的法律基础并非易事。要完成这项任务，先考虑一下整部法律的结构会很有帮助。最常见的法律依据的结构通常包括某些前提要件，如果符合了这些要件，则接下去规定了法律后果。

举例：中国《民法通则》第117条第2款作出如下规定：

"损坏国家的、集体的财产或者他人财产的，应当恢复原状或者折价赔偿。"

这里，前提条件是"损坏"和"国家的、集体的财产或者他人财产"。应当恢复原状或者折价赔偿是法律后果，不是前提条件。

法律基础可以在一个合同里面找到（因为法律条款赋予了这样的协议约束力），也可以是单个的法律条文，也可能是多个法律条文的结合，或者也可能是一个合同和一个/多个法律条文的结合。

要点：合同法案件的法律基础可以在以下内容中找到：
- 合同条款
- 单个法律条文
- 多个法律条文的结合
- 一个合同和一个/多个法律条文的结合

在你将案件的解决方案撰写成文的时候，你应该在开始写一句总起句，说明请求人想要达到的法律后果以及他所能依据的法律规定。

3. 归入：请求能够成立吗？

一旦你确定了某个请求的法律基础，你就可以根据该法律来归入事实。你的问题是：请求能够成立吗？如果经过归入法发现该法律条文应当适用并且其要件也得到了满足，那么该法条规定的法律后果就应当被适用。由此，对于这些法律后果的请求就能够成立。务必牢记你必须遵守归入法的每一个步骤（如果事实非常简单，那么某些步骤在书写时可以跳过，但是思考的过程本身无论如何不应该跳过任何步骤），并且你开头的总起句和结尾时的结束句是应该能互相呼应的。

4. 例外

当你对于法律基础作出了归入分析并且得出结论认为所有的前提要件都已经得到了满足，通常你就可以推定请求人可以心满意足地等待法律后果得到适用。但是，其他法律还是有可能为对方提供所谓的例外规定。

> 例如：法律基础规定了卖方能够向买方请求支付货款。但是如果卖方在合同成立10年之后才提出请求，那么其权利的诉讼时效就已经届满，他的请求就因为超过诉讼时效而无法得到支持。尽管法律基础的前提要件已经得到满足，但是卖方还是无法请求适用该法条规定的法律后果。

在宣布一个案件的结果之前，还必须审查所有可能的例外规定。例外规定可以在判断请求成立之前就妨碍其成立，或者在判断请求成立之后对其进行否定，总之会使得该请求无法得到实现（例子请见文末的图表）。到底如何发生效果需要看赋予对方主张例外权利的具体法律如何规定。

要决定是否应当适用例外规定，归入法同样是非常重要的工具。在这种情况下，必须对于规定例外的法律条文进行细致的归入分析，以确定事实情况是否符合了其中规定的要件。

5. 结论

在审查完所有可能的例外规定之后，必须用一句结论句来作出案件的最终结论，这一结论句应当说明当事人所请求的法律后果、法律基础以及当事人的请求是否可以得到支持。在撰写这一结论的时候，务必确认该结论与总起句形成呼应，这种形式应当与进行每一个独立的归入法保持一致，因为这可以让你的推理过程变得更加清楚和容易，使得判决结构更加合理，并且具有更强的说服力。

6. 示范案例

基本案情

学生S步入一家书店购买一本关于德国法的介绍性教科书。书店老板B告诉他，目前没有该书，但他可以以200元人民币价格订购一本。学生S稍加犹豫后同意了，条件是要一周内拿到书。B确认一周内可以拿到书。五天后，学生S收到了书店老板的消息，说书已到店。于是S当天下午到书店取走了该书。

B 能要求 S 付款吗？

B 可能根据《合同法》第 159 条第 1 句的规定而拥有一项要求 S 支付书款的请求权。

总起句

前提要件是《合同法》第 130 条，即当事人之间应该有一份有效的买卖合同。

请求权成立了吗？对于法律基础的归入

根据《合同法》第 13 条，当事人缔结合同，以要约和承诺的方式进行。在本案中，B 要约以 200 元人民币的价格向 S 出售一本书，S 对要约作出了承诺。他们之间已经缔结了一项合同。

因此 B 可以基于《合同法》第 159 条的规定，向 S 请求支付 200 元人民币购书款。

结论句

条件替换：

三天后，S 没有收到书，却收到了一份支付购书费的账单。

B 还能要求 S 支付购书款吗？

B 可能依据《合同法》第 159 条第 1 句而拥有一项要求支付购书款的请求权。

总起句

Ⅰ. 请求权是否成立？

前提条件是当事人之间订有有效的买卖合同，《合同法》第 130 条。

I. 请求权是否成立？法律基础的归入

根据《合同法》第 13 条，当事人缔结合同，以要约和承诺的方式进行。在本案中，B 要约以 200 元人民币的价格向 S 出售一本书，S 对要约作出了承诺。他们之间已经缔结了一项合同。

Ⅱ. 请求权是否可执行？

根据《合同法》第 66 条第 2 句的规定，S 可以拒绝支付购书款，因为该书本还未交付。

II. 例外：请求权是否可执行？审查相应的法律规范

Ⅲ. 结论

B 不能依据《合同法》第 159 条的规定请求 S 支付购书款。

结论句

条件替换：

一周后B并未向S交付书籍，S于是在第二周对B进行了催促，要求其在第二周周末之前交付书。但两周过去后，书仍未交付。于是S告诉B，他不再对该书感兴趣了。

B能够要求S支付购书款吗？

总起句

B可能根据《合同法》第159条第1句的规定而拥有一项要求S支付书款的请求权。

Ⅰ. 请求权是否成立？

I. 请求权是否成立？对法律基础的归入

前提条件是当事人之间订有有效的买卖合同，《合同法》第130条。

根据《合同法》第13条，当事人缔结合同，以要约和承诺的方式进行。在本案中，B要约以200元人民币的价格向S出售一本书，S对要约作出了承诺。他们之间已经缔结了一项合同。

Ⅱ. 请求权是否变更或消灭？

II. 例外：请求权是否变更或消灭？审查相应的法律规范

但这一项基于合同的请求权有可能因合同的解除而消灭。

根据《合同法》第91条第2项的规定，如果合同被解除，则当事人的合同权利和义务终止。

解除合同的前提条件规定在《合同法》94条第3项和96条第1款。当事人一方迟延履行主要债务，经催告后在合理期限内仍未履行的，对方当事人通知解除合同的，合同自通知到达前一当事人时解除。

在本案中，当事人双方约定的履行期限是一周，然而B未能在约定时间履行交货义务，经S催告后，在延长的一周内仍未履行。此外，S通知了B，他不再对该书感兴趣，这意味着他建议解除合同。

根据《合同法》第96条第1款第2句，合同因B收到通知而解除，则B基于合同的付款请求权也因而消灭（《合同法》第91条第2项）。

结论句

因此，B不能根据《合同法》第159条的规定请求S支付200元人民币购书款。

Ⅲ. 整体结构

1. 归入

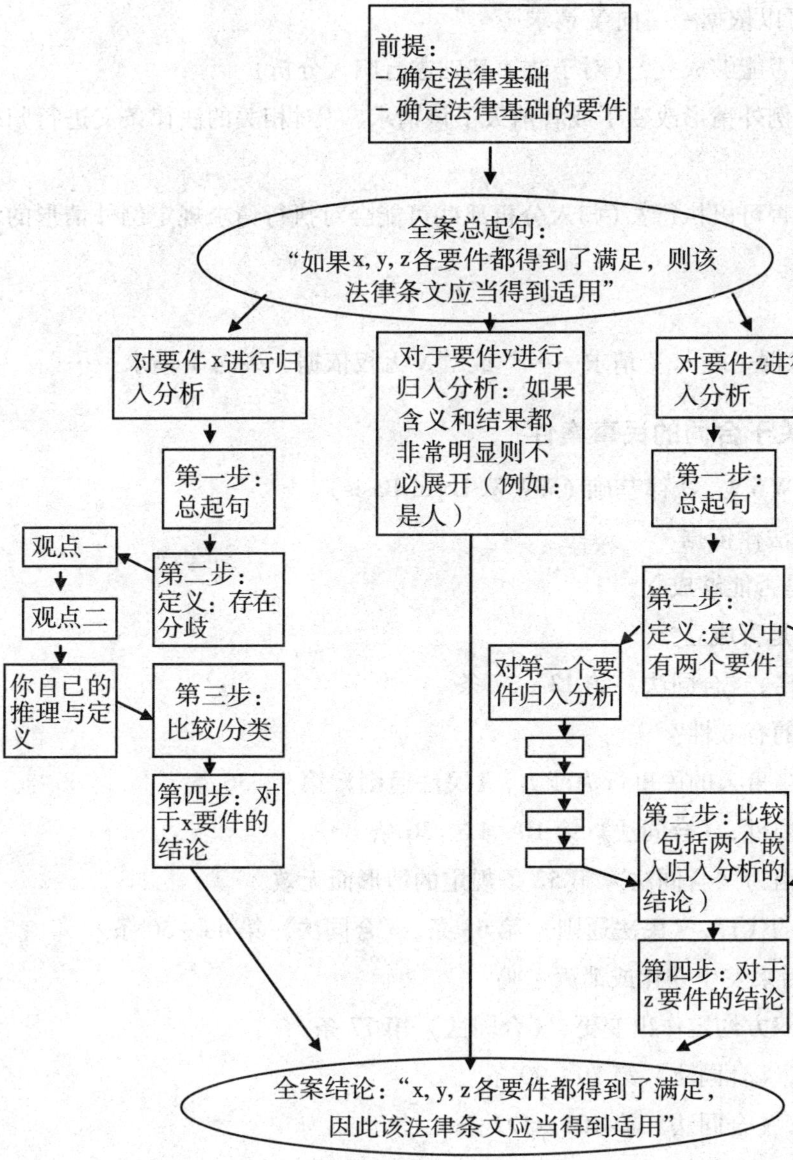
前提：
－确定法律基础
－确定法律基础的要件
全案总起句：
"如果x, y, z各要件都得到了满足，则该法律条文应当得到适用"
对要件x进行归入分析
第一步：总起句
第二步：定义：存在分歧
观点一
观点二
你自己的推理与定义
第三步：比较/分类
第四步：对于x要件的结论
对于要件y进行归入分析：如果含义和结果都非常明显则不必展开（例如：是人）
对要件z进行归入分析
第一步：总起句
第二步：定义：定义中有两个要件
对第一个要件归入分析
对第二个要件归入分析
第三步：比较（包括两个嵌入归入分析的结论）
第四步：对于z要件的结论
全案结论："x, y, z各要件都得到了满足，因此该法律条文应当得到适用"

2. 解决民事案件的基本方法

a. 准备：WWW. 法律基础（WWW. Legal Basis）：谁以什么为法律基础向谁请求什么

b. 请求的法律基础

“X 也许可以依据……向 Y 请求……”

1. 请求是否能够成立？（对于法律基础进行归入分析）

2. 是否有例外情形改变了或者消灭了该请求？（对相关的法律条文进行归入分析）

3. 请求是否可以执行？（归入分析那些可能会对执行请求规定例外情形的法律条文）

c. 结论

“X 有权依据……向 Y 请求……”或“X 无权依据……向 Y 请求……”

3. 解决一个关于合同的民事案件

a. 准备：WWW. 法律基础（WWW. Legal Basis）

b. 请求的法律依据

aa. 请求是否能够成立？

（1）合同是否成立？

要约和承诺，《合同法》第 13 ~ 37 条

（2）合同的有效性？

（a）合同当事人的民事行为能力，《民法通则》第 9、36 条

（b）形式要件，《合同法》第 10、11、36 条

（c）没有因为《合同法》第 52 条规定的情形而无效

（d）有效的代理，《民法通则》第 63 条，《合同法》第 48 ~ 50 条

bb. 请求后来发生变化或消灭了吗？

（1）通过双方约定作出变更，《合同法》第 77 条

（2）转让，《合同法》第 79 ~ 90 条

（3）违约，《合同法》第 107 ~ 122 条

（4）先合同义务，《合同法》第 42 ~ 43 条

（5）合同履行，《合同法》第 91 条第 1 项

（6）合同解除，《合同法》第 91 条第 2 项，93 ~ 97 条

（7）因重大误解、欺诈或胁迫而撤销合同，《合同法》第 54 条

（8）抵销，《合同法》第 91 条第 3 项，99，100 条

（9）提存，《合同法》第 91 条第 4 项，101 ~ 104 条

（10）债权债务同归于一人，《合同法》第 91 条第 6 项，106 条

（11）合同落空（相当于情势变更）

（12）其他情形，《合同法》第 91 条第 7 项

cc. 请求可以执行吗？

（1）约定推迟

（2）同时履行抗辩权，《合同法》第 66、67 条

（3）履行中止，《合同法》第 68 ~ 70 条

（4）诉讼时效，《民法通则》第 135 ~ 141 条，《合同法》第 129 条

c. 结论

三、关系分析法

Ⅰ. 关系分析法简单介绍

关系分析法是德国用来培训未来法官的传统的法律适用方法，它训练法官处理案件事实存在争议且不明确的真实案例，也是法官日常处理卷宗的基础。归入法是用来帮助针对已经确定的事实适用法律条文，而关系分析法的基本用途是在事实情况尚不清楚的情况下给出一个处理方法，这些事实在充足性、相关性和证明真实性方面都还没有确定。

必须指出的是，关系分析法在德国法律实践中的使用是以德国的民事诉讼法为基础的，不能简单地原封不动地挪用于其他民事诉讼体系中。德国民事诉讼的一大指导原则是“当事人提出主义（*Beibringungsgrundsatz*）”，即民事诉讼当事人应当向法庭提出案件事实和相关证据，作为法官作出判决的依据。德国的民事法庭不会由法官依据职权对案件事实进行调查或是取证。尤其是，当一方当事人对另一方当事人提出的案件事实无异议时，法庭不会查证该案件事实的真假（详见附件“关于证据”）。与德国法中的该原则不同，在中国民事诉讼法和其他社会主义民事诉讼体系中，“实质真实原则”扮演着重要的角色，其结果是，法庭即使对于当事人双方无争议的案件事实也可以进行查证。

但是，“当事人提出主义”只适用于严格意义上的民事诉讼。对于由行政法院受理的行政法案件的处理是完全不同的另一种方式：法庭应依据职权进行调查和取证。另一方面，适用于家庭法案件的特别诉讼规则也规定，在特定类型的案件中可依职权进行调查。家庭法属于民法范畴，但是家庭法案件诉讼规定于《家庭法案件诉讼法》中，该法的部分规定不同于《德国民事诉讼法》的规定。尽管如此，行政法和家庭法的法官是和民法法官接受同样的关系分析法的训练的，他们只是把关系分析法的整体结构适用于特别诉讼法的规定中。

此外，根据德国的法院组织结构和诉讼法律，运用实体法审判案件的法官或法庭同时负责审查诉讼的可受理性（如我们即将分析的，这是关系分析法的第一步；而在中国，每个法院都有特定司法部门对案件的可受理性进行审查，然后再由其他部门依照实体法审查此次起诉。）

德国的关系分析法是适用于解决民事案件的严谨方法论中的一种典型。如果它能够根据相关法律体系的具体特点、基本原则和法律规则加以调整，该方法论的主要思想就可适用于任何法律体系。这使得在中国民事诉讼程序下发展出一套解决案件的类似方法体系成为可能。这套方法要求处理具体案件的任何人都必须遵循逻辑严密、明确清晰的步骤顺序，这些步骤的适用和表达也必须与中国民事诉讼体系的原则和法律规定保持一致。

Ⅱ. 民事案件中的关系分析法

关系分析法最主要应用于民事案件。这一方法的核心理念是只有有争议并且相关的事实才需要被证明。

1. 附随案例

既然关系分析法是供实践工作者使用的方法，我们设计了一个很基础的实际案例作为附随的说明性材料。该材料与民事法庭法官案头的卷宗是十分相像的。

雅安律师事务所

北京市朝阳区惠新街 14 号（100219）

起诉书

原告：周毅(北京市建德路 14 号，邮编 100332）

律师：雅安律师事务所

被告：大众中国有限公司(以下简称为“大众汽车”)，北京市亮马河南路 24 号，邮编：100428

我们代表原告恳请法院作出如下判决：责令被告在原告支付 1000 万元人民币后向原告交付 800 辆豪华型（具体描述）和 200 辆旅行车型（具体描述）桑塔纳轿车。

原告和被告于 2004 年 6 月 12 日签订了一份销售合同。根据这份合同，被告有义务于 2004 年 7 月 15 日将 1000 辆旧型大众轿车交付给原告。

为了出售 800 辆豪华型和 200 辆旅行车型桑塔纳，大众汽车在《中国日报》上刊载了一则广告。看到这一报价后，我们的当事人向大众汽车发了一个传真，表明愿以 800 万元人民币购买 800 辆豪华型轿车的意向。6 月 10 日，大众汽车作了回复：他们只愿意一并出售所有的汽车，并且总价款不低于 1000 万元人民币。

大众汽车对接受其价格设定了 5 天的承诺期限。如果进行了承诺，那么交付时间设定为 7 月 15 日。我们的客户在 6 月 12 日收到了这封信，并在同日进行了回复，同意以 1000 万元人民币的价格购买所有的汽车。大众汽车于 6 月 15 日收到这封信，因此在承诺限期之内。

被告在 7 月 15 日没有任何举动。7 月 27 日我们的当事人给被告打了电话，要求其交付标的物。大众汽车拒绝履行其义务并声称这封信到达得太迟了，因此合同没有成立。

我们请求人民法院责令被告履行合同义务并且将这些汽车交付给原告。

此外，我们希望法院注意这一事实：原告信赖合同的履行，并在 7 月 27 日的电话之前与另一个购买者签订了若干合同（中国金桥汽车公司）。

证据：中国金桥汽车公司首席执行官陆德方先生的证言（地址）

此致

北京市东城区人民法院

雅安律师事务所

2005 年 3 月 15 日

环球律师事务所

新恒基大楼

北京市朝阳区麦子店西路 3 号（100016）

答辩状

关于周毅和大众汽车之间的法律纠纷，代表被告，我们恳请法院驳回原告诉讼。

理由：

原告无论如何无权请求履行“合同义务”，这是因为被告根本就没有承担合同义务。原告声称已经在 6 月 12 日发出了承诺信，这并不重要。承诺的发出期限设为 6 月 15 日，我们的当事人 6 月 19 日方才收到了这封信，因此已经在被告要约失效之后。

被告已经通过日期为 6 月 22 日的信将承诺迟延事宜通知了原告。

在此背景下，我们否定原告声称的他和另一购买方订立合同的主张。商人不会在主合同是否订立都没有确定的前提下就贸然订立合同。

因此，我们的当事人有权拒绝交付。

此致

北京市东城区人民法院

环球律师事务所

2005 年 4 月 25 日

雅安律师事务所

北京市朝阳区惠新街 14 号（100219）

关于周毅和大众汽车之间的法律纠纷，我们强烈反对以下主张：原告承诺信在限期失效之后到达。实际上正如我们指出的，该承诺信于 6 月 15 日到达。

证据：邮局的交货单；

以及王颖女士的证言（Express Good 公司“北京邮政服务”邮递员）。

此外，我们坚持认为原告与另一个买主签订了合同。

此致

北京市东城区人民法院

雅安律师事务所

2005 年 5 月 10 日

请假设已附上书面交货单，上面注明信件于 6 月 15 日到达。

2. 方法介绍

关系分析法由严格确定次序的一系列步骤组成，任何处理某个具体案件的人都要加以遵守。如前所述，在德国每一个有志于从事法官、律师或者政府部门工作的法律毕业生都接受过这样的训练。

如此严格确定案例解决程序的好处包括：

- 一套统一的方法确保了每个法院、每个部门使用同样的方法审查案件。这样可以容易地预见到类似案件的解决在哪些特别方面上是不同的。
- 这样一个透明的决策程序也会使其他部门能够非常仔细地检查这些结果。这样，一个更高的部门可以发现并具体定位这些错误。武断的裁决可以很快被发现。
- 遵循这一系统方法论，法律适用者自己也能非常有效地控制其工作。
- 对于法院而言，一套统一的法律适用方法提供了审查证据方面的好处。该方法可以使法官迅速知晓哪些证据是需要的，哪些事实是无关的或者是没有争议的。

简单地说，这些步骤如下所述：

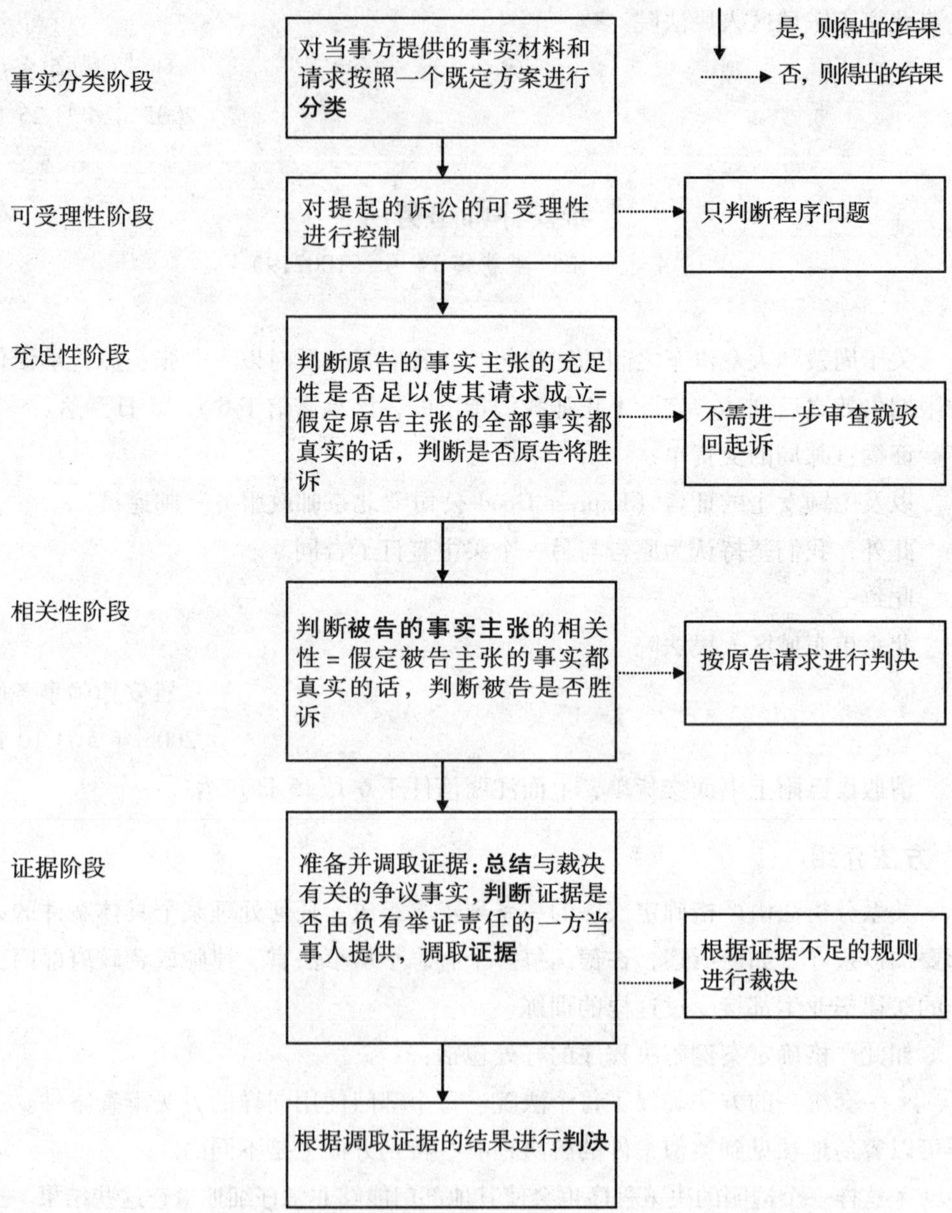

a. 事实分类

首先，法官需要根据当事人提交的材料确立案件事实。虽然这一基本原则是非常显而易见的，但再怎么强调都不为过，如果我们认为法官的主要任务仅仅是解决法律问题，那就大错特错了。恰恰相反，很多时候梳理案卷、确立事实进而在此基础上作出判决要比解决法律问题付出更多的努力。

明确无误地确立案件事实是至关重要的一步，即使很小的一点不确定都可能会影响最后判决的作出。如果法官的判决不是基于正确的案件事实，那么他的法律分析就与案件不匹配，其判决也不可避免地是错误的。因此在这里再次强调：确立案件事实时需要非常地注意。那么认定案件相关事实的正确方法是怎样的呢?

很多情况下，庭审的过程不会像一个论坛那样条理清楚。但是更经常发生的情况是，对于发生过的事实当事人会有两个版本，这两个版本在很多方面会有不同。并且当事人的描述也往往没有一个合理的、全面的以及清楚的结构，尤其是当事人没有请律师代理时这种情况尤为明显。这样，案件的庭审记录中往往会混杂着一堆杂乱无章的事实——有争议的事实和没有争议的事实、法律观点、证据、个人观点、引用的其他人的观点等等。另外，为了说明案件事实或者提出证据，庭审记录中可能还会包含其他的材料，甚至有时候在庭审过程中，当事人还会修改或完全推翻其先前主张的事实。

为了不偏离案件的事实，法官需要系统地梳理当事人各自主张的案件事实。

第一个重要的步骤是找出原告主张并且被告同意的事实，以及在哪些事实上当事人的观点不一致。即法官需要找出当事人都认可的事实（无争议的事实）和观点相左的事实（有争议的事实）。

对双方当事人提出的事实材料进行分类时应当遵循如下标准：

1. 无争议事实
2. 原告主张但被告否认的事实
3. 被告主张但原告否认的事实
4. 原告的法律主张（并非必需）
5. 被告的法律主张（并非必需）
6. 原告的请求
7. 被告的请求

为了清楚地列出当事人的不同观点，在这里推荐大家画一个表格，其中至少包含两栏内容，有了这样一个事实表就能显而易见地找到案件的主要争点。

例如：用案件事实表列明上述案件：

	原告	被告	诉讼过程 （如果相关）
a）	被告在原告支付1000万元人民币后向原告交付800辆豪华型（具体描述）和200辆旅行车型（具体描述）桑塔纳轿车	驳回诉讼请求	
b）	大众汽车在《中国日报》上的广告表明了它的出售意图 周先生发给大众汽车的传真表明其购买豪华型桑塔纳的兴趣 大众汽车6月10日包含期限的信信于6月12日到达 6月12日的承诺信		
c）	承诺信于6月15日到达	承诺信于6月19日到达	调查证据（无日期）
d）	（证据：交货单以及王颖女士的证言）		
		在6月22日发出一封信，通知原告承诺信迟延	
	原告和第三人之间订了合同 （证人：陆德方先生）		

图例说明：

________ =有争议事实

无下划线的 =无争议事实

-------- =法律意见

a）原告的诉讼请求（简短写明）。

b）如果对于原告的主张，被告没有争议，就可以将它们简写在左边原告的列中。但是，可取的做法是在被告一列的相同一行留下空白，这样如果后来发生争议，我们就可以将其增加在空白中。

c）如果对于原告的主张，被告有争议，则两种主张都应该写到各自列中，而且并存于同一行之中。为了清楚地表示出来，争议事实可以加上下划线。

d）当事方提出的证据。

> **注意**：根据这一方法对提交的事实材料进行分类看起来似乎是一个简单的任务。但是经验表明，特别是在复杂案件中，方法论的这一部分必须谨慎加以培训。必须对一个事实是否有争议给予特别的注意（要纵观解决案例的整个过程）。案例分析进程该阶段中的失误会导致在后面阶段的分析中产生严重错误。

法官究竟应当如何完成材料梳理任务，这一点总是取决于案件的具体情况。例如：

（1）如果法官大致地浏览过案卷之后认为案件的主要问题是货物瑕疵问题，而买卖合同的订立这一点没有争议，那么他就会这样梳理案件事实：关于买卖合同的订立他会在原告这一栏里简单地标记上："当事人于……日（具体日期）订立买卖合同"，对应地在被告栏里他会只标一个加号"+"或者空着不填；

（2）如果法官认为案件的主要问题是围绕买卖合同是否订立，那么法官就会用另外一种方法梳理案件事实：他会更关注与要约和承诺有关的信息，比如可能被视为要约的信件的日期和内容等。

对于经验较少的年轻法官，即使案件的事实很简单，他也可能会完整地填完事实表，这样他可以避免忽略有关的事实。有时候法官完成的事实表可能会很长，为了提取出对判决有影响的事实，他需要再重新回头看一遍，剔除与案件明显不相关的事实，比如对已有事实的重复，或者先前主张过但后来又被更改的事实等。

完成这一步骤之后，我们就可以得到一个表格，在这个表格中每一行都并排列出了当事人对同一问题的主张。尽管这个步骤不是很容易，但是这是避免忽略有关事实的唯一有效方法。另外，这一事实表还可以为接下来法律问题的处理提供很重要的指引。

其中一个很大的用处就是这一事实表帮助列出了需要提供证据进行证明的事实，同时还可以避免对无争议的事实和不相关的事实提供证据，这样就减少了不必要的程序，提高了庭审的效率。

一般来讲，一份简明但又信息完全的案件记录可以一次性地做好，但是有时当事人会进一步补充提出有关的案件事实，有了事实表将该信息补充进去也不困难。法官应当将事实表一直保留在案卷中，当有了补充信息时，不必再完整地读一遍所有的材料，只需看一下事实表，回想与案件有关的事实概要即可。事实表还可以帮助法官在开庭前很快地回忆起案件的主要内容。

另外，书写最后判决时，法官还可以依据事实表很容易地概括出案件的主要事实。

b. 可受理性阶段

下一步是要检查原告的诉讼是否满足在某一个法院提起法律诉讼的所有条件。

如果提起法律诉讼的任何一个前提条件没有得到满足，就必须作出一个程序上的裁决。

在**本案**中我们只需要论证北京市东城区人民法院对该案是否有管辖权，所有形式要件是否符合。这一点得到满足。

在中国的法院中，设有立案庭。所有向人民法院提起的诉讼都首先由立案庭接收和登记。随后，立案庭将案件分送至各个专门审判庭。

与此相反，在德国，同一个法官负责案件的可受理性审查及其实体性问题的裁决，因而在我们的整体分析结构中将可受理性的判断作为第二个步骤。

c. 充足性阶段

现在法院必须判断原告的事实主张是否能够支持其请求（德语中称之为“substantiieren”）。

“用事实支持”其请求意味着原告的事实主张必须包含必要的根据法律规则用以构成请求的所有事实。在案例分析程序的这一阶段，必须推定所有原告声称的事实都是真实的。

在这一过程中，应当适用归入法和 WWW. 法律基础的方法。如果法官在前面那个步骤当中已经认真地回答了以下问题，即“谁（who）向谁（whom）请求什么（what）”，那么现在就简单一点了。

在本案中，对于“谁向谁”的解答来自于上述当事人双方：原告和被告。对于“什么”的解答取决于原告的请求。

必须对“法律基础”这个问题给予特别的注意。法官的任务在于发现可以让原告有权执行其请求的法律规则，并检查这一法律规则的条件在原告的事实主张中是否得到满足。

1. 对本案而言，法律规则可以在《合同法》第 135、130 条中发现。适用这一规则的前提条件是当事方之间有效的买卖合同。一个有效的销售合同存在的前提条件是符合《合同法》第 13 条规定的**要约和承**

诺。同时《合同法》第 23 条规定，承诺必须**及时**到达要约人。**要约，承诺和及时**：这是必须满足的三个要求。

2. 现在法官必须检查**原告的事实主张**是否包括这些事实，假定所有他的主张都被证明了。**要约**：被指称的广告不构成要约（只是要约邀请，《合同法》第 15 条第 1 款第 2 句），而周先生发给大众汽车的传真表明其购买豪华型桑塔纳的兴趣构成了一个要约，但是大众公司答复只愿意一并出售所有的汽车，构成了对传真内容的实质性变更，根据《合同法》第 30 条第 2 句，形成了一个新要约。**承诺**：被指称的承诺是 6 月 12 日的信件（《合同法》第 30 条第二句）。**及时**：根据大众汽车的信，期限于 6 月 15 日到期。原告声称，他的信件于 6 月 15 日到达大众汽车，因此在这一期限内到达。这一主张遭到被告的否认，但是根据我们上面所讲的，在案件分析的这一阶段假定原告的主张是真实的。

3. 因此我们现在可以认为原告确实为自己的请求提供了充分的事实主张：假定他的主张都是正确的话，他将胜诉。在德国，如果法官认定原告没有为其请求提供充分事实主张的话（当然是在给当事方完全提出其主张的机会之后），法官就会驳回起诉，而不再进行进一步的审查。

重复：1. **无争议的事实**：
- 大众汽车在《中国日报》上的广告表明了它的出售意图
- 周先生发给大众汽车的传真表明其购买豪华型桑塔纳的兴趣
- 大众汽车 6 月 10 日包含期限的信
- 信于 6 月 12 日到达
- 当日的承诺信

2. **原告主张但是被告反驳的事实**：
- 承诺信于 6 月 15 日到达
- 原告和被告之间订立合同

注意：这是因为上文提到的德国民事诉讼中“当事人提出主义（*Beibringungsgrundsatz*）”这一原则。

如上所述，**德国国际合作机构（GIZ）中德法律合作项目**深知《中华人民共和国民事诉讼法》（以下简称“《民事诉讼法》”）以及中国法院并不采用与德国完全同样的方式进行操作。但是我们想强调，通过一些调整，关系分析法作为解决案件的一种方法也可以适用于那些并不遵循上文提到的“当事人提出主义”这一原则的诉讼体系中。例如，虽然《德国行政法》规定法庭依据职权对案件事实进行调查，但是德国行政法院在实践中同样适用经过调整的关系分析法。

因此，检查请求的充足性需要将抽象规则适用到具体案件中。应当通过第二部分中介绍的统一有效的归入法进行这种适用，这一方法主要由四个标准化的步骤构成（前文已经介绍过）：

介　绍

（1）第一步是一个总起句，表明在后面的部分中到底哪些将被审查，并且帮助适用者集中于该问题上。

在**本案**中，我们可以写下这样总起句："原告可以根据《合同法》第135、130条享有一个有效的请求。第一个要件是要约，《合同法》第13条。大众汽车的广告可能根据《合同法》第13条构成这样一个要约。"（当然没有法官会在这里用这样一个句子表达，这是因为该问题的答案过于明显了）

定　义

（2）第二步是对总起句中提到的术语进行定义。在大多数情况下有必要参考判例法、公布的解释和学术评论中发展出来的定义。

在**本案**中，我们应对"要约"提供一个定义。本案中我们可以在《合同法》第14、15条中发现这一定义："要约是希望和他人订立合同的意思表示"加上"要约邀请"——因此不是一个要约——"要约邀请是希望他人向自己发出要约的意思表示"。

归　入

（3）第三步是判断这些事实是否在定义的范围内。这实际上是真正的"归入"：将事实与抽象规则和定义比较。

在**本案**中，大众汽车的广告没有构成希望和他人订立合同的意思表示，仅仅是希望他人向自己发出要约的意思表示。

结　论

（4）第四步是写下结论句。这是总起句的对应句。在下定义和比较条件和事实之后，很容易作出一个结论。

在**本案**中，我们将写下："根据《合同法》第13条，大众汽车的广告不是要约。"

d. 相关性阶段

判断了原告起诉的充足性之后，法官改变了视角。

现在他更近距离地审视被告的事实主张。适用前述同样的方法，在假定被告提供的无争议事实和有争议事实为真实的基础上，他审查被告是否会胜诉。

法官将检查，基于被告主张的事实，请求的条件是否仍然得到满足。进一步地，他会分析是否要考虑是否存在任何迟延或者强制性的例外，以及这些例外的要件是否在被告主张的基础上得到满足。

在具有示范性的本案中，这意味着：

1. 首先，法官将判断，根据被告主张的事实，相关法律规则的条件是否得到满足。**要约**：如上所述：大众汽车6月10日包含期限的信构成要约。**承诺**：6月12日的承诺信（《合同法》第30条第2句）。**及时**：根据被告主张的事实，承诺信于6月19日达到大众汽车的办公室，这样6月15日的期限已经超过。原告否认这一主张，但是根据我们前面所说的，在案例分析的这一阶段，我们只在被告主张之事实的基础上审查案件。在此基础上得出的结论应当是并没有订立一个有效合同。由于被告毫无迟延地通知了被告，《合同法》第29条不会导致其他法律后果（被告主张的到达时间：19日，迟延通知：22日的信）。

2. 因此我们可以认为：被告为其答辩提供了足够的事实主张。如果法官得出的结论是，被告没有为其答辩提供足够事实主张，他就会不经进一步审查（如上所述，在给当事方提供进一步证实其主张的机会之后）作出一个原告所请求的判决。

3. 如果法官得出结论：法律规则的要件根据被告的答辩仍将得到满足，那么他将不得不审查是否需要考虑迟延或者强制性例外。例如，被告本可以主张他已经履行了合同，《合同法》第91条第1项。在这种情况下法官将必须检查在被告主张的基础上，有效履行的所有要件是否得到满足。

> **重复：**
> 1. **无争议的事实：**
> - 大众汽车在《中国日报》上的广告表明了它的出售意图
> - 周先生发给大众汽车的传真表明其购买豪华型桑塔纳的兴趣
> - 大众汽车6月10日包含时间期限的信
> - 信于6月12日到达
> - 日期为6月12日的承诺信
> - 在6月22日发出一封信，通知原告承诺信迟延
>
> 2. **被告主张但是原告反驳的事实：**
> - 6月19日承诺信到达

在这一阶段还可能会出现另一种结果。如果被告对原告主张的事实没有提出异议或者提出异议的事实与案件无关，那么请求权的前提要件仍然得到满足，原告也仍然可以胜诉。

例如：原告要求被告支付公寓的租金，被告拒绝支付，理由是他失去了工作，对被告失业的事实原告提出了异议。

法官对被告提出的事实不会作进一步调查，因为与判决结果无关，失去工作也不是拒付租金的法律理由，因此，被告的主张没有相关性，没有必要寻找证据证明被告是否失业，因此原告胜诉。

另外，被告对原告主张的事实如果没有提出异议，而只是就此提出了自己的不正确的法律意见，那么该意见也是不相关的。

例如：原告认为自己的记录本被小偷偷走，然后卖给了被告，因此主张对该记录本的所有权，但是被告拒绝返还，理由是他从卖方那里购买该记录本时是善意的，并不知道记录本的真实来源。被告的这一主张对判决的作出是没有相关性的，因为即使买方是“善意”的，也不可能获得失窃物品的所有权（《物权法》第106、107条）。况且被告没有提供事实证明自己的善意，只是提出了自己的法律意见，而该法律意见是不正确的，因此原告将会胜诉。

e. 证据阶段

aa. 总结与判决有关的争议事实

在调取证据之前，法官必须总结如下事实：

- **存在争议的**并且
- 与判决**有直接关系**的

▶这些事实可以从上面提到的“被告主张的相关性”阶段直接获得：

	充足性阶段	相关性阶段	证据阶段
相关法律规则的要求，例如：	（判断原告的事实主张是否满足了这些要求）	（根据被告的事实主张提出解决方案）	
要约	✓	✓	
承诺	✓	✓	
及时	✓	–	! → 证据？

在**本案**中，只有关于承诺信到达被告的日期的争议与判决有关。

对于被告已经通知了原告承诺迟延到达（这一事实存在争议）这一事实主张，原告没有反驳，因此不需要证据。

被告对于原告有关他已经订立其他合同的主张提出反驳。但是，这一事实对本案判决无关。因此，您没有在前面的阶段发现这一事实：在“原告事实主张充足性”阶段没有必要讨论这个问题，因此在“被告事实主张相关性”阶段也没有必要讨论。

bb. 证据问题的表述

德国实践中，法官如今根据举证责任表述“证据问题”。这个问题在调取证据过程中指导法官。这个问题应当可以用“是”或者“否”来准确回答。我们表述问题的方式应当满足以下条件：如果答案为“否”，则将得出对于承担举证责任一方当事人不利的结果（请参考以下例子）。

这一阶段，法官必须在检查由谁来提供证据**之前**了解所有相关的事实以及举证责任如何分配。这一方法防止法官调取不必要的证据并且防止他们忽略与证据有关的事实。

作为德国法和中国法的一条一般原则，每一方当事人负有举证责任对支持其请求或者答辩的事实进行证明。

在**本案**中，原告必须对承诺书已经在过期日或者在此之前就到达被告这一主张加以证明。证据问题因此将是：

是否能够证明承诺信已经在6月15日当日或者之前就到达了被告？

▶这个问题可以用“是”或者“否”来回答。如果是“否”，那么就不利于原告。

> 这个例子显得这个过程似乎非常容易。但是法律培训的经验表明许多法律受训人员以及法律从业者在该方法所要求的准确性方面遇到了严重的问题。

cc. 判断证据是否由承担举证责任的一方当事人提供

作为一条基本原则，承担举证责任的当事人必须提供证据，并明确指出将由这些提交的证据所证明的事实。只提供线索以获得进一步证据的所谓“审前调查（Ausforschungsbeweise）”程度是远远不够的。

中国证据种类与德国证据规定允许的证据种类相似。德国有着审查特定种类证据的长期经验，因此，向德国学习这种经验是可行的（如下所述）。

在**本案**中，原告提供了邮局的交货单以及邮递员的证言作为证明信件及时到达的证据。

如果证明所需事实的证据没有被提供，那么法官必须首先通知承担举证责任的一方当事人。如果该当事人没有反应，那么法官必须根据证据不足的规则作出判决。缺少证据将不利于承担举证责任的一方当事人。

dd. 调取证据

原则上审查证据必须在法庭上，即在法官或者法院作出上述判决前进行（所谓“Unmittelbarkeitsgrundsatz”）。

如果法庭在作出庭审判决前认为对于争议事实的证明是有必要的，法庭可以在预先的指令中指明待证事实和待传唤的证人姓名。在很多案件中，事实问题和证据首先需要被认定为是清楚的，然后在其后的庭审中才被法庭采纳。在这些案件中，事实问题和证据材料的检验往往存在于提前的“证据令”中，即所谓的“调取证据令”。该“调取证据令”确定庭审的日期和时间，预先确定待证明的问题、证人身份和其他需要检验的证据问题。法庭对于该“调取证据令”可以采用在庭审中仅仅几分钟的口头审问方式进行，也可以单独进行。

最普遍的证据种类是听取证人证言。但是，由于观察的不准确、记忆力不好或者证人基于自身利益而影响证言的可能性，这种证明往往被认为是最不可靠的证据。因为大多数案件由证人证言决定，法官采取适当的方式进行听审使其此后得以评估证言的价值和证明力是一个非常重要的任务。

有效质疑证人证言的方法很多。评估证言证明力的方法也不少。一个**典型模式**区别了证言的合理性（受到诸如细节的丰富程度、与其他证言的一致性等因素影响）以及证人的可信性（由诸如证人在本案中的个人利益、与另一方当事人的关系、手势以及面部表情等决定）。**另一种模式**则根据互相结合的六个不同方面的标准来评估证言的证明力（证人注意、回忆以及报告一个特定事件的可能性、能力和愿意程度）。更多的关于证据的详细阐述见附件。

在本案中，邮递员证言的表述可能如下所述：

> “我从网球俱乐部结识了原告。但我不想把我们称为朋友。我们只是经常在球场见面。
>
> “我是 Express Good 公司‘北京邮政服务’的邮递员。我们公司负责的邮政服务的范围包括邮递北京市五环以内的邮件和包裹。在大部分情况下，我们都被要求及时邮递邮件和包裹。我迄今为止在该公司工作了九年，现在我负责骑自行车邮递三里屯区域内的邮件和包裹。
>
> “我能够回忆起交付了这封信。那是在6月15日。我很确定是这个日期，那是因为那天正是我母亲的生日。我的老板允许我提早一些回家。那很大程度上是因为我想去参加一个聚会。然后我们收到了将这封信送达到被告办公室的任务，我的老板让我去完成这项任务。因为我已经对我母亲承诺会马上回家，我希望尽快地将这封信交到被告的办公室，但是被告的秘书让我等待。她去了隔壁的房间，但门是半开着的。我听到了她的声音和另外一个声音——我想那应该是她老板的声音。但是，我记得这封信好像有什么问题，我认为那个老板喃喃自语说他刚刚收到了一个更好的要约，尽管我可能无法回忆起究竟哪个地方出了问题。大概十五分钟以后秘书回来并且告知我可以走了。我很着急，并且我对于被耽误的这段时间感到很生气。”
>
> 邮局的交货单支持了她的证词。

调取证据之后，考虑到整个庭审以及审查所有证据的结果，法官必须决定该当事人的主张是否被证明为真。根据德国法，当法官确认一个事实毫无任何合理怀疑地是真实时，这个事实就被证明了。作为一种衡量，“确信”意味着很高的可能性，但不是百分之百确定，没有任何理论上的疑问。

德国诉讼遵循自由心证原则，这一原则并未被规定在中国法中。德国法没有对应当如何评估证据作出具体规定。

> 在本案中，该受到交货单支持的证言很有可能足够让法官达到必要确信：
>
> 邮递员既不是非常了解原告，也不在诉讼结果中享有利益。
>
> 她的证言很丰富具体。证人可以解释她回忆起信件到达准确日期的能力：那天是她母亲的生日。记得其老板的反应同样很有道理，这是因为她赶时间却在被告的办公室里被耽误了很长时间。
>
> 她承认她不能清楚地记得他们讨论的话题。这可以被认为是可信的：一个撒谎者在陈述时往往没法立即找到适当的解释。

f. 根据调取证据结果所作出的判决

最后一步是撰写最后判决。民事审判中的判决具有多种功能。首先，它包括了法官对于主要问题以及诉讼费用的裁决。由于双方以及案件执行时可能涉及的所有人都需要了解权利和义务的范围，因此判决必须明确而具体。其次，判决应当让人能够理解，这是为了可能的上诉，也是为了让败诉一方能够理解其内容。通过这一点，法官的权力就可以得到控制，可以防止专断发生。如果败诉方能够接受判决结果，那么判决还有助于实现法律之下的和平。因此，判决必须非常明确，并且给出可以理解的理由。另一方面，它不应当包括那些对于目的来说没有必要的内容。

下面，我们给出一个例子，来说明根据德国《民事诉讼法》（ZPO），判决必须如何做成：**标题（Rebrum）**叙述了当事方、各自法律顾问、法院、法官以及最后庭审日期。接下来是判决的“**操作细则**”，即所谓“**Tenor**”。作为该案件的权威裁决以及判决执行的基础，该部分必须准确撰写。它也包括有关诉讼费用分配的法院命令以及有关判决的执行期限。下一段包括**事实陈述（Tatbestand）**，接下来是作为主体的**裁决理由（Entscheidungsgründe）**。最后判决必须由该案法官签字。

“事实陈述”部分应当只包括裁决有关的事实。没有争议的事实放到最开始的部分，随后是原告承担举证责任加以证明的事实主张。后面是原告和被告的请求。再后面是被告承担举证责任加以证明的事实主张。最后是程序性事实的部分，比如已经听取证人证言的信息。

“理由”部分必须使当事方确信他们的诉讼请求都被完全地考虑到了。这一部分必须表明是一步接一步，一个法律条文接一个法律条文，一个法律术语接一个法律术语地适用相关法律规定的。判决书是最后的结论，法官并不需要使用含有总起句和结论句的归入法的表达结构。为了表明法官已经得出了结论，他往往在判决书的书写中应用所谓的“判决书模式”（Urteilsstil）。这意味着法官从书写包括他结论的结论句开始，接下来他应用定义和归入的步骤一步接一步地展示适用法律的过程。推理必须具体并且可以使当事方理解法官得出结论的推理过程。

> 不过法官在分析案件时会应用归入法以得出法律结论。
> 只有最后判决书的模式不同以表明法官已经得出了结论。

“判决书模式”要求你必须已经运用归入法考察了案例并得出了法律上的解

决方法。按照下列步骤书写判决书：

（1）首先书写结论句。结论句应当包括结论和法律基础。

例：基于《合同法》第159条，原告可以对被告提出有效的诉讼请求。

（2）第二步要展现出法律条文的全部构成要件均获得了满足。

此处你需要区分书写的是驳回原告诉讼请求的判决书，还是支持原告诉讼请求的判决书。

最后理由部分需要表明全部构成要件均获得了满足。适用法律的过程需要通过一步接一步地适用定义和归入步骤分析每一个构成要件。

在驳回原告诉讼请求的判决书中，你只需要表明法律基础的哪一个构成要件未被满足即可。你仅仅说明这个特定的构成要件就已经足够了。因为它已经给出了为什么法律基础不能适用于给定案件的理由。

例：原告基于《合同法》第406条第2句对被告提起的诉讼请求不能成立。因为当事方并未订立法律要求的有效的委托合同。接下来法官需要通过细节说明为什么该构成要件未被满足（定义与案件事实的对比）。

但是在驳回原告诉讼请求的判决书中需要包含所有应当适用的法律规则并说明它们不能适用的理由。

例：原告基于《民法通则》第106条第2款，第117条第2款，对被告提起的诉讼请求不能成立。因为……

中国法下的判决结构可能会有一点不同，但是内容和职能则都与前述情况相同。

> 即使这些形式要件第一眼看起来不是十分重要，但是它们与上面所述的方法紧密相关。这些形式要件迫使法官将上述方法反映出来。在撰写比如案件事实部分之前，法官必须知道各方当事人提交所有事实的相关性以及举证责任的分担。

本案中，判决可能撰写如下：

<u>判决书</u>

原告：周毅

法律顾问：雅安律师事务所

被告：大众汽车

法律顾问：环球律师事务所

北京市东城区人民法院，由人民法院法官卢德芳代表，根据2004年9月19日的口头庭审作出如下判决：1. 责令被告在原告支付一千万元后交付并转移800辆豪华型（具体描述）和200辆旅行车型（具体描述）桑塔纳轿车给原告。2. 被告承担诉讼费用。

事实陈述

原告请求被告交付如下所列汽车。

2004年6月初，原告写信给被告，希望以八百万元购买800辆豪华型轿车。被告在6月10日回信告知原告他只愿意以一千万元总价款出售800辆豪华型轿车和200辆旅行车型轿车。他设定了5天的承诺期限。原告通过日期为6月12日的信件接受了这一要约。在6月22日被告通知原告承诺迟延。

原告主张该信已经在6月15日到达被告。

他请求法院作出如下判决：

责令被告在原告支付1000万元人民币后向原告交付800辆豪华型（具体描述）和200辆旅行车型（具体描述）桑塔纳轿车。

被告请求法院：

驳回原告诉讼。

他主张信件于6月19日到达他的办公室。

法院审查了邮局的交货单，并听取了王颖的证言。关于结果，请查看2004年9月19日的庭审纪要。

判决理由

根据《合同法》第135条，原告有权向被告提起请求。根据《合同法》第135条，当事方已经订立了有效的买卖合同。

《合同法》第13条的要求即要约和承诺，都得到了满足。

通过2004年6月10日的传真，被告提出以一千万人民币出售1000辆轿车的要约，并且为该要约设定5天的承诺期限。

原告通过2004年6月12日的信件接受这一要约。

根据《合同法》第23条，该承诺有效。它在时间限制内到达被告。《合同法》第 24 条规定，要约以信件作出的，承诺期限自信件载明的日期开始计算，本案中是 6 月 10 日。而根据《民法通则》第 154 条第二款规定，规定按照日、月、年计算期间的，开始的当天不算入，从下一天开始计算。因此期限从 6 月 15 日失效。

由于信件于 6 月 15 日到达被告处，可以认定原告及时进行了承诺。

法院通过审查邮局的交货单并听取证人王颖的证言而获得确信：她的证言细节充分，并且她能够解释为什么她会记得收到信件的精确日期，因为那是她母亲的生日。她回忆起交付信件的细节支持了原告的主张。她并不认识原告，而且对争议结果也并无利益关系。因此，法庭有足够的理由采信她的证言。更何况，她在当天为邮局出具了交货单。

（此处内容是有关费用承担问题和临时执行问题的裁决的理由）

____

法官签字

附件：关于证据

与法律实践最为相关的领域之一就是证据问题。下面，我们将列出一些我们认为对于民法十分重要的问题。为了达到这一目的，我们在下面给出德国法下的答案并解释了这些做法，其后是我们对于相关中国法律规定的内容的一些解释。请仔细阅读关于民事法律原则的部分，以便对民事法律有更清晰的了解。对于不同概念的学习有助于理解证据是如何在法庭审理过程中起作用的。

什么是能够被证明的？

根据**德国**法，只有<u>**事实**</u>是能够证明的；法律问题是由法官通过评估或解释作出的，而不是通过调取证据来得出的。

对于**中国**法应该也是这样：但此原则也存在一个例外。如果一方援引外国法律规定，则其也有义务证明其法律地位。

欧洲的（单纯）事实证据原则：

“您为我们提供事实，我们法院为您提供法律。”

但一般来说，双方仅必须对案件事实进行证明。根据《民事诉讼法》第 63 条，以及《最高人民法院关于民事诉讼证据的若干规定》（以下简称“《民事诉讼证据规定》”）第 2 条和第 9 条，证据是用来**证明事实**的。

何时需要调取证据？

如第三部分开头所述，在**德国**，民事诉讼遵循一个原则，即法官仅仅考虑双方提出的事实，而不自行主动调查事实，这是一个规定。提出事实的责任通常落在负有举证责任的当事人身上。如果一方提出某些事实，另一方必须说明他是否同意这些事实。如果另一方不进行说明，那么法官就将该事实视为是双方都同意的。只有当某个事实遭到一方的**反对**（此时还没有被证实），并且与判决结果**相关**（参见前文：“相关性阶段”），法院才会考虑调取证据。进一步的前提条件是负有举证责任的那方当事人正确地**提供**了证据（比如指定一名证人，其中包括其地址，或者提交了原始文件）。通常，能够从该事实的存在当中获得利益的一方当事人对该事实负有举证责任（亦即该事实是某个法律规定的前提条件，而该法律规定对该方当事人有利）。对于放宽举证责任的规定，见下文。

争议对方提供**相反证据**以证明本证为误。相反证据仅在提供本证一方承担举证责任却没有成功证明自己的主张时自动成立。

根据**中国**法，当事人也负有为他们的主张提供证据的责任（《民事诉讼法》第 64 条第 1 款）。但是根据《民事诉讼法》第 64 条第 2 款，如果法院认为某些证据是审理案件所必需的，人民法院应当调查收集。因此，中国民事诉讼并不用遵守德国法中那么严格的原则。但是，仔细考察一下《民事诉讼证据规定》第 8 条，可以发现至少还是有一些共同之处的：

> “诉讼过程中，一方当事人对另一方当事人陈述的案件事实明确表示承认的，另一方当事人无需举证……对一方当事人陈述的事实，另一方当事人既未表示承认也未否认，经审判人员充分说明并询问后，其仍不明确表示肯定或者否定的，视为对该项事实的承认……” 因此，前述的方法对于中国法官也可以适用，只不过中国法官还需要进行“充分说明并询问”。
>
> 而且，《民事诉讼证据规定》第 8 条和第 13 条的措辞表明，对于已经被承认的事实，法官不必再进行进一步的证据调查。由此，《民事诉讼证据规定》第 15 条和第 16 条将“人民法院认为审理案件需要”从而需要主动独立调查的范围，限于涉及公共利益和第三方利益、程序事项

的那些事实，或者是《民事诉讼证据规定》第 17 条规定的、当事人因某些特殊原因不能自行收集的其他材料。根据我们的解释，《民事诉讼证据规定》第 16 条并非是放宽当事人向法院提供事实和相关证据这一责任的一般性规定，而只是放宽了当事人提出与收集证据的责任（例外见下文“审判人员充分说明并询问”）。

因此，实际上存在这样的规则，即中国法院只就**有争议**的事实调取证据。此外，应当只审查与案件**有关**的事实，审查这些事实之外的事实都是浪费时间、金钱与人力。《民事诉讼证据规定》第 2 条第 1 款就是遵守了这一原则，它规定的证据就是用来证明“当事人对自己提出的诉讼请求所依据的事实或者反驳对方诉讼请求所依据的事实”。因此，结果与德国民事诉讼大体相同，除了上述原则之外，法官还有义务提醒双方当事人他们各自事实主张当中的形式或者法律缺陷（这与《民事诉讼证据规定》第 8 条中规定的“审判人员充分说明并询问”有异曲同工之妙）。

至于**提供**证据的方法，我们可以在《民事诉讼证据规定》的不同条款里面找到规定。法院有特殊的义务就举证责任的分配原则、申请法院调查取证的情形等作出通知（《民事诉讼证据规定》第 33 条）。证据必须在特定的举证期限之内提交（见《民事诉讼证据规定》第 34 条）。提供证据的行为必须与调取证据以及证明过程区分开来（见下文）。

证据的形式有哪些？

在**德国**民事诉讼中，规定必须通过法定的证据形式来证明事实：证人证言、当事人陈述（但仅采纳有紧密联系的当事人陈述），专家、庭上审查（包括视听资料以及其他材料）以及书面文件（包括勘验笔录）。

在**中国**法下，根据《民事诉讼法》第 63 条，下列形式可以被用来提供证据：当事人陈述、书证、物证、视听资料、电子数据、证人证言、鉴定意见和勘验笔录。

证据如何调取？

如果法官得出结论应当调取证据，那么，如前所述，**德国**法院将发布**法院命令**宣布将要调取证据，指明需要证明的事实，证据的形式，提出证据和负有举证责任的当事人。这可以在开庭当中口头宣布，将证据出示作为准备措施的结果（例如，把双方提出的证人传唤到法庭上），或者在开庭之前通过书面发出。有一条规定是，证据必须公开调取，以使双方都有机会出示证据，不需经过任何中介。法官必须也在公开的庭审当中**审查证据**，包括阅读文件，审查物体或场所，询问证人，听取专家的意见并与之当面交谈等。主要结果应当载入法庭记录。此后，双方当事人有机会**交叉质证**。

根据**中国**《民事诉讼法》，要收集哪些证据的决定权在法官手中，见《民事诉讼法》第129条。这一决定如何告知当事人，法律则没有提及。尽管中国法律没有像德国法律那样规定一个法院命令，但是法官还是应当直接说明哪些事实需要被证明，并且应当通过哪些方式。这些内容也应当让双方当事人得知，以使他们可以有机会权衡在进一步诉讼程序当中的机会和风险有多大。根据中国法律，法庭对证据的**审查**通常也是通过听取当事人陈述，询问证人，出示书证、物证、视听资料和电子数据，宣读意见和勘验笔录来进行的（《民事诉讼法》第138条）。为了帮助一方当事人更好地了解对方的证据，法庭可以组织当事人在开庭审理前交换证据（《民事诉讼证据规定》第37至40条）。法庭对证据审查完毕之后，双方还可以有机会**质证**。只有经过双方质证的以及当事人在证据交换过程中认可并记录在卷的证据，才能作为认定案件事实的依据（《民事诉讼证据规定》第47条）。

证据如何评估？

根据**德国**法，法官必须认定某个特定事实是否已经得到证明。如前所述，当法官对某个事实**排除合理怀疑**之时，该事实就可以被认定为真实了（高于单纯的可能性，低于完全确定性）。法官可以自由地对证据进行评估。通常，法官使用三步法：对于证据内容的解释；审查该内容是否与需要证明的问题相关；权衡证据的说服力。至于证人，德国法官经常区分证言的合理性（关于内容）和可信性（关于证词作出的形式）。有可能有三种**结果**：事实被证明；事实未被证明；事实的相反情况被证明。如果事实被充分证明了，法官就可以继续进行审判，认为这一事实是成立的。如果没有证明事实，法官就必须审查哪方当事人负有举证责任，因为没有证明的结果就是对该方当事人不利。

在**中国**法下，《民事诉讼证据规定》第64条规定，法官必须运用逻辑推理和日常生活经验，对证据有无证明力和**证明力大小**独立进行判断，此时要考虑到《民事诉讼证据规定》第65、69、70、77、78条规定的因素。对于证人，可以通过对证人的智力状况、品德、知识、经验、法律意识和专业技能等的综合分析作出判断（《民事诉讼证据规定》第78条）。证据不足的法律后果规定在《民事诉讼证据规定》第2条和第76条，这与之前提到的德国法规则一致。中国法中没有提到一个问题，在规定关于各个证据形式的证明力时，没有说明法官在衡量所有证据作为整体的情况之下，需要达到什么程度才能够认定事实已经被证明了。

举证责任的放宽

有的时候要证明某些事实是非常困难的，比如：过错，损害与行为的因果关系等。另一方面，某些特定的情形非常可能导致特定的结果。考虑到当事人在证明某个请求的前提条件时可能面临的这些情形和困难，立法者可以规定上述原则的例外，从而放宽当事人的举证责任。当然，也可以通过一方当事人的同意来减轻对方的举证责任。

根据**德国**法，对于举证责任存在一些放宽的情形：

1. 即使没有充分的证据，但是法庭可以考虑**显而易见**的事实。显而易见的事实是那些一般公认的事实（比如北京是中国的首都）或者是法官知道的事实（比如王先生负有债务）。在这些情况下，调取证据就会仅仅是一种形式。

2. 在三种情况下事实可以被**推定**：

a. 存在适当的**线索**（比如指纹，其结论在通常的典型情况下都会被认为是合理的）；

b. 存在**法律的一般推定**（比如物的占有人被推定为所有人）；

c. 存在**初步证据**，这指的是某些事实可以从日常生活经验当中推断出来（比如在汽车追尾事件当中后面那辆汽车的驾驶员会被推定存在过错；或者当事人签署的书面合同应当是真实而完全的）。

根据德国法，如果一方出示（或者如果有必要的话，证明了）一些辅助性的事实，这些事实可以帮助推断出需要证明的事实，那就足够了。对于另一方来说，有不同的反驳的可能性：在上述 a 和 c 的情况下，要是能证明当时的情形是非典型的特殊情况，从而那些线索和初步证据在当时都无法导致上述通常结果，就可以了。在 b 情况下，由于这是一种法律规定的推定，则被告必须证明相反的情况是成立的。

3. 此外，有些情况下**法律规定举证责任倒置**（因为风险只能由另一方来控制，比如医疗过程）。和 2b 里面提到的一样，另一方作出反驳的唯一方法就是证明相反情况的成立。在一方故意阻止调取证据的情况下，也适用相同的结果。

4. 在法庭评估关于因果关系和损害数额的时候，也可能适当放宽举证责任。

根据**中国**法，有一些法律条文对于举证责任作出了分配，比如《民事诉讼证据规定》第 4 ~6 条。如前所述，其法律后果就是负有举证责任的一方当事人必须为该事实的成立提供充分的证据。对于《民事诉讼证据规定》第9条第3项的内容，“根据法律规定或者已知事实和日常生活经验法则，能推定出的另一事实”，当事人无须举证证明，对这一规定的具体内容仍然存在疑问。既然另一方可以举出证据对它进行反驳，问题在于，反驳方是需要充分证明相反的情况成立呢，还是只需要证明存在非典型的特殊情形就可以了？出于上面详细阐述的那些原因，我们建议采取与德国法相似的区分原则，以便适应个案的不同情形。因此，比较合适的做法是，由法官来评估当事人提供的辅助性事实，并且告知当事人，对于主要事实的支持或者反驳，他认为需要证明到何种程度。

第二部分

知识产权法简介

结 构

一、简介

二、《商标法》

Ⅰ. 法律框架

Ⅱ. 保护的目标

Ⅲ. 有权限的机关

Ⅳ. 商标注册的申请程序

1. 商标局程序
2. 马德里程序

Ⅴ. 保护的范围

1. 专用权
2. 许可使用
3. 限制
4. 转让
5. 出质

Ⅵ. 宣布无效

1. 注册的标志可能不会被作为商标
2. 注册的标志与他人的权益冲突
3. 宣布无效的公示
4. 宣布无效的后果

Ⅶ. 撤销

1. 改变已经注册的商标
2. 商标失去可区别性
3. 申请撤销
4. 撤销的复审
5. 撤销产生的阻止效果
6. 撤销的公告

Ⅷ. 法律保护

1. 侵犯商标专用权

2. 由工商行政管理部门解决争议

3. 由人民法院解决争议

4. 停止侵权及赔偿损失

5. 诉前保全措施

6. 商标代理机构的违法行为

7. 刑事程序

8. 对驰名商标的特别保护

三、《著作权法》

Ⅰ. 法律框架

Ⅱ. 保护的目标

1. 保护的范围

2. 不予保护的范围

3. 保护的主体

Ⅲ. 著作权人

1. 一般规定

2. 合作作者，《著作权法》第13条

3. 汇编人，《著作权法》第14条

4. 电影作品的制片者，《著作权法》第15条

5. 雇员，《著作权法》第16条

6. 委托作品，《著作权法》第17条

7. 美术作品，《著作权法》第18条

8. 著作权的继承

Ⅳ. 著作权作品中的权利

1. 一般规定

2. 具体的权利

3. 权利的限制

Ⅴ. 保护期

Ⅵ. 转让、许可与出质

1. 转让

2. 许可

3. 出质

Ⅶ. 侵权与保护

1. 侵权行为

2. 权利的保护

Ⅷ. 关于计算机软件的特别立法

1. 定义

2. 不予保护的范围

3. 计算机软件著作权的登记

4. 计算机软件具体的著作权

5. 权利的侵犯

Ⅸ. 关于互联网的特别立法

四、《专利法》

Ⅰ. 法律框架

Ⅱ. 一般规定

Ⅲ. 可专利性

1. 发明和实用新型

2. 外观设计

Ⅳ. 专利的申请程序

1. 发明

2. 实用新型

3. 外观设计

Ⅴ. 无效程序

Ⅵ. 许可使用和转让

Ⅶ. 专利侵权

1. 保护范围

2. 被侵权的专利所有人的潜在救济方式

五、《反不正当竞争法》

Ⅰ. 法律框架

Ⅱ. 一般规定

Ⅲ. 侵权

1. 有权限的机关及其职权范围
2. 监督检查部门的保护
3. 上一级主管部门及人民法院的保护
4. 监督检查机关滥用职权

一、简　介

1978 年，我国开始实施改革开放政策，建立社会主义市场经济，要求很多领域新法的建立以及已有法律的改革。在此过程中，知识产权对经济发展一直发挥着重要作用，是增强国际竞争力的关键因素。

我国对知识产权的保护始于 20 世纪 80 年代及 90 年代早期。1980 年我国加入世界知识产权组织，1982 年首次颁布《中华人民共和国商标法》（以下简称“《商标法》”），1984 年颁布《中华人民共和国专利法》（以下简称“《专利法》”），然后 1990 年颁布了《中华人民共和国著作权法》（以下简称“《著作权法》”）。与此同时，中国也开始批准与知识产权有关的国际公约，初步形成了知识产权的保护体系。随后该保护体系日益完善，数个修正案已经生效。《专利法》和《商标法》分别于 1992 年和 1993 年被修订，旨在禁止知识产权方面的不正当竞争的《中华人民共和国反不正当竞争法》（以下简称“《反不正当竞争法》”）也于 1993 年 9 月颁布。

由于我国是世界上发展最迅速的国家之一，知识产权领域出现了数量庞大的争议，现有的规定已经不能满足需要，并且出现了误用的现象。为了弥补漏洞、打击侵权行为，不可避免地需要对现有的法律进行修订。

尤其是我国自 2001 年 12 月加入 WTO 并签订《与知识产权有关的贸易协定》（以下简称“TRIPS”）以来，需要进一步采取措施以达到保护知识产权的国际标准，因此又分别于 2000 年和 2001 年对《专利法》和《商标法》进行了修订，《著作权法》也于 2001 年首次进行了修订。

知识产权法还有一些更为显著的变化。2008 年国务院发布《国家知识产权战略纲要》之后，很多对国家经济形势有重大影响的知识产权领域法律又进行了新一轮的调整，以达到国际要求并满足内部需要。《专利法》第三次修正案于 2008 年颁布，《著作权法》于 2010 年进行了些微的调整，《商标法》于 2013 年进行了显著的修订。目前，《著作权法》第三次修正案草案已经完成公众意见征询阶段，提交到了国务院。

此部教材将提供与处理知识产权争议有密切关系的理论背景知识。接下来几部分中将具体介绍中国知识产权保护体系下四部主要的法律（《商标法》、《专利法》、《著作权法》、《反不正当竞争法》），另外，也会提到分布在其他法律中与知识产权有关的条文，如《民法通则》、《中华人民共和国侵权责任法》（以下简称“《侵权责任法》”）、《合同法》、《中华人民共和国刑法》（以下简称“《刑法》”）等。

二、《商标法》

商标保护的目的是确保消费者或者终端使用者能够将商标与一个特定的生产商联系起来，换句话说，就是确保商标起到识别的作用。

Ⅰ. 法律框架

保护商标的法律被分散在几个不同位阶的法律和规章中。

（1）《商标法》（2013 年修正），2013 年 8 月 30 日公布，2014 年 5 月 1 日生效；

（2）《中华人民共和国商标法实施条例》（2014 年修订，以下简称“《商标法实施条例》”），2014 年 4 月 29 日公布，2014 年 5 月 1 日生效；

（3）《集体商标、证明商标注册和管理办法》，2003 年 4 月 17 日公布，2003 年 6 月 1 日生效；

（4）《商标评审规则》（2014 年修订），2014 年 5 月 28 日公布，2014 年 6 月 1 日生效；

（5）《驰名商标认定和保护规定》（2014 年修订），2014 年 7 月 3 日公布，2014 年 8 月 3 日生效；

（6）《商标印制管理办法》，2004 年 8 月 19 日公布，2004 年 9 月 1 日生效；

（7）《商标使用许可合同备案办法》，1997 年 8 月 1 日公布并生效；

（8）对外贸易经济合作部与国家工商行政管理局共同颁布的《关于对外贸易中商标管理的规定》，1995 年 7 月 13 日公布，1995 年 8 月 1 日生效；

（9）《马德里商标国际注册实施办法》，2003 年 4 月 17 日公布，2003 年 6 月 1 日生效；

（10）《商标代理管理办法》（2010 年），2010 年 7 月 12 日公布并生效；

（11）《最高人民法院关于审理商标案件有关管辖和法律适用范围问题的解释》，2002 年 1 月 9 日公布，2002 年 1 月 21 日生效；

（12）《最高人民法院关于商标法修改决定施行后商标案件管辖和法律适用问题的解释》，2014 年 3 月 25 日公布，2014 年 5 月 1 日生效；

（13）《最高人民法院关于审理商标民事纠纷案件适用法律若干问题的解释》，2002 年 10 月 12 日公布，2002 年 10 月 16 日生效；

(14)《最高人民法院关于审理注册商标、企业名称与在先权利冲突的民事纠纷案件若干问题的规定》，2008 年 2 月 18 日公布，2008 年 3 月 1 日生效；

(15)《最高人民法院关于诉前停止侵犯注册商标专用权行为和保全证据适用法律问题的解释》，2002 年 1 月 9 日公布，2002 年 1 月 22 日生效；

(16)《最高人民法院关于涉及驰名商标认定的民事纠纷案件管辖问题的通知》，2009 年 1 月 5 日公布并生效；

(17)《最高人民法院关于审理商标授权确权行政案件若干问题的意见》，2010 年 4 月 20 日公布并生效；

(18)《最高人民法院关于审理涉及驰名商标保护的民事纠纷案件应用法律若干问题的解释》，2009 年 4 月 23 日公布，2009 年 5 月 1 日生效。

Ⅱ. 保护的目标

在我国，商标的注册不是强制性的，但是《商标法》第 3 条第 1 款第 2 分句规定只有注册才能获得排他的商标权，因此商标注册是获得有效保护的前提，在经济或其他领域都有认可和识别某一特定产品的需要，包括商品、服务以及集体。中国的商标法允许注册不同种类的商标，主要包括四种，见《商标法》第 3 条第 1 款：

- 商品商标
- 服务商标
- 集体商标
- 证明商标

《商标法》没有对“商标”提供一个法律定义，但《商标法》第 8 条规定：

“任何能够将自然人、法人或者其他组织的商品与他人的商品区别开的标志……均可以作为商标申请注册。”

另外，第 8 条还列举了可以注册为商标的例子，以下内容可以受到保护：

- 文字
- 图形
- 字母
- 数字
- 三维标志
- 颜色组合

- 声音
- 以上要素的组合

因此，在决定一项客体是否能够作为商标，以及是否被允许进行注册时，需要检查以下两个方面的事项：

（1）标志，包括文字、图形、字母、数字、三维标志、颜色组合、声音或其他相关组合；

（2）能够区别自然人、法人或者其他组织的商品与他人的商品。

尤其是后一项要求，经常会造成一些问题，其原因在于这种要求形成了一种事实，即类属的名称或者图形不能被注册为商标。

例如：一个出售苹果的公司不能以“苹果”作为商标注册。而从另一方面讲，“苹果”电脑生产商却可以把“苹果”作为它们公司的商标进行注册，因为在这种情况下，该名称具有明显的可识别性。

Ⅲ. 有权限的机关

根据《商标法》第 2 条，商标局和国务院工商行政管理部门设立的商标评审委员会①负责处理注册、管理及争议解决等事宜。另外，地方工商行政部门负责商标使用的监督与管理。

Ⅳ. 商标注册的申请程序

在中国，除了驰名商标之外，所有的商标都必须注册才能获得商标的专用权并受到法律保护，见《商标法》第 3 条、第 56 条。注册商标有两种程序：国内的“商标局程序”，见《商标法》第 22 ~ 38 条，以及国际的“马德里程序”，见《商标法》第 21 条。

1. 商标局程序

商标局的程序包括两个阶段：首先是商标申请和公开的初步审定，这种初步审定为潜在的异议人提供了发起异议的权利，如果公示期间（三个月）内未收到异议，商标局就会予以核准注册，发给商标注册证，并予公告，见《商标法》第 33 条。

① 官方网站地址为 http：//www. saic. gov. cn/spw/index. html。

a. 申请

aa. 申请人

商标局的程序因申请人是不是中国人而情况不同。如果申请人是中国人，那么无论是自然人、法人还是组织，都可以申请商标注册并处理其他与商标有关的问题，可以自己申请也可以通过合法成立的商标代理机构，见《商标法》第 18 条第 1 款。但是外国自然人或外国企业在中国无长久住所或办公机构的，只能委托合法成立的商标代理机构申请，见《商标法》第 18 条第 2 款以及《商标法实施条例》第 5 条第 1 款。

bb. 申请的形式

《商标法》第 22 条第 3 款规定："商标注册申请等有关文件，可以以书面方式或者数据电文方式提出。"

cc. 形式要件

商标申请的形式要件取决于不同的申请者以及商标的类型。① 一般而言，依据《商标法》第 22 条第 1 款、《商标法实施条例》第 13 条及其后几条，应当向商标局提交商标设计及有关的证明文件，并支付申请费，《商标法实施条例》第 6 条要求注册申请及其他商标问题都使用汉语。

根据《商标国际注册马德里协定》和《马德里商标国际注册实施办法》，商标注册申请人自 2013 年我国《商标法》修改后，可以通过一份申请就多个类别的商品申请注册同一商标，见《商标法》第 22 条第 2 款。

dd. 优先原则

商标申请程序中一个重要的原则是优先原则，该原则首先出现在《保护工业产权巴黎公约》中，适用于以下两种情形：

第一，商标注册申请人自其商标在外国第一次提出商标注册申请之日起六个月内，又在中国就相同商品以同一商标提出商标注册申请的，依照该外国同中国签订的协议或者共同参加的国际条约，或者按照相互承认优先权的原则，可以享有优先权。见《商标法》第 25 条第 1 款。

第二，商标在中国政府主办的或者承认的国际展览会展出的商品上首次使用的，自该商品展出之日起六个月内，该商标的注册申请人可以享有优先权。见《商标法》第 26 条第 1 款。但是，申请人只有在申请商标注册后三个月内提交有

① 商标申请的具体形式要件见：http：//sbj. saic. gov. cn/sbsq/sqzn/。

关证明文件的，才可以适用优先原则。

b. 审查

根据《商标法》第28条，商标局应当在收到商标申请材料之后的九个月内，对商标申请的形式和内容进行审查，该条是对旧《商标法》第27条的修正，因为之前没有规定具体的期限，导致申请人无法对商标局提起诉讼。

形式要件的审查包括以下几项：

- 商标注册申请是否满足了法定的形式要件；
- 有关文件是否完成且符合标准；
- 是否支付了申请费。

如果商标注册申请符合形式要件，接下来就会审查具体内容。如果不符合，申请就会被驳回或者要求申请人在一定期限内补充或修改有关材料。如果商标注册申请过程中不符合要求的材料只涉及部分商品，商标局可以就全部驳回申请，也可以就该部分商品驳回申请。如果是第二种情况，商标局应当书面拒绝申请人的商标注册申请，并说明理由。见《商标法实施条例》第21条。

商标局对一件商标注册申请在部分指定商品上予以驳回的，申请人可以将该申请中初步审定的部分申请分割成另一件申请，这样商标局就必须将原来的申请分割为两件，对分割出来的初步审定申请生成新的申请号，并予以公告。见《商标法实施条例》第22条。

对内容的审查包括以下几个方面：

- 商标是否符合法律规定的因素；
- 商标是否容易区分；
- 商标是否被法律禁止使用；
- 商标是否与相同或近似商品已注册的商标相同或近似；
- 商标是否与近一年内被取消的商标相同或近似。

《商标法》第29条规定，在审查过程中，商标局认为商标注册申请内容需要说明或者修正的，可以要求申请人做出说明或者修正。这样就增加了申请人获得商标注册的可能性，并且降低了商标注册的成本。

如果申请注册的商标符合实质要件，商标局应当予以初步审定公告。见《商标法》第28条。

c. 商标局的异议程序

对初步审定公告的商标，自公告之日起三个月内，可以依据《商标法》第

33 条向商标局提起异议。

根据修订后的《商标法》第 33 条，只有“在先权利人、利害关系人认为违反本法第十三条第二款和第三款、第十五条、第十六条第一款、第三十条、第三十一条、第三十二条规定的，或者任何人认为违反本法第十条、第十一条、第十二条规定的，可以向商标局提出异议”。通过对商标异议主体和理由的限制，可以减少不合法的商标异议，同时也保证了对商标主管部门不当行为的监管。

对初步审定公告的商标提出异议的，商标局应当听取异议人和被异议人陈述事实和理由，并进行调查核实，自公告期满之日起十二个月内应当做出是否准予注册的决定，见《商标法》第 35 条第 1 款。①

d. 商标评审委员会的复审程序

aa. 申请程序的复审

《商标法》第 34 条规定，对驳回申请、不予公告的商标，商标注册申请人不服的，可以自收到通知之日起十五日内向商标评审委员会申请复审。商标评审委员会应当自收到申请之日起九个月内做出决定，有特殊情况需要延长的，经国务院工商行政管理部门批准，可以延长三个月。当事人对商标评审委员会的决定不服的，可以自收到通知之日起三十日内向人民法院起诉。加上这些时间要求的目的是加快商标注册申请的程序。

bb. 异议程序的复审

如果异议程序失败，商标局批准了商标注册的，异议人可以要求商标评审委员会复审注册程序并宣布所注册的商标无效，见《商标法》第 44、45 条。

如果异议程序成功，商标局驳回了商标注册申请的，申请人可以要求商标评审委员会复审注册程序，商标评审委员会应当自收到申请之日起十二个月内做出决定。② 申请人对商标评审委员会的决定不服的，可以自收到通知之日起三十日内向人民法院起诉，人民法院应当通知商标裁定程序的对方当事人作为第三人参加诉讼。见《商标法》第 35 条第 3 款。

cc. 注册商标的批准与公示

根据《商标法》第 33、35、36 条，符合以下情况的，将批准商标的注册，颁发商标注册证书，由商标局公开注册商标，申请人最终可以获得商标的专用权：

---

① 有特殊情况需要延长的，经国务院工商行政管理部门批准，可以延长六个月。

② 有特殊情况需要延长的，经国务院工商行政管理部门批准，可以延长六个月。

（1）公告期满无异议，见《商标法》第33条；

（2）所有的异议经商标局审查后发现都不成立，见《商标法》第36条第2款；

（3）所有的异议经商标局审查后发现都不成立，此时申请人向商标评审委员会申请复审，商标评审委员会也发现异议不成立，对方当事人未对商标评审委员会向人民法院起诉，见《商标法》第35条第3款和第36条第1款。

经审查异议不成立而准予注册的商标，商标注册申请人取得商标专用权的时间自初步审定公告三个月期满之日起计算。自该商标公告期满之日起至准予注册决定做出前，对他人在同一种或者类似商品上使用与该商标相同或者近似的标志的行为不具有追溯力。①

依据《商标法》第39条，注册商标的有效期是十年。注册商标有效期满的可以续展，商标注册人应当在期满前十二个月内按照规定办理续展手续。② 在此期间未能办理，宽展期也未能办理的，应当注销其注册商标。续展注册的商标应当由商标局公告。见《商标法》第40条。

2. 马德里程序③

“马德里程序”指的是《商标国际注册马德里协定》和《马德里商标国际注册实施办法》成员国之间的商标申请制度，中国加入该协定以后，马德里程序就成了商标保护的另一个选择程序，与“商标局程序”相比，“马德里程序”具有以下优点：

（1）不必一定要指定一个在中国合法成立的商标代理机构申请商标注册；

（2）在申请程序中不必一定要使用汉语；

（3）申请的时间更短，因为一收到申请文件商标就会被公示；

（4）商标的有效期是20年，而“商标局程序”中的有效期是10年。

V. 保护的范围

1. 专用权

根据《商标法》第3条第1款，注册商标一旦被公示，商标注册人就享有商

① 因该使用人的恶意给商标注册人造成的损失，应当给予赔偿。

② 在此期间未能办理的，可以有六个月的宽展期，见《商标法》第40条第1款。

③ “马德里程序”在中国的具体情况见：http://sbj.saic.gov.cn/sbsq/mdlsq/。

标专用权,《商标法》第 48 条规定“商标的使用”是指将商标用于商品、商品包装或者容器以及商品交易文书上，或者将商标用于广告宣传、展览以及其他商业活动中，用于识别商品来源的行为。

该专用权禁止以下行为（见《商标法》第 57 条的七种情形）:

（1）未经商标注册人的许可，在同一种商品上使用与其注册商标相同的商标的；

（2）未经商标注册人的许可，在同一种商品上使用与其注册商标近似的商标，或者在类似商品上使用与其注册商标相同或者近似的商标，容易导致混淆的；

（3）销售侵犯注册商标专用权的商品的；

（4）伪造、擅自制造他人注册商标标识或者销售伪造、擅自制造的注册商标标识的；

（5）未经商标注册人同意，更换其注册商标并将该更换商标的商品又投入市场的；

（6）故意为侵犯他人商标专用权行为提供便利条件，帮助他人实施侵犯商标专用权行为的；

（7）给他人的注册商标专用权造成其他损害的。

2. 许可使用

商标注册人可以通过签订商标使用许可合同，许可他人使用其注册商标。许可人应当监督被许可人使用其注册商标的商品质量。被许可人应当保证使用该注册商标的商品质量，见《商标法》第 43 条第 1 款。该条第 2 款规定经许可使用他人注册商标的，必须在使用该注册商标的商品上标明被许可人的名称和商品产地。该义务体现了商标法为消费者及终端使用者确保透明度的目标。《商标法实施条例》第 71 条规定，违反《商标法》第 43 条第 2 款规定的，由工商行政管理部门责令限期改正；逾期不改正的，责令停止销售，拒不停止销售的，处 10 万元以下的罚款。

为了实现上述目标,《商标法》第 43 条第 3 款要求许可他人使用其注册商标的许可人将其商标使用许可报商标局备案，由商标局公告。这样一公告就可以对消费者、终端消费者以及其他生产商提供透明度。

《商标法》第 43 条第 3 款还规定，商标使用许可未经备案不得对抗善意第三人。

3. **限制**

根据《商标法》第59条第1款，注册商标中含有的本商品的通用名称、图形、型号，或者直接表示商品的质量、主要原料、功能、用途、重量、数量及其他特点，或者含有的地名，注册商标专用权人无权禁止他人正当使用。类似地，三维标志注册商标中含有的商品自身的性质产生的形状、为获得技术效果而需有的商品形状或者使商品具有实质性价值的形状，注册商标专用权人也无权禁止他人正当使用，见《商标法》第59条第2款。

商标注册人申请商标注册前，他人已经在同一种商品或者类似商品上先于商标注册人使用与注册商标相同或者近似并有一定影响的商标的，注册商标专用权人无权禁止该使用人在原使用范围内继续使用该商标，但可以要求其附加适当区别标识，见《商标法》第59条第3款。

4. **转让**

《商标法》第42条第1款规定，转让注册商标的，转让人和受让人应当签订转让协议，并共同向商标局提出申请；第4款规定，转让注册商标经核准后，予以公告，受让人自公告之日起享有商标专用权；第3款规定，对容易导致混淆或者有其他不良影响的转让，商标局不予核准，书面通知申请人并说明理由。

第42条第1款还规定，受让人应当保证使用该注册商标的商品质量。

5. **出质**

根据《商标法实施条例》第70条，以注册商标专用权出质的，出质人与质权人应当签订书面质权合同，并共同向商标局提出质权登记申请，由商标局公告。

Ⅵ. 宣布无效

《商标法》第44条第1款规定，已经注册的商标可以由商标局主动宣布无效或经申请后宣布无效。无效的理由不同，有权宣布的机关和程序也不同。

1. **注册的标志可能不会被作为商标**

a. 商标局主动宣布无效

《商标法》第44条第1款规定，已经注册的商标，违反本法第10条、第11条、第12条规定的，或者是以欺骗手段或者其他不正当手段取得注册的，由商标局宣告该注册商标无效；其他单位或者个人可以请求商标评审委员会宣告该注册商标无效。

商标局做出宣告注册商标无效的决定，应当书面通知当事人。当事人对商标局的决定不服的，可以自收到通知之日起十五日内向商标评审委员会申请复审，见《商标法》第44条第2款。该款还规定，商标评审委员会应当自收到申请之日起九个月内做出决定，并书面通知当事人。① 当事人对商标评审委员会的决定不服的，可以自收到通知之日起三十日内向人民法院起诉。

b. 因他人请求而宣布无效

《商标法》第44条第1款规定，基于同样的理由，任何单位或者个人可请求商标评审委员会宣告注册商标无效。该条第3款规定，其他单位或者个人请求商标评审委员会宣告注册商标无效的，商标评审委员会收到申请后，应当书面通知有关当事人，并限期提出答辩。商标评审委员会应当自收到申请之日起九个月内做出维持注册商标或者宣告注册商标无效的裁定，并书面通知当事人。② 当事人对商标评审委员会的裁定不服的，可以自收到通知之日起三十日内向人民法院起诉。人民法院应当通知商标裁定程序的对方当事人作为第三人参加诉讼。

2. 注册的标志与他人的权益冲突

已经注册的商标，违反本法第13条第2款和第3款、第15条、第16条第1款、第30条、第31条、第32条规定的，自商标注册之日起五年内，在先权利人或者利害关系人可以请求商标评审委员会宣告该注册商标无效，对恶意注册的，驰名商标所有人不受五年的时间限制。见《商标法》第45条第1款。根据《商标法》第35条，即使在先权利人没有提出异议，也有权提出申请。

商标评审委员会收到宣告注册商标无效的申请后，应当书面通知有关当事人，并限期提出答辩。商标评审委员会应当自收到申请之日起十二个月内做出维持注册商标或者宣告注册商标无效的裁定，并书面通知当事人，③ 见《商标法》第45条第2款。

《商标法》第45条第2款还规定，当事人对商标评审委员会的裁定不服的，可以自收到通知之日起三十日内向人民法院起诉。人民法院应当通知商标裁定程序的对方当事人作为第三人参加诉讼。该条第3款规定，商标评审委员会在依照前款规定对无效宣告请求进行审查的过程中，所涉及的在先权利的确定必须以人

---

① 有特殊情况需要延长的，经国务院工商行政管理部门批准，可以延长三个月。

② 有特殊情况需要延长的，经国务院工商行政管理部门批准，可以延长三个月。

③ 有特殊情况需要延长的，经国务院工商行政管理部门批准，可以延长六个月。

民法院正在审理或者行政机关正在处理的另一案件的结果为依据的，可以中止审查。中止原因消除后，应当恢复审查程序。

法定期限届满，当事人对商标局宣告注册商标无效的决定不申请复审或者对商标评审委员会的复审决定、维持注册商标或者宣告注册商标无效的裁定不向人民法院起诉的，商标局的决定或者商标评审委员会的复审决定、裁定生效，见《商标法》第 46 条。

3. 宣布无效的公示

《商标法》第 47 条第 1 款规定，依照本法第 44 条、第 45 条的规定宣告无效的注册商标，由商标局予以公告。

4. 宣布无效的后果

根据《商标法》第 47 条第 1 款，被宣告无效的注册商标，该注册商标专用权视为自始即不存在。需要注意的是，宣告注册商标无效的决定或者裁定，对宣告无效前人民法院做出并已执行的商标侵权案件的判决、裁定、调解书和工商行政管理部门做出并已执行的商标侵权案件的处理决定以及已经履行的商标转让或者使用许可合同不具有追溯力。但是，因商标注册人的恶意给他人造成的损失，应当给予赔偿，见《商标法》第 47 条第 2 款。

依照前款规定不返还商标侵权赔偿金、商标转让费、商标使用费，明显违反公平原则的，应当全部或者部分返还，见《商标法》第 47 条第 3 款。

Ⅶ. 撤销

注册人的不同行为或市场变化可能会导致已经注册的商标被撤销。

1. 改变已经注册的商标

《商标法》第 49 条第 1 款规定，商标注册人在使用注册商标的过程中，自行改变注册商标、注册人名义、地址或者其他注册事项的，由地方工商行政管理部门责令限期改正；期满不改正的，由商标局撤销其注册商标。

2. 商标失去可区别性

注册商标成为其核定使用的商品的通用名称或者没有正当理由连续三年不使用的，任何单位或者个人可以向商标局申请撤销该注册商标，见《商标法》第 49 条第 2 款。该规定避免了商标专用权的过长使用，《商标法实施条例》第 67 条规定《商标法》第 49 条中的正当理由包括以下情形：

（1）不可抗力；

（2）政府政策性限制；

（3）破产清算；

（4）其他不可归责于商标注册人的正当事由。

3. 申请撤销

根据《商标法实施条例》第 73 条，商标注册人申请注销其注册商标或者注销其商标在部分指定商品上的注册的，应当向商标局提交商标注销申请书，并交回原《商标注册证》。商标注册人申请注销其注册商标或者注销其商标在部分指定商品上的注册，经商标局核准注销的，该注册商标专用权或者该注册商标专用权在该部分指定商品上的效力自商标局收到其注销申请之日起终止。

4. 撤销的复审

对商标局撤销或者不予撤销注册商标的决定，当事人不服的，可以自收到通知之日起十五日内向商标评审委员会申请复审。商标评审委员会应当自收到申请之日起九个月内做出决定，并书面通知当事人，[①] 见《商标法》第 54 条。

当事人对商标评审委员会的决定不服的，可以自收到通知之日起三十日内向人民法院起诉，见《商标法》第 54 条。

5. 撤销产生的阻止效果

注册商标被撤销的，自撤销之日起一年内，商标局对与该商标相同或者近似的商标注册申请，不予核准，见《商标法》第 50 条，该条保证了不对消费者带来困扰，也不会对之前的知名商标滥用。

《商标法实施条例》第 68 条进一步规定，商标局、商标评审委员会撤销注册商标或者宣告注册商标无效，撤销或者宣告无效的理由仅及于部分指定商品的，应对在该部分指定商品上使用的商标注册予以撤销或者宣告无效。

6. 撤销的公告

《商标法实施条例》第 74 条规定，注册商标被撤销或者依照本条例第 73 条的规定被注销的，原《商标注册证》作废，并予以公告；撤销该商标在部分指定商品上的注册的，或者商标注册人申请注销其商标在部分指定商品上的注册的，重新核发《商标注册证》，并予以公告。

---

① 有特殊情况需要延长的，经国务院工商行政管理部门批准，可以延长三个月。

Ⅷ. 法律保护

根据《商标法》第 60 条第 1 款，有侵犯注册商标专用权行为，引起纠纷的，由当事人协商解决；不愿协商或者协商不成的，商标注册人或者利害关系人可以向人民法院起诉，也可以请求工商行政管理部门处理。需要注意这里可能会产生刑事责任。《商标法实施条例》第 77 条还规定，对侵犯注册商标专用权的行为，任何人可以向工商行政管理部门投诉或者举报。

1. 侵犯商标专用权

《商标法》第 57 条规定，有下列行为之一的，均属侵犯注册商标专用权：

（1）未经商标注册人的许可，在同一种商品上使用与其注册商标相同的商标的；

（2）未经商标注册人的许可，在同一种商品上使用与其注册商标近似的商标，或者在类似商品上使用与其注册商标相同或者近似的商标，容易导致混淆的；

（3）销售侵犯注册商标专用权的商品的；

（4）伪造、擅自制造他人注册商标标识或者销售伪造、擅自制造的注册商标标识的；

（5）未经商标注册人同意，更换其注册商标并将该更换商标的商品又投入市场的；

（6）故意为侵犯他人商标专用权行为提供便利条件，帮助他人实施侵犯商标专用权行为的；

（7）给他人的注册商标专用权造成其他损害的。

《商标法实施条例》第 79 条规定，下列情形属于《商标法》第 60 条规定的能证明该商品是自己合法取得的情形：

（1）有供货单位合法签章的供货清单和货款收据且经查证属实或者供货单位认可的；

（2）有供销双方签订的进货合同且经查证已真实履行的；

（3）有合法进货发票且发票记载事项与涉案商品对应的；

（4）其他能够证明合法取得涉案商品的情形。

2. 由工商行政管理部门解决争议

a. 措施

工商行政管理部门处理时，认定侵权行为成立的，可以依据《商标法》第

60 条第 2 款：

- 责令立即停止侵权行为；
- 没收、销毁侵权商品；
- 没收、销毁主要用于制造侵权商品的工具；
- 没收、销毁主要用于伪造注册商标标识的工具。

该款还规定，对于违法经营额五万元以上的，工商行政管理部门可以处违法经营额五倍以下的罚款，没有违法经营额或者违法经营额不足五万元的，可以处二十五万元以下的罚款。对五年内实施两次以上商标侵权行为或者有其他严重情节的，应当从重处罚。销售不知道是侵犯注册商标专用权的商品，能证明该商品是自己合法取得并说明提供者的，由工商行政管理部门责令停止销售。《商标法实施条例》第 78 条规定了计算违法经营额可以考虑下列因素：

（1）侵权商品的销售价格；

（2）未销售侵权商品的标价；

（3）已查清侵权商品实际销售的平均价格；

（4）被侵权商品的市场中间价格；

（5）侵权人因侵权所产生的营业收入；

（6）其他能够合理计算侵权商品价值的因素。

b. 职权

《商标法》第 61 条规定，对侵犯注册商标专用权的行为，工商行政管理部门有权依法查处。第 62 条规定，工商行政管理部门对涉嫌侵犯他人注册商标专用权的行为进行查处时，可以行使下列职权：

（1）询问有关当事人，调查与侵犯他人注册商标专用权有关的情况；

（2）查阅、复制当事人与侵权活动有关的合同、发票、账簿以及其他有关资料；

（3）对当事人涉嫌从事侵犯他人注册商标专用权活动的场所实施现场检查；

（4）检查与侵权活动有关的物品；

（5）对有证据证明是侵犯他人注册商标专用权的物品，可以查封或者扣押。

《商标法》第 62 条第 3 款规定，在查处商标侵权案件过程中，对商标权属存在争议或者权利人同时向人民法院提起商标侵权诉讼的，工商行政管理部门可以中止案件的查处。中止原因消除后，应当恢复或者终结案件查处程序。

3. 由人民法院解决争议

根据《商标法》第60条第1款，有侵犯注册商标专用权行为之一，引起纠纷的，可以向人民法院起诉。

a. 目标

《最高人民法院关于诉前停止侵犯注册商标专用权行为和保全证据适用法律问题的解释》第1条第1款是关于向人民法院提出诉前责令停止侵犯注册商标专用权（见前面《商标法》第57条）的可能性。根据《最高人民法院关于审理商标民事纠纷案件适用法律若干问题的解释》第18条第1句，侵犯注册商标专用权的诉讼时效为二年，自商标注册人或者利害权利人知道或者应当知道侵权行为之日起计算。

b. 申请的内容

《最高人民法院关于诉前停止侵犯注册商标专用权行为和保全证据适用法律问题的解释》第2条至第4条规定了管辖法院和向人民法院书面申请的内容。

c. 程序

《最高人民法院关于诉前停止侵犯注册商标专用权行为和保全证据适用法律问题的解释》第5条规定，人民法院做出诉前停止侵犯注册商标专用权行为或者保全证据的裁定事项，应当限于商标注册人或者利害关系人申请的范围。第6条和第7条是关于视案件标的提供担保的问题。第9条第1款规定，人民法院接受商标注册人或者利害关系人提出责令停止侵犯注册商标专用权行为的申请后，经审查符合本规定第4条的，应当在四十八小时内做出书面裁定；裁定责令被申请人停止侵犯注册商标专用权行为的，应当立即开始执行。该条第2款规定，人民法院做出诉前责令停止有关行为的裁定，应当及时通知被申请人，至迟不得超过五日。根据第10条，当事人对诉前责令停止侵犯注册商标专用权行为裁定不服的，可以在收到裁定之日起十日内申请复议一次。复议期间不停止裁定的执行。另一方面，根据第12条，商标注册人或者利害关系人在人民法院采取停止有关行为或者保全证据的措施后十五日内不起诉的，人民法院应当解除裁定采取的措施。

4. 停止侵权及赔偿损失

由于我国《商标法》中没有请求停止侵权及损害赔偿的法律基础，因此只能从民法和侵权法中寻找法律基础。

根据《侵权责任法》第 2 条第 1 款，侵害民事权益的应当承担侵权责任，第 2 款具体明确了商标专用权属于前款中的民事权益，但是第 2 条第 1 款只是笼统地说侵权人应当承担民事责任，没有明确提供具体的措施。

《侵权责任法》第 15 条第（一）种情形规定承担的责任包括侵权侵害，因此《侵权责任法》第 2 条第 1 款、第 2 款以及第 15 条情形（一）可以作为停止侵犯商标权的法律基础。

《民法通则》第 118 条也规定侵权他人商标专用权的可以请求停止侵权行为，因此，《民法通则》第 118 条也可以作为请求权的法律基础。但是中国法上有一条原则就是特别法优于一般法，《民法通则》第 118 条是一般民法，而《侵权责任法》只是民法中的一个特别的方面，即侵犯他人权利的民事责任，因此《侵权责任法》与《民法通则》相比属于特别法，《民法通则》第 118 条的效力被《侵权责任法》削弱了，但是另一方面，《民法通则》第 118 条也可以理解为确立了违反商标法的一个特殊规则。

《侵权责任法》第 15 条的第（六）种情形是赔偿权利人的损失，因此《侵权责任法》第 2 条第 1 款、第 2 款以及第 15 条情形（六）可以作为因商标侵权而获得损失赔偿的法律基础。也可以主张《民法通则》第 118 条规定了赔偿损失，如果商标专用权受到侵犯，就商标法中的具体违反构成了一个特别法。

根据《商标法》第 63 条，侵犯商标专用权的赔偿数额，按照权利人因被侵权所受到的实际损失确定；实际损失难以确定的，可以按照侵权人因侵权所获得的利益确定；权利人的损失或者侵权人获得的利益难以确定的，参照该商标许可使用费的倍数合理确定。对恶意侵犯商标专用权，情节严重的，可以在按照上述方法确定数额的一倍以上三倍以下确定赔偿数额。对于赔偿数额的确定，《商标法》第 63 条第 1 款第 1 句，《商标法实施条例》第 78 条以及《最高人民法院关于审理商标民事纠纷案件适用法律若干问题的解释》第 14 条至第 16 条提供了更详细的计算标准。《商标法》第 63 条第 1 款规定，赔偿数额应当包括权利人为制止侵权行为所支付的合理开支。至于如何确定合理的开支，《最高人民法院关于审理民事纠纷案件适用法律若干问题的解释》第 17 条中有进一步的规定。

根据《商标法》第 64 条第 1 款规定，注册商标专用权人请求赔偿，被控侵权人以注册商标专用权人未使用注册商标提出抗辩的，人民法院可以要求注册商标专用权人提供其此前三年内实际使用该注册商标的证据。注册商标专用权人不能证明此前三年内实际使用过该注册商标，也不能证明因侵权行为受到其他损失的，被控侵权人不承担赔偿责任。《商标法》第 64 条第 2 款规定，销售不知道是侵犯注册商标专用权的商品，能证明该商品是自己合法取得并说明提供者的，不承担赔偿责任。

5. 诉前保全措施

为保证商标保护的有效性，商标注册人或者利害关系人有证据证明他人正在实施或者即将实施侵犯其注册商标专用权的行为，如不及时制止将会使其合法权益受到难以弥补的损害的，可以依法在起诉前向人民法院申请采取责令停止有关行为和财产保全的措施，见《商标法》第 65 条。

为制止侵权行为，在证据可能灭失或者以后难以取得的情况下，商标注册人或者利害关系人可以依法在起诉前向人民法院申请保全证据，见《商标法》第 66 条。

6. 商标代理机构的违法行为

《商标法》第 68 条是关于商标代理机构的违法行为，商标代理机构有下列行为之一的，由工商行政管理部门责令限期改正，给予警告，处一万元以上十万元以下的罚款；对直接负责的主管人员和其他直接责任人员给予警告，处五千元以上五万元以下的罚款；构成犯罪的，依法追究刑事责任：

（1）办理商标事宜过程中，伪造、变造或者使用伪造、变造的法律文件、印章、签名的；

（2）以诋毁其他商标代理机构等手段招徕商标代理业务或者以其他不正当手段扰乱商标代理市场秩序的；

（3）违反本法第十九条第三款、第四款规定的。

《商标法》第 68 条第 2 款规定，商标代理机构有前款规定行为的，由工商行政管理部门记入信用档案；情节严重的，商标局、商标评审委员会并可以决定停止受理其办理商标代理业务，予以公告。

商标代理机构违反诚实信用原则，侵害委托人合法利益的，应当依法承担民事责任，并由商标代理行业组织按照章程规定予以惩戒，见《商标法》第 68 条第 3 款。

7. 刑事程序

依据《商标法》第 61 条，侵犯注册商标专用权的行为涉嫌犯罪的，应当及时移送司法机关依法处理。因此侵犯商标专用权可能会被移送司法机关，而《商标法》第 67 条只包含了侵权人的特定行为。

《商标法》第 67 条第 1 款规定，未经商标注册人许可，在同一种商品上使用与其注册商标相同的商标，构成犯罪的，除赔偿被侵权人的损失外，依法追究刑事责任。相同的责任也适用于第 2 款中伪造、擅自制造他人注册商标标识或者销售伪造、擅自制造的注册商标标识的行为。销售明知是假冒注册商标的商品，构成犯罪的，除赔偿被侵权人的损失外，依法追究刑事责任，见《商标法》第 67 条第 3 款。

8. 对驰名商标的特别保护

驰名商标是为相关公众广为知晓并享有较高声誉的商标，由于它们比一般商标更有价值，因此可以享有额外的保护。

a. 不要求注册

虽然商标专用权一般来讲是建立在注册的商标上，但驰名商标不要求注册，见《商标法》第 13 条第 2 款和第 3 款。第 2 款规定，就相同或者类似商品申请注册的商标是复制、摹仿或者翻译他人未在中国注册的驰名商标，容易导致混淆的，不予注册并禁止使用。第 3 款规定，就不相同或者不相类似商品申请注册的商标是复制、摹仿或者翻译他人已经在中国注册的驰名商标，误导公众，致使该驰名商标注册人的利益可能受到损害的，不予注册并禁止使用。如果这两款中涉及的是驰名商标，就不予注册并禁止使用。

b. 定义

《驰名商标认定和保护规定》第 2 条中将“驰名商标”定义为在中国为相关公众所熟知的商标。

该条还规定，相关公众包括与使用商标所标示的某类商品或者服务有关的消费者，生产前述商品或者提供服务的其他经营者以及经销渠道中所涉及的销售者和相关人员等。

c. 认定

根据《商标法》第 14 条第 1 款第 2 句，认定驰名商标应当考虑下列因素：（一）相关公众对该商标的知晓程度；（二）该商标使用的持续时间；（三）该商标的任何宣传工作的持续时间、程度和地理范围；（四）该商标作为驰名商标受保护的记录；（五）该商标驰名的其他因素。

在上述需要考虑的几个因素中，关键是考虑对商标的违法使用是否会误导公众，造成混淆。因此对驰名商标进行特别保护的目标是确保商标在公众心目中与一个特定的商品联系在一起。

d. 保护

在中国驰名商标的保护可以通过行政手段和司法手段，如果驰名商标的权利人根据《商标法》第13条请求对驰名商标进行保护，商标局可以先对商标驰名情况作出认定，见《商标法》第14条第2款。在商标争议处理过程中，当事人依照该法第13条规定主张权利的，商标评审委员会根据处理案件的需要，可以对商标驰名情况作出认定，见《商标法》第14条第3款。

在商标民事、行政案件审理过程中，当事人依照该法第13条规定主张权利的，最高人民法院指定的人民法院根据审理案件的需要，可以对商标驰名情况作出认定，见《商标法》第14条第4款和《最高人民法院关于审理商标民事纠纷案件适用法律若干问题的解释》第22条。

举个例子，X公司将权利人A注册的驰名商标用于不相似的商品上，很明显这种情况不违反《商标法》第57条第一、二种情形，只违反该条第七种情形（“给他人的注册商标专用权造成其他损害的”）。这个问题法律没有明确规定，因此只能通过解释来回答。

《商标法》第13条第3款禁止在不相同或者不相类似的商品上复制、摹仿或者翻译他人已经在中国注册的驰名商标，误导公众，致使该驰名商标注册人的利益可能受到损害。如果连注册（使用商标的唯一合法途径）都不允许，那么X公司不经注册就使用该商标更不应该允许。

该解释可以得到《最高人民法院关于审理商标民事纠纷案件适用法律若干问题的解释》第1条第2项隐含的支持，根据该项，将驰名商标用在不相同或不相类似的商品上就违反了2001年《商标法》的第52条第5项（也就是现行《商标法》的第57条第7项）。该解释也可以得到德国法的支持，根据德国《商标法》第14条第2款第（三）种情形，未经许可将驰名商标用于不相似的商品上也属于侵犯商标权。

因此，如果权利人所注册的商标是一个驰名商标，那么X公司的行为就违反了《商标法》第57条第（七）种情形。

依据《商标法》第58条，将他人注册商标、未注册的驰名商标作为企业名称中的字号使用，误导公众，构成不正当竞争行为的，依照《反不正当竞争法》处理。

三、《著作权法》

Ⅰ. 法律框架

保护著作权的法律被分散在几个不同位阶的法律和规章中，有关的法律和规章如下：

1. 《著作权法》(2010 年修订)，2010 年 2 月 26 日公布，2010 年 4 月 1 日生效；

2. 《中华人民共和国著作权法实施条例》(2013 年修订，以下简称“《著作权法实施条例》”)，2013 年 1 月 30 日公布，2013 年 3 月 1 日生效；

3. 《计算机软件保护条例》(2013 年修订)，2013 年 1 月 30 日公布，2013 年 3 月 1 日生效；

4. 《著作权集体管理条例》，2004 年 12 月 28 日公布，2005 年 3 月 1 日生效；

5. 《实施国际著作权条约的规定》，1992 年 9 月 25 日公布，1992 年 9 月 30 日生效；

6. 《计算机软件著作权注册登记办法》，2002 年 2 月 20 日公布并生效；

7. 《著作权行政处罚实施办法》(2009 年版)，2009 年 5 月 7 日公布，2009 年 6 月 15 日生效；

8. 《著作权质权登记办法》，2010 年 11 月 25 日公布，2011 年 1 月 1 日生效；

9. 《互联网著作权行政保护办法》，2005 年 4 月 29 日公布，2005 年 5 月 30 生效；

10. 《最高人民法院关于审理著作权民事纠纷案件适用法律若干问题的解释》，2002 年 10 月 12 日公布，2002 年 10 月 15 日生效；

11. 《最高人民法院关于审理侵害信息网络传播权民事纠纷案件适用法律若干问题的规定》，2012 年 12 月 17 日公布，2013 年 1 月 1 日生效。

Ⅱ. 保护的目标

1. 保护的范围

《著作权法》第 1 条确定该法的宗旨是：保护文学、艺术和科学作品作者的著作权，以及与著作权有关的权益，鼓励有益于社会主义精神文明、物质文明建设的作品的创作和传播，促进社会主义文化和科学事业的发展与繁荣。

《著作权法》第3条对“作品”进行了定义，包括但不限于以下列形式创作的文学、艺术和自然科学、社会科学、工程技术等作品：

（1）文字作品；

（2）口述作品；

（3）音乐、戏剧、曲艺、舞蹈、杂技艺术作品；

（4）美术、建筑作品；

（5）摄影作品；

（6）电影作品和以类似摄制电影的方法创作的作品；

（7）工程设计图、产品设计图、地图、示意图等图形作品和模型作品；

（8）计算机软件；

（9）法律、行政法规规定的其他作品。

《著作权法实施条例》第4条对上述术语提供了定义，例如“文字作品”，是指小说、诗词、散文、论文等以文字形式表现的作品。

2. 不予保护的范围

法律禁止出版或传播的作品不受《著作权法》保护，《著作权法》第4条还规定，著作权人“行使”著作权，不得违反宪法和法律，不得损害公共利益。根据《著作权法》第5条，不受保护的还包括：法律、法规，国家机关的决议、决定、命令和其他具有立法、行政、司法性质的文件，及其官方正式译文；时事新闻；历法、通用数表、通用表格和公式等。

另外，《著作权法》第6条规定，民间文学艺术作品的著作权保护办法由国务院另行规定。

3. 保护的主体

《著作权法》第2条第1款规定，中国公民、法人或者其他组织的作品，不论是否发表，依照本法享有著作权。外国人、无国籍人首次在中国发表的作品受著作权法的保护。见《著作权法》第2条第3款。如果外国人、无国籍人的作品首次发表是在中国境外，根据其作者所属国或者经常居住地国同中国签订的协议或者共同参加的国际条约享有的著作权，受本法保护，见《著作权法》第2条第2款。未与中国签订协议或者共同参加国际条约的国家的作者以及无国籍人的作品首次在中国参加的国际条约的成员国出版的，或者在成员国和非成员国同时出版的，受本法保护，见《著作权法》第2条第4款。

《著作权法》第58条规定，本法第2条所称的出版，指作品的复制、发行。《著作权法实施条例》第20条提供了进一步的定义：《著作权法》所称已经发表的作品，是指著作权人自行或者许可他人公之于众的作品。

外国人的作品自首次出版之日起开始受保护，中国人的著作权自作品创作完成之日起产生，见《著作权法实施条例》第6条。《著作权法实施条例》第7条和第8条是关于外国人和无国籍人著作权保护起始时间的规定，根据第7条，《著作权法》第2条第3款规定的首先在中国境内出版的外国人、无国籍人的作品，其著作权自首次出版之日起受保护。根据第8条，外国人和无国籍人的作品在中国境外首先出版后，30日内在中国境内出版的，视为该作品同时在中国境内出版。

Ⅲ. 著作权人

1. 一般规定

《著作权法》第9条规定了保护的主体和"著作权人"的定义。著作权人指作者或其他依照本法享有著作权的公民、法人或者其他组织。根据《著作权法》第11条第1款，原则上，著作权属于作者，该条第2款指出创作作品的公民是作者，第4款规定，如无相反证明，在作品上署名的公民、法人或者其他组织为作者。

一般原则之外也有例外情况，如作者是员工（《著作权法》第11条第3款和第16条）或作品是委托作品（《著作权法》第17条）。电影和电视节目的所有权有另外的规定。

2. 合作作者，《著作权法》第13条

如果作品是由两个或两个以上的人共同完成的，那么每一个人都是合作作者。①

每个合作作者创作的部分如可以区分，该作者就有权单独使用他或她的那部分作品，只要使用时不损害整个作品的完整性。如果不能区分每个合作作者单独

---

① 《著作权法实施条例》第14条规定了合作作者之一死亡后，其对合作作品享有的著作权法第10条第1款第5项至第17项规定的权利无人继承又无人受遗赠的，由其他合作作者享有。

创作的部分，并且合作作者没有合理的理由不能就行使著作权通过协商达成一致，任何一个合作作者不能禁止其他合作作者行使著作权，让与权除外。但是，上述利用获得的收益应在合作作者中分配（《著作权法实施条例》第9条）。

3. 汇编人，《著作权法》第 14 条

根据《著作权法》第 14 条，汇编作品的著作权由汇编人享有，只要行使著作权时，不侵犯原作品的著作权。所谓受保护的汇编作品，是指汇编若干作品、作品的片段或者不构成作品的数据或者其他材料，对其内容的选择或者编排体现独创性的作品。汇编作品，如对内容的安排或选择，必须是具有创造性过程的产品。

4. 电影作品的制片者，《著作权法》第 15 条

根据《著作权法》第 15 条，电影作品和以类似摄制电影的方法创作的作品的著作权由制片者享有，但编剧、导演、摄影、作词、作曲等作者享有署名权，并有权按照与制片者签订的合同获得报酬。

5. 雇员，《著作权法》第 16 条

主要是利用法人或者其他组织的物质技术条件创作，并由法人或者其他组织承担责任的工程设计图、产品设计图、地图、计算机软件等职务作品，著作权由法人或其他组织享有，但是《著作权法》第 16 条第 2 款规定，作者仍然享有署名权。因此，作品完成两年内，著作权的其他权利由法人或者其他组织享有，法人或者其他组织可以给予作者奖励。作品完成两年内，未经单位同意，作者不得许可第三人以与单位使用的相同方式使用该作品。这种情况下所获的报酬，由作者与单位按约定的比例分配，见《著作权法实施条例》第 12 条。

职务作品完成两年内，未经单位同意，作者不得许可第三人以与单位使用的相同方式使用作品，见《著作权法》第 16 条第 1 款。

6. 委托作品，《著作权法》第 17 条

《著作权法》规定受委托创作的作品，著作权的归属由委托人和受托人通过合同约定。合同未作明确约定或者没有订立合同的，著作权属于受托人。

7. 美术作品，《著作权法》第 18 条

美术等作品原件所有权的转移，不视为作品著作权的转移，但美术作品原件的展览权由原件所有人享有，见《著作权法》第 18 条。《著作权法实施条例》

第4条第（八）项将美术作品定义为绘画、书法、雕塑等以线条、色彩或者其他方式构成的有审美意义的平面或者立体的造型艺术作品。

8. 著作权的继承

根据继承法的规定，《著作权法》第10条第1款第5至17项列举的著作权人的人身权和财产权在著作权人死后如果仍在著作权保护期内可以转移。如果享有这些权利的法人或其他组织的法律地位发生了改变或终止，那么这些权利将转移给继承的法人或其他组织，也就是接管先前法人或其他组织权利义务的主体。没有继承人的，权利将转移给国家。

Ⅳ. 著作权作品中的权利

1. 一般规定

《著作权法》第10条列举了著作权包括的人身权和财产权：

（1）发表权；
（2）署名权；
（3）修改权；
（4）保护作品完整权；
（5）复制权；
（6）发行权；
（7）出租权；
（8）展览权；
（9）表演权；
（10）放映权；
（11）广播权；
（12）信息网络传播权；
（13）摄制权；
（14）改编权；
（15）翻译权；
（16）汇编权；
（17）应当由著作权人享有的其他权利。

以上各项的详细解释见《著作权法》第10条。

著作权人可以许可他人行使或者转让前款第 5 项至第 17 项规定的权利，并依照约定或者本法有关规定获得报酬。

2. 具体的权利

《著作权法》第 30 条至第 46 条确立了著作权法的很多具体权利。

a. 出版图书、报刊

《著作权法》第 30 条规定，图书出版者出版图书应当和著作权人订立出版合同，并支付报酬。图书出版者对著作权人交付出版的作品，按照合同约定享有的专有出版权受法律保护，他人不得出版该作品，见《著作权法》第 31 条。

著作权人向报社、期刊社投稿的，自稿件发出之日起十五日内未收到报社通知决定刊登的，或者自稿件发出之日起三十日内未收到期刊社通知决定刊登的，可以将同一作品向其他报社、期刊社投稿。双方另有约定的除外，见《著作权法》第 33 条第 1 款。根据《著作权法》第 32 条第 1 款，著作权人应当按照合同约定期限交付作品。图书出版者应当按照合同约定的出版质量、期限出版图书。图书出版者重印、再版作品的，应当通知著作权人，并支付报酬。图书脱销后，图书出版者拒绝重印、再版的，著作权人有权终止合同，见《著作权法》第 32 条第 3 款。

图书出版者经作者许可，可以对作品修改、删节。报社、期刊社可以对作品作文字性修改、删节。对内容的修改，应当经作者许可，见《著作权法》第 34 条。

出版者有权许可或者禁止他人使用其出版的图书、期刊的版式设计，见《著作权法》第 36 条第 1 款，第 2 款规定前款中权利的保护期为十年，截止于使用该版式设计的图书、期刊首次出版后第十年的 12 月 31 日。

b. 表演权，《著作权法》第 37 ~ 39 条

根据《著作权法》第 37 条，使用他人作品演出，表演者（演员、演出单位）应当取得著作权人许可，并支付报酬。演出组织者组织演出，由该组织者取得著作权人许可，并支付报酬。同样的规则也适用于使用改编、翻译、注释、整理已有作品而产生的作品进行演出的情形，见《著作权法》第 37 条第 2 款。

《著作权法》第 38 条规定，表演者对其表演享有下列权利：

（1）表明表演者身份；

（2）保护表演形象不受歪曲；

（3）许可他人从现场直播和公开传送其现场表演，并获得报酬；

（4）许可他人录音录像，并获得报酬；

（5）许可他人复制、发行录有其表演的录音录像制品，并获得报酬；

（6）许可他人通过信息网络向公众传播其表演，并获得报酬。

被许可人以前款第 3 项至第 6 项规定的方式使用作品，还应当取得著作权人许可，并支付报酬，见《著作权法》第 38 第 2 款。《著作权法》第 39 条规定了表演者权利的保护期限：本法第 38 条第 1 款第 1 项、第 2 项规定的权利的保护期不受限制，第 3 项至第 6 项规定的权利的保护期为五十年。

表演者的定义规定在《著作权法实施条例》第 5 条第 6 项中，是指演员、演出单位或者其他表演文学、艺术作品的人。

c. 录音录像，《著作权法》第 40～42 条

总的来说，录音录像制作者使用他人作品制作录音录像制品，应当取得著作权人许可，并支付报酬，见《著作权法》第 40 条第 1 款。类似地，录音录像制作者使用改编、翻译、注释、整理已有作品而产生的作品，应当取得改编、翻译、注释、整理作品的著作权人和原作品著作权人许可，并支付报酬，见《著作权法》第 40 条第 2 款。录音制作者使用他人已经合法录制为录音制品的音乐作品制作录音制品，可以不经著作权人许可，但应当按照规定支付报酬；著作权人声明不许使用的不得使用，见《著作权法》第 40 条第 3 款。

录音录像制作者制作录音录像制品，应当同表演者订立合同，并支付报酬，见《著作权法》第 41 条。录音录像制作者对其制作的录音录像制品，享有许可他人复制、发行、出租、通过信息网络向公众传播并获得报酬的权利；权利的保护期为五十年，见《著作权法》第 42 条第 1 款。被许可人复制、发行、通过信息网络向公众传播录音录像制品，还应当取得著作权人、表演者许可，并支付报酬，见《著作权法》第 42 条第 2 款。

d. 广播电台和电视台播放，《著作权法》第 43～46 条

根据《著作权法》第 45 条第 1 款，广播电台、电视台对自己的广播和电视节目享有以下权利：

（1）将其播放的广播、电视转播；

（2）将其播放的广播、电视录制在音像载体上以及复制音像载体。

上述权利的保护期为五十年，截止于该广播、电视首次播放后第五十年的 12 月 31 日，见《著作权法》第 45 条第 2 款。

《著作权法》第 43 条第 1 款规定，广播电台、电视台播放他人未发表的作品，应当取得著作权人许可，并支付报酬。第 2 款的规定也类似，广播电台、电视台播放他人已发表的作品，可以不经著作权人许可，但应当支付报酬。

3. **权利的限制**

一些享有著作权的作品可以依据《著作权法》的规定被“合理使用”，见《著作权法》第22条。使用者可以不经著作权人许可，不向其支付报酬，但应当指明作者姓名、作品名称，并且不得侵犯著作权人依照本法享有的其他权利，该规定适用于以下情形：

（1）为个人学习、研究或者欣赏，使用他人已经发表的作品；

（2）为介绍、评论某一作品或者说明某一问题，在作品中适当引用他人已经发表的作品；

（3）为报道时事新闻，在报纸、期刊、广播电台、电视台等媒体中不可避免地再现或者引用已经发表的作品；

（4）报纸、期刊、广播电台、电视台等媒体刊登或者播放其他报纸、期刊、广播电台、电视台等媒体已经发表的关于政治、经济、宗教问题的时事性文章，但作者声明不许刊登、播放的除外；

（5）报纸、期刊、广播电台、电视台等媒体刊登或者播放在公众集会上发表的讲话，但作者声明不许刊登、播放的除外；

（6）为学校课堂教学或者科学研究，翻译或者少量复制已经发表的作品，供教学或者科研人员使用，但不得出版发行；

（7）国家机关为执行公务在合理范围内使用已经发表的作品；

（8）图书馆、档案馆、纪念馆、博物馆、美术馆等为陈列或者保存版本的需要，复制本馆收藏的作品；

（9）免费表演已经发表的作品，该表演未向公众收取费用，也未向表演者支付报酬；

（10）对设置或者陈列在室外公共场所的艺术作品进行临摹、绘画、摄影、录像；

（11）将中国公民、法人或者其他组织已经发表的以汉语言文字创作的作品翻译成少数民族语言文字作品在国内出版发行；

（12）将已经发表的作品改成盲文出版。

《著作权法》第23条规定了限制作者的著作权的另外一种情况：为实施九年制义务教育和国家教育规划而编写出版教科书，前提是按照规定支付报酬，指明作者姓名、作品名称，并且不得侵犯著作权人依照本法享有的其他权利。

V. 保护期

根据《著作权法》第 20 条，作者的署名权、修改权、保护作品完整权的保护期不受限制。《著作权法》第 10 条第 1 款第 5 项至 17 项中的人身权利的保护期为作者终生及其死亡后五十年，截止于作者死亡后第五十年的 12 月 31 日；如果是合作作品，截止于最后死亡的作者死亡后第五十年的 12 月 31 日，见《著作权法》第 21 条第 1 款。法人或者其他组织的作品、著作权（署名权除外）由法人或者其他组织享有的职务作品，其发表权、该法第 10 条第 1 款第 5 项至第 17 项规定的权利的保护期为五十年，截止于作品首次发表后第五十年的 12 月 31 日，见《著作权法》第 21 条第 2 款。电影作品和以类似摄制电影的方法创作的作品、摄影作品，其发表权、该法第 10 条第 1 款第 5 项至第 17 项规定的权利的保护期为五十年，截止于作品首次发表后第五十年的 12 月 31 日，见《著作权法》第 21 条第 3 款。

Ⅵ. 转让、许可与出质

一般而言，许可使用合同和转让合同中著作权人未明确许可、转让的权利，未经著作权人同意，另一方当事人不得行使，见《著作权法》第 27 条。

使用作品的付酬标准可以由当事人约定，也可以按照国务院著作权行政管理部门会同有关部门制定的付酬标准支付报酬。当事人约定不明确的，按照国务院著作权行政管理部门会同有关部门制定的付酬标准支付报酬，见《著作权法》第 28 条。

1. 转让

根据《著作权法》第 25 条第 1 款，转让该法第 10 条第 1 款第 5 项至第 17 项规定的权利，应当订立书面合同。由该规定可以推断出，第 10 条第 1 款第 1 项至第 4 项中的权利不可以被转让，只能由著作权所有人享有。《著作权法》第 25 条第 2 款规定权利转让合同包括下列主要内容：

（1）作品的名称；

（2）转让的权利种类、地域范围；

（3）转让价金；

（4）交付转让价金的日期和方式；

（5）违约责任；

（6）双方认为需要约定的其他内容。

2. 许可

使用他人作品应当同著作权人订立许可使用合同，《著作权法》规定可以不经许可的除外。许可使用合同包括下列主要内容：

（1）许可使用的权利种类；

（2）许可使用的权利是专有使用权或者非专有使用权；

（3）许可使用的地域范围、期间；

（4）付酬标准和办法；

（5）违约责任；

（6）双方认为需要约定的其他内容。

3. 出质

著作权可以被出质，《著作权法》第26条以及《著作权质权登记办法》第4条规定，以著作权出质的，由出质人和质权人向国务院著作权行政管理部门办理出质登记。著作权质权的设立、变更、转让和消灭，自记载于《著作权质权登记簿》时发生效力，见《著作权质权登记办法》第5条。

《著作权质权登记办法》第8条规定，申请人提交材料齐全的，登记机构应当予以受理。第6条规定申请著作权质权登记的，应提交下列文件（提交的文件是外文的，需同时附送中文译本）：

（1）著作权质权登记申请表；

（2）出质人和质权人的身份证明；

（3）主合同和著作权质权合同；

（4）委托代理人办理的，提交委托书和受托人的身份证明；

（5）以共有的著作权出质的，提交共有人同意出质的书面文件；

（6）出质前授权他人使用的，提交授权合同；

（7）出质的著作权经过价值评估的、质权人要求价值评估的或相关法律法规要求价值评估的，提交有效的价值评估报告；

（8）其他需要提供的材料。

经审查不符合要求的，登记机构应当自受理之日起10日内通知申请人补正。补正通知书应载明补正事项和合理的补正期限。无正当理由逾期不补正的，视为撤回申请，见《著作权质权登记办法》第10条。著作权出质期间，申请人的基本信息、著作权的基本信息、担保的债权种类及数额、或者担保的范围等事项发生变更的，申请人持变更协议、原《著作权质权登记证书》和其他相关材料向登记机构申请变更登记，见《著作权质权登记办法》第 16 条。根据该办法第 17 条，申请变更登记的，登记机构自受理之日起 10 日内完成审查。登记机构应当通过国家版权局官方网站公布著作权质权登记的基本信息，见《著作权质权登记办法》第 23 条。①

《著作权质权登记办法》第 7 条规定，著作权质权合同一般包括以下内容：

（1）出质人和质权人的基本信息；

（2）被担保债权的种类和数额；

（3）债务人履行债务的期限；

（4）出质著作权的内容和保护期；

（5）质权担保的范围和期限；

（6）当事人约定的其他事项。

Ⅶ. 侵权与保护

侵犯著作权及与著作权有关的权利的方式有很多，保护这些权利的方式也很多，《著作权法》第五章中规定了一系列规则，其中第 47 条和第 48 条列举了具体的侵权行为，第 49 ~ 56 条列举了保护著作权的措施。

根据《著作权法》第 47 条第 1 款和第 48 条第 1 款，有法条中规定的侵权行为的，应当承担停止侵害、消除影响、赔礼道歉、赔偿损失等民事责任。

《民法通则》第 118 条、《侵权责任法》第 2 条第 1 款和第 2 款也规定著作权受到侵犯的，可以要求停止侵害、赔偿损失。但是中国法上有一条原则就是特别法优于一般法，《民法通则》第 118 条是一般民法，《侵权责任法》笼统地指侵犯他人的人身权利应当承担的民事责任。而《著作权法》第 47、48 条出自知识产权法，属于民法中一个特殊的领域，专门规定著作权侵权，即一项特殊的人身权利受到侵犯。因此对于著作权侵权的诉讼请求，《著作权法》的规定与《侵权责任法》和《民法通则》的规定相比属于特别法。

1. 侵权行为

《著作权法》第 47、48 条列举了侵犯著作权法的行为。

第 47 条规定以下行为属于侵权行为：

---

① http：//www. ncac. gov. cn/.

（1）未经著作权人许可，发表其作品的；

（2）未经合作作者许可，将与他人合作创作的作品当作自己单独创作的作品发表的；

（3）没有参加创作，为谋取个人名利，在他人作品上署名的；

（4）歪曲、篡改他人作品的；

（5）剽窃他人作品的；

（6）未经著作权人许可，以展览、摄制电影和以类似摄制电影的方法使用作品，或者以改编、翻译、注释等方式使用作品的，本法另有规定的除外；

（7）使用他人作品，应当支付报酬而未支付的；

（8）未经电影作品和以类似摄制电影的方法创作的作品、计算机软件、录音录像制品的著作权人或者与著作权有关的权利人许可，出租其作品或者录音录像制品的，本法另有规定的除外；

（9）未经出版者许可，使用其出版的图书、期刊的版式设计的；

（10）未经表演者许可，从现场直播或者公开传送其现场表演，或者录制其表演的；

（11）其他侵犯著作权以及与著作权有关的权益的行为。

第48条列举了更多的侵权行为：

（1）未经著作权人许可，复制、发行、表演、放映、广播、汇编、通过信息网络向公众传播其作品的，本法另有规定的除外；

（2）出版他人享有专有出版权的图书的；

（3）未经表演者许可，复制、发行录有其表演的录音录像制品，或者通过信息网络向公众传播其表演的，本法另有规定的除外；

（4）未经录音录像制作者许可，复制、发行、通过信息网络向公众传播其制作的录音录像制品的，本法另有规定的除外；

（5）未经许可，播放或者复制广播、电视的，本法另有规定的除外；

（6）未经著作权人或者与著作权有关的权利人许可，故意避开或者破坏权利人为其作品、录音录像制品等采取的保护著作权或者与著作权有关的权利的技术措施的，法律、行政法规另有规定的除外；

（7）未经著作权人或者与著作权有关的权利人许可，故意删除或者改变作品、录音录像制品等的权利管理电子信息的，法律、行政法规另有规定的除外；

（8）制作、出售假冒他人署名的作品的。

《著作权法》第53条是侵犯著作权但可以免责的情况。复制品的出版者、制作者能证明其出版、制作有合法授权的，复制品的发行者或者电影作品或者以类似摄制电影的方法创作的作品、计算机软件、录音录像制品的复制品的出租者能证明其发行、出租的复制品有合法来源的，不应当承担法律责任。

2. 权利的保护

a. 行政行为

aa. 一般规定

《著作权法》第8条确立了集体管理组织，这意味着著作权人和与著作权有关的权利人可以授权作为非营利性组织的著作权集体管理组织行使著作权或者与著作权有关的权利。著作权集体管理组织被授权后，可以以自己的名义为著作权人和与著作权有关的权利人主张权利，并可以作为当事人进行涉及著作权或者与著作权有关的权利的诉讼、仲裁活动。

根据《著作权法》第55条规定，陷入著作权纠纷的当事人之间可以调解，也可以根据当事人达成的书面仲裁协议或者著作权合同中的仲裁条款，向仲裁机构申请仲裁。当事人没有书面仲裁协议，也没有在著作权合同中订立仲裁条款的，可以直接向人民法院起诉。

bb. 程序

一般而言，有《著作权法》第48条所列侵权行为，同时损害社会公共利益的，由地方人民政府著作权行政管理部门负责查处，见《著作权法实施条例》第37条第1款。但是有些情况下国家版权部门，即国家版权局或中国版权保护中心也负责查处。国务院著作权行政管理部门可以查处在全国有重大影响的侵权行为，见《著作权法实施条例》第37条第2款。

cc. 处罚

必须注意，并不是每一种侵权行为都会被行政机关追究。根据《著作权法》第47条和第48条的规定，只有对《著作权法》第48条中所列举的侵权行为著作权管理机关才会采取行动。而且，著作权管理机关的介入也往往是由于对著作权的侵犯损害了公众的利益。

损害公共利益的，可以由著作权行政管理部门责令停止侵权行为，没收违法所得，没收、销毁侵权复制品，并可处以罚款；情节严重的，著作权行政管理部门还可以没收主要用于制作侵权复制品的材料、工具、设备等；构成犯罪的，依法追究刑事责任，见《著作权法》第48条。

如果著作权通过行政手段执行的前提条件得到满足，著作权管理部门将有权对侵权方采取下列制裁手段（见《著作权法》第48条、《著作权行政处罚实施办法》第4条第1款）：

（1）警告；

（2）罚款；

（3）没收非法所得；

（4）没收侵权复制品；

（5）没收安装、存储侵权制品的设备；

（6）没收主要用于制作侵权制品的材料、工具、设备等；

（7）法律、法规规定的其他行政处罚措施。

最后一项特别援引了《中华人民共和国行政处罚法》（以下简称"《行政处罚法》"），《行政处罚法》第8条列举了很多可以采用的行政处罚。这些处罚不仅包括警告、罚款和没收，还包括：

- 责令停产停业；
- 暂扣或者吊销许可证、暂扣或者吊销执照；
- 行政拘留；
- 法律、行政法规规定的其他行政处罚。

根据《著作权法实施条例》第36条的规定，管理部门可处非法经营额1倍以上5倍以下的罚款；没有非法经营额或者非法经营额5万元以下的，著作权行政管理部门根据情节轻重，可处25万元以下的罚款。根据《著作权法》第56条的规定，当事人对行政处罚不服的，可以自收到行政处罚决定书之日起三个月内向人民法院起诉。

b. 司法程序

aa. 法院判决的惩罚

《著作权法》第49条规定了三种计算损失的方式。原则上说，侵犯著作权或者与著作权有关的权利的，侵权人应当按照权利人的实际损失给予赔偿；实际损失难以计算的，可以按照侵权人的违法所得给予赔偿，权利人的实际损失或者侵权人的违法所得不能确定的，由人民法院根据侵权行为的情节，判决给予五十万元以下的赔偿。赔偿数额还应当包括权利人为制止侵权行为所支付的合理开支。

另外，《著作权法》第52条允许人民法院可以没收违法所得、侵权复制品以及进行违法活动的财物。

bb. 诉前保全措施

《著作权法》第50条、第51条为著作权所有权人提供了诉前法律保护措施。根据《著作权法》第50条第1款，著作权人或者与著作权有关的权利人可以在起诉前向人民法院申请采取责令停止有关行为和财产保全的措施，如果有证据证明：

- 他人正在实施或者即将实施侵犯其权利的行为，
- 如不及时制止将会使其合法权益受到难以弥补的损害。

《著作权法》第50条第2款指向了《民事诉讼法》第93条至第96条和第99条。

《著作权法》第51条是著作权所有权人可以申请的证据保全程序。该条第1款规定，为制止侵权行为，在证据可能灭失或者以后难以取得的情况下，著作权人或者与著作权有关的权利人可以在起诉前向人民法院申请保全证据。第2款规定，人民法院接受申请后，必须在四十八小时内作出裁定。第4款规定法院对是否裁定采取保全措施享有自由裁量权，申请人在人民法院采取保全措施后十五日内不起诉的，人民法院应当解除保全措施。

Ⅷ. 关于计算机软件的特别立法

《著作权法》第59条明确规定对计算机软件和信息网络传播权进行单独立法保护。《计算机软件保护条例》包括了著作权人行使权利、许可使用并获取报酬的规定。《计算机软件著作权登记办法》适用于软件著作权的登记、专有许可合同的登记以及软件著作权转让合同的登记。

1. 定义

《著作权法》及其实施条例并没有对“计算机软件”进行定义。根据《计算机软件保护条例》第2条的规定，“计算机软件”这一术语的定义是指计算机程序及其有关文档。关于计算机程序和文档的定义则在《计算机软件保护条例》第3条第1项和第2项中进行了详细定义。

2. 不予保护的范围

正如《计算机软件保护条例》第6条和第4条所规定的，软件著作权的保护不包括：开发软件所用的思想、处理过程、操作方法或者数学概念等，以及没有固定在有形载体上的软件。

3. 计算机软件著作权的登记

但是，《计算机软件保护条例》第7条第1款和第21条规定登记只是自愿的，并不是对软件著作权进行保护的前提条件①。但是，对软件著作权、软件著作权许可和转让合同进行登记是比较有利的，这体现在两个方面：首先，《计算机软件著作权登记办法》第2条要求著作权管理部门把重点放在对登记软件的保护上。另外，在司法和行政程序中登记资料可以让权利人比较轻松地证明自己的权利。

《计算机软件著作权登记办法》规定了一系列登记程序、申请和修改要求。根据其中第6条，国家版权局认定中国版权保护中心为软件登记机构。

4. 计算机软件具体的著作权

根据《计算机软件保护条例》第8条，软件著作权人享有下列各项权利：

（1）发表权，即决定软件是否公之于众的权利；

（2）署名权，即表明开发者身份，在软件上署名的权利；

（3）修改权，即对软件进行增补、删节，或者改变指令、语句顺序的权利；

（4）复制权，即将软件制作一份或者多份的权利；

（5）发行权，即以出售或者赠与方式向公众提供软件的原件或者复制件的权利；

（6）出租权，即有偿许可他人临时使用软件的权利，但是软件不是出租的主要标的的除外；

（7）信息网络传播权，即以有线或者无线方式向公众提供软件，使公众可以在其个人选定的时间和地点获得软件的权利；

（8）翻译权，即将原软件从一种自然语言文字转换成另一种自然语言文字的权利；

（9）应当由软件著作权人享有的其他权利。

软件著作权人可以许可他人行使其软件著作权或者转让其软件著作权，并有权获得报酬。

5. 权利的侵犯

《计算机软件保护条例》在第23条规定了一系列认定侵权的规则，与《著

---

① 这种前提条件将会违反《伯尔尼公约》第5条第2款，该条明确规定，享有和行使著作权不受任何形式要求的限制。

作权法》第47条的规定相似。

根据《计算机软件保护条例》第23条，有下列侵权行为的，应当根据情况，承担停止侵害、消除影响、赔礼道歉、赔偿损失等民事责任：

（1）未经软件著作权人许可，发表或者登记其软件的；

（2）将他人软件作为自己的软件发表或者登记的；

（3）未经合作者许可，将与他人合作开发的软件作为自己单独完成的软件发表或者登记的；

（4）在他人软件上署名或者更改他人软件上的署名的；

（5）未经软件著作权人许可，修改、翻译其软件的；

（6）其他侵犯软件著作权的行为。

另外，《计算机软件保护条例》第24条规定了涉及社会公共利益的情况下著作权行政管理部门的职责。著作权行政管理部门可以责令停止侵权行为，没收违法所得，没收、销毁侵权复制品，可以并处罚款；情节严重的，著作权行政管理部门并可以没收主要用于制作侵权复制品的材料、工具、设备等；触犯刑律的，依照刑法关于侵犯著作权罪、销售侵权复制品罪的规定，依法追究刑事责任。这类侵权行为包括：

（1）复制或者部分复制著作权人的软件的；

（2）向公众发行、出租、通过信息网络传播著作权人的软件的；

（3）故意避开或者破坏著作权人为保护其软件著作权而采取的技术措施的；

（4）故意删除或者改变软件权利管理电子信息的；

（5）转让或者许可他人行使著作权人的软件著作权的。

有前款第1项或者第2项行为的，可以并处每件100元或者货值金额1倍以上5倍以下的罚款；有前款第3项、第4项或者第5项行为的，可以并处20万元以下的罚款。

《计算机软件保护条例》第25～27条明确指向了《著作权法》第49～51条。该条例第31条规定，软件著作权侵权纠纷可以调解。

Ⅸ. 关于互联网的特别立法

根据《著作权法》第10条第1款第12项的规定，著作权人也享有信息网络传播权，即“以有线或者无线方式向公众提供作品，使公众可以在其个人选定的时间和地点获得作品的权利”。

因此，通过网络发行作品受《著作权法》和《著作权法实施条例》的规范。根据《著作权法》第48条第1款第1项、第3项和第4项的规定，包括录音录像制品在内的作品未经授权通过信息网络进行复制传播也构成对著作权的侵犯。

《计算机软件保护条例》第8条第1款第7项也有与《著作权法》第10条第1款第12项相同的规定，著作权人有权通过信息网络的手段传播其作品。根据《计算机软件保护条例》第24条第1款第2项的规定，向公众发行、出租、通过信息网络传播著作权人的软件也构成对著作权的侵犯。

为正确审理侵害信息网络传播权民事纠纷案件，依法保护信息网络传播权，促进信息网络产业健康发展，维护公共利益，根据《民法通则》、《侵权责任法》、《著作权法》、《民事诉讼法》等有关法律规定，结合审判实际，最高人民法院制定了《最高人民法院关于审理侵害信息网络传播权民事纠纷案件适用法律若干问题的规定》。其中第3条规定，网络用户、网络服务提供者未经许可，通过信息网络提供权利人享有信息网络传播权的作品、表演、录音录像制品，除法律、行政法规另有规定外，人民法院应当认定其构成侵害信息网络传播权行为。通过上传到网络服务器、设置共享文件或者利用文件分享软件等方式，将作品、表演、录音录像制品置于信息网络中，使公众能够在个人选定的时间和地点以下载、浏览或者其他方式获得的，人民法院应当认定其实施了前款规定的提供行为。

四、《专利法》

为了保护专利权人的合法权益，鼓励发明创造，推动发明创造的应用，提高创新能力，促进科学技术进步和经济社会发展，制定本法，见《专利法》第 1 条。

Ⅰ. 法律框架

保护专利的法律分散在一些不同位阶的法律和法规中，相关的国内法律法规和规章有：

（1）《专利法》（2008 年修订），2008 年 12 月 27 日公布，2009 年 10 月 1 日生效；

（2）《中华人民共和国专利法实施细则》（2010 年修订，以下简称“《专利法实施细则》”），2010 年 1 月 9 日公布，2010 年 2 月 1 日生效；

（3）《国防专利条例》，2004 年 9 月 17 日公布，2004 年 11 月 1 日生效；

（4）《专利代理条例》，1991 年 3 月 4 日公布，1991 年 4 月 1 日生效；

（5）《专利实施强制许可办法》（2012 年），2012 年 3 月 15 日公布，2012 年 5 月 1 日生效；

（6）《关于专利电子申请的规定》，2010 年 8 月 26 日公布，2010 年 10 月 1 日生效；

（7）《专利行政执法办法》，2015 年 5 月 29 日公布，2015 年 7 月 1 日生效；

（8）《专利代理管理办法》，2013 年 3 月 28 日公布并生效；

（9）《最高人民法院关于审理专利纠纷案件适用法律问题的若干规定》（2015 年修订），2015 年 1 月 19 日公布，2015 年 2 月 1 日生效；

（10）《最高人民法院关于对诉前停止侵犯专利权行为适用法律问题的若干规定》，2001 年 6 月 7 日公布，2001 年 7 月 1 日生效；

（11）《最高人民法院关于审理技术合同纠纷案件适用法律若干问题的解释》，2004 年 12 月 16 日公布，2005 年 1 月 1 日生效；

（12）《最高人民法院关于审理侵犯专利权纠纷案件应用法律若干问题的解释》，2009 年 12 月 28 日公布，2010 年 1 月 1 日生效。

Ⅱ. 一般规定

《专利法》所称的发明创造不仅仅指发明，还包括实用新型和外观设计。《专利法》第 2 条对“发明”、“实用新型”和“外观设计”分别作出了定义。

根据《专利法》第 2 条第 2 款，“发明”指对产品、方法或者其改进所提出的新的技术方案。

该法第 2 条第 3 款规定“实用新型”是指对产品的形状、构造或者其结合所提出的适于实用的新的技术方案。因此，实用新型的适用对象仅限于产品而不包括方法。实用新型特别契合于相对简单的发明，这些产品由于缺乏足够程度的创造力，因此很难说服专利局的审查人员给予这些产品完全的专利保护。由于实用新型自身具有授予便捷的优势，因此它还契合于商业寿命短的产品。对于该类产品，其保护期相对较短的不足也得以避免。

最后，该法第 2 条第 4 款规定“外观设计”是指对产品的形状、图案或者其结合以及色彩与形状、图案的结合所作出的富有美感并适于工业应用的新设计。外观设计专利特别适合亟须保护外形和外观的产品。

Ⅲ. 可专利性

《专利法》第 22 条至第 25 条规定了授予专利的条件，授予发明和实用新型专利的前提条件与授予外观设计专利的前提条件是不同的。

1. 发明和实用新型

《专利法》第 22 条第 1 款明确规定，授予专利权的发明和实用新型，应当具备新颖性、创造性和实用性，这些要求也是全世界普遍适用的标准。

“新颖性”是指该发明或者实用新型不属于现有技术；也没有任何单位或者个人就同样的发明或者实用新型在申请日以前向国务院专利行政部门提出过申请，并记载在申请日以后公布的专利申请文件或者公告的专利文件中，见《专利法》第 22 条第 2 款。

此外，发明和实用新型必须具备“创造性”。创造性，是指与现有技术相比，该发明具有突出的实质性特点和显著的进步，该实用新型具有实质性特点和进步，见《专利法》第 22 条第 3 款。

“实用性”也有定义，《专利法》第 22 条第 4 款规定实用性，是指该发明或者实用新型能够制造或者使用，并且能够产生积极效果。

与世界上多数国家的专利制度一致，我国《专利法》第25条明确规定了对于下列特定领域，不授予专利：

• 科学发现；
• 智力活动的规则和方法；
• 疾病的诊断和治疗方法；
• 动物和植物品种；
• 用原子核变换方法获得的物质；
• 对平面印刷品的图案、色彩或者二者的结合作出的主要起标识作用的设计。

2. 外观设计

《专利法》第23条第1款规定了外观设计专利的授予条件，与第22条不同的是，第23条第1款并未涉及前面提到的条件（新颖性、创造性和实用性）。对于外观设计所应具有的创造性的要求从未超出“应当不属于现有设计”，除此之外再无其他实际可适用的要求。其原因在于《专利法》第23条第1款只规定了授予专利权的外观设计，应当不属于现有设计；也没有任何单位或者个人就同样的外观设计在申请日以前向国务院专利行政部门提出过申请，并记载在申请日以后公告的专利文件中。第2款进一步规定授予专利权的外观设计与现有设计或者现有设计特征的组合相比，应当具有明显区别。

Ⅳ. 专利的申请程序

《专利法》第26条至第41条和《专利法实施细则》第15条至第58条规定了专利申请及其审查和批准的相关事项。

1. 发明

a. 申请要件和优先权

《专利法》第26条规定，申请发明专利的，应当向国务院专利行政部门提交请求书、说明书及其摘要和权利要求书等文件。请求书应当写明发明的名称，发明人的姓名，申请人姓名或者名称、地址，以及其他事项。必要的时候，应当有附图。《专利法》第31条规定，一件发明专利申请应当限于一项发明。属于一个总的发明构思的两项以上的发明，可以作为一件申请提出。《专利法实施细则》第42条第1款规定，一件专利申请包括两项以上发明的，申请人可以在本细则

第 54 条第 1 款规定的期限（国务院专利行政部门发出授予专利权的通知后的 2 个月）届满前，向国务院专利行政部门提出分案申请。

和世界范围内其他法域的规定类似，在我国，申请人可以对某项发明申请享有优先权，见《专利法》第 29 条。优先权制度使得在中国提出的专利申请，如果是在该申请于外国第一次提出的 12 个月内，则其日期可以提前到该申请在外国第一次被提出的当日。

更多关于申请程序的要求被规定在《专利法实施细则》的第 2 章。

b. 初审

《专利法》第 34 条规定，国务院专利行政部门收到发明专利申请后，经初步审查认为符合本法要求的，自申请日起满 18 个月，即行公布。国务院专利行政部门也可根据申请人的请求早日公布其申请。

c. 实质审查

《专利法》第 35 条规定，发明专利申请自申请日起三年内，国务院专利行政部门可以根据申请人随时提出的请求，对其申请进行实质审查；申请人无正当理由逾期不请求实质审查的，该申请即被视为撤回。国务院专利行政部门认为必要的时候，可以自行对发明专利申请进行实质审查。

根据《专利法》第 36 条第 2 款，发明专利已经在外国提出过申请的，国务院专利行政部门可以要求申请人在指定期限内提交该国为审查其申请进行检索的资料或者审查结果的资料。所以，如果国务院专利行政部门未明确要求提供这些文件的，申请人则不必提供。

d. 国务院专利行政部门的决定

国务院专利行政部门对发明专利申请进行实质审查后，认为不符合本法规定的，应当通知申请人，要求其在指定的期限内陈述意见，或者对其申请进行修改；无正当理由逾期不答复的，该申请即被视为撤回，见《专利法》第 37 条。发明专利申请经申请人陈述意见或者进行修改后，国务院专利行政部门仍然认为不符合本法规定的，应当予以驳回，见《专利法》第 38 条。

专利申请人对国务院专利行政部门驳回申请的决定不服的，可以自收到通知之日起三个月内，向专利复审委员会请求复审。专利复审委员会复审后，作出决定，并通知专利申请人，见《专利法》第 41 条第 1 款。

专利申请人对专利复审委员会的复审决定不服的，可以自收到通知之日起三个月内向人民法院起诉，见《专利法》第 41 条第 2 款。

另一方面，如果发明专利申请经实质审查没有发现驳回理由的，由国务院专利行政部门作出授予发明专利权的决定，发给发明专利证书，同时予以登记和公告，见《专利法》第 39 条。在授予专利前，申请人必须缴纳手续费和年费等相关费用，见《专利法实施细则》第 93 条相关款项。

发明专利权自公告之日起生效，见《专利法》第 39 条；发明专利权的期限为二十年，自申请日起计算，见《专利法》第 42 条。

2. 实用新型

实用新型专利的正式要求和申请专利相同，载于《专利法》第 26 条相关款项。其申请也必须包括申请人的详细信息以及关于优先权的具体内容。申请文件的相关格式要求也在《专利法实施细则》（第 15 条相关款项）中被具体陈述，并且这些要求同样适用于外观设计的申请文件。实用新型也可以像发明一样申请优先权，其申请期间和发明专利的一样，也是在第一次申请后的十二个月之内。

由于和实质审查相关的法条仅仅涉及申请发明专利，所以，申请实用新型专利并不需要进行实质审查。然而，形式上的初步审查还是需要进行的，见《专利法》第 40 条。如果申请有形式上缺陷的话，申请人可以在一定期限内对申请进行修改。如果申请满足所有条件且不是明显不可以授予专利权的话，申请将被直接审查通过。通常情况下，实用新型专利的申请往往在提交申请后的八到十二个月内审查通过。授权时需要缴纳一定手续费。与发明专利不同的是，实用新型专利的保护期是自申请日起的十年，见《专利法》第 42 条。

3. 外观设计

关于实用新型的申请程序的主要规定同样适合于外观设计专利。但是，两者还是有所区别的：

外观设计也可以要求优先权，但其期间只有六个月，不同于发明和实用新型的十二个月，见《专利法》第 29 条。此外，申请外观设计专利并不需要提供说明书，根据《专利法》第 27 条，申请外观设计专利的，需要提交请求书、该外观设计的图片或者照片以及对该外观设计的简要说明等文件。申请人提交的有关图片或者照片应当清楚地显示要求专利保护的产品的外观设计。《专利法实施细则》第 29 条规定，国务院专利行政部门认为必要时，可以要求外观设计专利申请人提交使用外观设计的产品样品或者模型。样品或者模型的体积不得超过 30 厘米 ×30 厘米 ×30 厘米，重量不得超过 15 公斤。

Ⅴ. 无效程序

2001 年生效的《专利法》废止了撤销程序。《专利法》第 45 条规定，自国务院专利行政部门公告授予专利权之日起，任何单位或者个人认为该专利权的授予不符合本法有关规定的，可以请求专利复审委员会宣告该专利权无效。宣告无效的程序对包括实用新型和外观设计在内的所有专利均同样适用，并且没有时间上的限制。《专利法》第 46 条第 1 款规定，专利复审委员会对宣告专利权无效的请求应当及时审查和作出决定，并通知请求人和专利权人。宣告专利权无效的决定，由国务院专利行政部门登记和公告。第 2 款规定，对专利复审委员会宣告专利权无效或者维持专利权的决定不服的，可以自收到通知之日起三个月内向人民法院起诉。

Ⅵ. 许可使用和转让

《专利法》规定，专利可以许可使用，见《专利法》第 12 条。专利权人与他人订立的专利实施许可合同，应当自合同生效之日起 3 个月内向国务院专利行政部门备案，见《专利法实施细则》第 14 条第 2 款。在特定情况下（例如在一定时间后，专利权人无正当理由未实施其专利），可以实施强制许可，见《专利法》第 48 条和《专利法实施细则》第 73 条等相关条款。

《专利法》第 10 条第 1 款进一步规定了专利申请权和专利权可以转让。

Ⅶ. 专利侵权

1. 保护范围

a. 发明和实用新型

根据《专利法》第 11 条第 1 款，发明和实用新型专利权被授予后，除本法另有规定的以外，任何单位或者个人未经专利权人许可，都不得实施其专利，即不得为生产经营目的制造、使用、许诺销售、销售、进口其专利产品，或者使用其专利方法以及使用、许诺销售、销售、进口依照该专利方法直接获得的产品。

《专利法》第 59 条第 1 款规定，发明或者实用新型专利权的保护范围以其权利要求的内容为准，说明书及附图可以用于解释权利要求的内容。然而，该法在第 69 条规定了一些例外情形，有这些情形的，不视为侵权，例如专为科学研究和实验而使用有关专利的。

b. 外观设计

外观设计专利权被授予后，任何单位或者个人未经专利权人许可，都不得实施其专利，即不得为生产经营目的制造、许诺销售、销售、进口其外观设计专利产品，见《专利法》第 11 条第 2 款。外观设计专利权的保护范围以表示在图片或者照片中的该产品的外观设计为准，简要说明可以用于解释图片或者照片所表示的该产品的外观设计，见《专利法》第 59 条第 2 款。发明专利和实用新型的侵权例外条款同样适用于外观设计。

2. 被侵权的专利所有人的潜在救济方式

《专利法》第 60 条第 1 款规定，未经专利权人许可，实施其专利，即侵犯其专利权，引起纠纷的，由当事人协商解决；不愿协商或者协商不成的，专利权人或者利害关系人可以向人民法院起诉，也可以请求管理专利工作的部门处理。在中国，权利受到侵害的救济方式和其他国家大相径庭。知识产权的所有者既可以向法院起诉，也可以向专门的行政机关寻求救济。有关专利方面的行政机关是管理专利工作的部门。

a. 专利工作部门的保护

当事人请求处理专利侵权纠纷或者调解专利纠纷的，由被请求人所在地或者侵权行为地的管理专利工作的部门管辖。

专利的所有权人有证据表明其权利受到侵害并希望管理专利工作的部门处理的，必须向被请求人所在地或者侵权行为地的管理专利工作的部门提交请求，见《专利法实施细则》第 81 条。《专利法》和《专利法实施细则》都没有说管理专利工作的部门要对此自行调查。因此，对专利权人来说，在提交申请前收集到所有必要的证据就显得十分重要。所以，被侵权人往往采取私力调查的方式来收集证据、确认生产者的身份和地址以及确认实施侵权行为的责任人。

如果专利权人决定将案件提交管理专利工作的部门处理，且该部门认定侵权行为成立的，该部门可以责令侵权人立即停止侵权行为。当事人不服的，可以自收到处理通知之日起十五日内依照《行政诉讼法》向人民法院起诉。侵权人期满不起诉又不停止侵权行为的，管理专利工作的部门可以申请人民法院强制执行。

进行处理的管理专利工作的部门应当事人的请求，可以就侵犯专利权的赔偿数额进行调解，见《专利法》第 60 条第 3 句。调解不成的，当事人可以依照《民事诉讼法》向人民法院起诉。

假冒专利的，除依法承担民事责任外，由管理专利工作的部门责令改正并予公告，没收违法所得，可以并处违法所得四倍以下的罚款；没有违法所得的，可以处二十万元以下的罚款，见《专利法》第63条。

需要注意的是，管理专利工作的部门无权决定专利的有效性。对专利有效性的审查只能由专利局的专利复审委员会进行。很明显，这对专利所有者来说十分有利，特别是在其认为专利可能有所不足时。

同样，任一当事人对专利工作部门所作出的决定不服的，可以自收到处理通知之日起十五日内向人民法院起诉。

b. 人民法院的保护

从上文可知，专利权人也可以直接向人民法院起诉。然而，《专利法》第59条等相关条款中的多数仅仅表明行政机关可以采取特定措施（要求侵权人停止侵害、责令假冒专利者改正）。《专利法》中关于惩处侵权的内容中，只有第65条第2款涉及法院。所以，无法在《专利法》的规定中明确找到损害救济的法律基础。故而该法律基础只能建立在《民法通则》和《侵权责任法》上。

根据《侵权责任法》第2条第1款，侵害民事权益，应当承担侵权责任。紧接着的第2款将专利权明确列入第1款所称的民事权益。然而，《侵权责任法》第2条第1款仅概括地说明了侵权人需要承担民事责任而没有提供受害一方可以采取的具体措施。在这种情况下，《侵权责任法》第15条第6项明确了侵权者的民事责任包括赔偿权利人损失。此外，该条第1项明确了民事责任也包括停止侵害。所以，《侵权责任法》第2条第1款和第2款配合该法第15条第1项就可共同构成权利人要求侵害人停止专利侵权的法律基础。

对赔偿数额的计算规定在《专利法》的第65条。该条规定了4种不同的赔偿数额计算方式。

首先，侵犯专利权的赔偿数额按照权利人因被侵权所受到的实际损失确定。根据《最高人民法院关于审理专利纠纷案件适用法律问题的若干规定》第20条，权利人因被侵权所受到的实际损失可以根据专利权人的专利产品因侵权所造成销售量减少的总数乘以每件专利产品的合理利润所得之积计算。

第二种方法，实际损失难以确定的，可以按照侵权人因侵权所获得的利益确定。

如果前两种方法均无效，即权利人的损失或者侵权人获得的利益难以确定的，可以参照该专利许可使用费的倍数合理确定。赔偿数额还应当包括权利人为制止侵权行为所支付的合理开支。

最后，权利人的损失、侵权人获得的利益和专利许可使用费均难以确定的，人民法院可以根据专利权的类型、侵权行为的性质和情节等因素，确定给予一万元以上一百万元以下的赔偿。

当事人可以向作出决定的人民法院的上一级人民法院提出上诉。

五、《反不正当竞争法》

Ⅰ. 法律框架

与中国知识产权法的其他部分相同，《反不正当竞争法》在法律法规的层次上也是多元化的。相关的法律法规列举如下：

（1）《反不正当竞争法》，1993 年 9 月 2 日公布，1993 年 12 月 1 日生效；

（2）《中华人民共和国广告法》，2015 年 4 月 24 日公布，2015 年 9 月 1 日生效；

（3）《中华人民共和国价格法》，1997 年 12 月 29 日公布，1998 年 5 月 1 日生效；

（4）《价格违法行为举报处理规定》，2014 年 1 月 15 日公布，2014 年 5 月 1 日生效；

（5）《禁止价格欺诈行为的规定》，2001 年 11 月 7 日公布，2002 年 1 月 1 日生效；

（6）《反价格垄断规定》，2010 年 12 月 29 日公布，2011 年 2 月 1 日生效；

（7）《关于禁止仿冒知名商品特有的名称、包装、装潢的不正当竞争行为的若干规定》，1995 年 7 月 6 日公布并生效；

（8）《关于禁止侵犯商业秘密行为的若干规定》（1998 年修订），1998 年 12 月 3 日公布并生效。

Ⅱ. 一般规定

《反不正当竞争法》禁止经营者进行“不正当竞争”。《反不正当竞争法》第 2 条第 1 款中进行了一般规定，即“经营者在市场交易中，应当遵循自愿、平等、公平、诚实信用的原则，遵守公认的商业道德”。接下来的第 2 条第 2 款给出了被禁止的“不正当竞争”一词的定义，即“不正当竞争，是指经营者违反本法规定，损害其他经营者的合法权益，扰乱社会经济秩序的行为”。当然，这只是一个笼统的定义，所以本法的第 2 章（第 5 条至第 15 条）列举出了被认为是不正当竞争的行为。本法尤其提到了贿赂的禁止（第 8 条），广告的虚假陈述（第 9 条），以排挤竞争对手为目的，以低于成本的价格销售商品（第 11 条），捏造、散布虚伪事实，损害竞争对手的商业信誉、商品声誉（第 14 条）以及价格垄断协议（第 15 条）。不正当竞争行为的法律责任在第 4 章进行了概括，详见下文。

除了《反不正当竞争法》之外，还有一些涉及不同类型的违反《反不正当竞争法》行为的规范可做参考，例如《价格违法行为举报处理规定》,《禁止价格欺诈行为的规定》以及《反价格垄断规定》。

Ⅲ. 侵权

若有证据证明有违反不正当竞争法律的行为发生，《反不正当竞争法》规定了负责的机关、可以采取的措施以及制裁方式。

1. 有权限的机关及其职权范围

根据《反不正当竞争法》第 16 条，县级以上监督检查部门对不正当竞争行为，可以进行监督检查。监督检查部门有权询问经营者和其他可能会有相关材料的第三人，并要求他们提供相关证明材料或者与不正当竞争活动有关的其他资料，可以检查与不正当竞争行为有关的财物，要求经营者说明财物的来源并禁止其转移、隐匿、销毁该财物，见《反不正当竞争法》第 17 条。

2. 监督检查部门的保护

《反不正当竞争法》第 20 条及其后面几条规定了违反《反不正当竞争法》的法律后果。第 20 条作为一般条款规定了经营者给被侵害的经营者造成损害的，应当承担损害赔偿责任，被侵害的经营者的损失难以计算的，赔偿额为侵权人在侵权期间因侵权所获得的利润；并应当承担被侵害的经营者因调查该经营者侵害其合法权益的不正当竞争行为所支付的合理费用。

《反不正当竞争法》第 21 条至第 28 条列举了何种违法行为以及达到多少数额会被罚款，监督检查部门可以采取何种进一步行动。在大多数情况下，罚款都在 20 万人民币以内。此外，在特定情况下，可以责令停止违法行为，没收违法所得或者吊销营业执照。

3. 上一级主管部门及人民法院的保护

县级以上监督检查部门作出第一次决定，如果当事人对监督检查部门作出的处罚决定不服的，可以自收到处罚决定之日起十五日内向上一级主管机关申请复议；对复议决定不服的，可以自收到复议决定书之日起十五日内向人民法院提起诉讼；也可以直接向人民法院提起诉讼。见《反不正当竞争法》第 29 条。

4. 监督检查机关滥用职权

最后，《反不正当竞争法》第 31 条、第 32 条规定了监督检查不正当竞争行为的国家机关工作人员滥用职权的后果。若有本法第 31 条规定的行为，那么其会被依法追究刑事责任。若监督检查不正当竞争行为的国家机关工作人员徇私舞弊，对明知有违反本法规定构成犯罪的经营者故意包庇不使他受追诉的，同样应依法追究刑事责任，参见《反不正当竞争法》第 32 条。

Judicial Methodology

Methods for Case Studies in Intellectual Property Law

第三部分

归入法案例分析方法(S)

一、商标法案例 S1

“Vie de France”（北京）食品有限公司（原告）是一家由法国 Delifrance 集团和 Wesune 有限责任公司（一个中国的面包公司）组成的合资企业。该企业是“Vie de France”的商标注册人，包含了按照国际商品分类的 30 种面包及相关服务。1985 年，该商标在中国商标局注册登记，并且根据《中华人民共和国商标法》第 40 条的规定每十年都进行了续展。

2014 年 10 月，原告和一家主要销售面包的食品商——北京太阳城商场有限责任公司（被告）签订了一份委托销售合同。依据这份合同，被告在自己的食品部专门设立一个柜台销售原告生产的面包。按照协议内容，为了识别和区分原告提供的面包，被告应该在这个柜台上架置一块布告板——“Vie de France”。合同于 2014 年 12 月生效。合同约定，被告应每月向原告支付 14, 000 元人民币作为商标“Vie de France”的使用费。

2015 年 4 月，被告停止向原告支付价款。原告多次要求被告支付未偿价款，但被告始终未能支付，因此原告终止向被告供应面包，而且宣布在纠纷解决之前，都不会向被告供应面包。

2015 年 5 月，原告的一个雇员发现在被告的食品店里，和原告的面包外观完全相同的面包依然在有“Vie de France”标志的柜台里销售。这个面包既不是原告生产的也不是原告供应的。发现这一情况之后，原告给被告发了一封信，警告被告的这种行为侵犯了其注册商标，并且要求被告立即停止销售。

被告没有回复原告的这封信，并且继续在有“Vie de France”标志的柜台里销售那些面包。

因此，原告向有管辖权的人民法院提起诉讼并被立案。原告请求法院责令被告停止在其专属柜台里销售不是由原告提供的面包，只要原告未向其提供面包，被告就应当移除“Vie de France”的标志。此外，原告要求被告赔偿损失 21, 000 元人民币，并且认定被告所作的属于不正当竞争行为。

被告在答辩状中否认任何商标侵权行为的存在，还主张“Vie de France”商标并没有出现在原告提供的每一片面包上，将原告提供的面包与其他供应商提供的面包区分开是非常困难，甚至不可能的。因此被告称自己没有任何侵权的意图。

原告会胜诉吗？

请假设判决于2015年10月送达。并且进一步假设面包商由于使用原告的商标“Vie de France”需要支付的使用费通常是每年14,000元人民币。原告遭受的具体损失和被告的实际收益都不能确定。

结　构

Ⅰ. 商标法

1. 停止侵权的请求权

a. 请求权在《商标法》中的法律基础

aa. 请求权没有明显的法律基础

bb. 中间结论

b. 请求权的前提要件

aa. 原告的商标专用权

bb. 商标专用权受到了侵犯

（1）在同一种商品上使用与其注册商标相同的商标

（2）未经原告的许可

cc. 请求权没有超过诉讼时效

dd. 中间结论

c. 结论

2. 获得赔偿的请求权

a. 请求权的法律基础

aa. 请求权没有明确的法律依据

bb. 中间结论

b. 请求权的前提要件

aa. 侵犯商标权

bb. 请求权没有超过诉讼时效

（1）诉讼时效

（2）不知情的侵权

cc. 赔偿数额

c. 结论

Ⅱ. 反不正当竞争法

1. 终止反不正当竞争的请求权

a. 请求权的法律依据

aa. 请求权没有明确的法律基础

bb. 中间结论

b. 请求权的前提要件

aa. 违反《反不正当竞争法》第5条

bb. 不正当竞争再次发生的风险

c. 结论

2. 获得赔偿的请求权

a. 请求权的法律基础

b. 请求权的前提要件

c. 结论

解决方案

Ⅰ. 商标法

1. 停止侵权的请求权

如果原告有权要求被告在其专门柜台里停止销售不是由原告提供的面包并且移去“Vie de France”标志，那么原告就能够胜诉。前提是该请求权须有法律基础，并且法律基础的前提条件都得到满足。

a. 请求权在《商标法》中的法律基础

首先要解决的问题是，哪个法律条文可以作为该请求权的法律基础。

aa. 请求权没有明显的法律基础

由于《商标法》里面关于停止侵权没有明确的法律规定，因此，法律基础只能从包含一般规定的民法或侵权法中寻找。依据《侵权责任法》第 2 条第 1 款，侵害民事权益，应当承担侵权责任。该条第 2 款具体解释了其中民事权益的范围，其中包括了商标专用权。但是，《侵权责任法》第 2 条第 1 款只是笼统地规定行为人应当承担民事责任，但没有具体说明受害人可以请求采取的措施。《侵权责任法》第 15 条第（一）种情形提到承担侵权责任的方式包括停止侵害。

因此，《侵权责任法》第 2 条第 1 款和第 2 款以及第 15 条第（一）种情形可以共同作为停止侵犯商标权这一诉讼请求的法律基础。

bb. 中间结论

请求权的法律基础是《侵权责任法》第 2 条第 1 款和第 2 款以及第 15 条第 1 种情形。

> **注解**《民法通则》第 118 条也规定公民、法人的商标专用权受到侵害的，有权要求停止侵害。因此，《民法通则》第 118 条也可以作为该请求权的法律基础。但是，中国法上有一条原则，即特别法优于一般法，《民法通则》第 118 条是一般的民法规则，而侵权法专门适用于民法中一个特别的部门——侵犯他人权益应承担的民事责任，因此，《侵权责任法》比《民法通则》更特别，《侵权责任法》优于《民法通则》第 118 条适用。

b. 请求权的前提要件

该法律基础的前提要件如下：原告享有商标专用权，且该商标受到了被告的侵犯。

aa. 原告的商标专用权

首先，根据《商标法》第 3 条第 1 款的前半句，商标“Vie de France”必须是原告的注册商标。因为该条只对注册商标的商标注册人提供法律保护。本案中，商标“Vie de France”在 1985 年已经被中国商标局登记，而且根据《商标法》第 40 条每 10 年续展一次。因此，原告拥有商标“Vie de France”的专用权。

bb. 商标专用权受到了侵犯

其次，根据《商标法》第 57 条，本案中原告对其注册商标“Vie de France”的专用权必须受到侵权。

《商标法》第 57 条规定了数种构成侵犯商标专用权的行为。

本案中，如果被告未经商标注册人即原告的许可，在同一种商品上使用与其注册商标相同的商标，就有可能违反了《商标法》第 57 条第（一）种情形。

（1）在同一种商品上使用与其注册商标相同的商标

首先，需要确定被告是否在相同的商品上使用相同的商标。

“使用商标”一词的意思包括生产带有商标的产品。这种情况下的生产者是把商标和产品联结到一起的人。所以，生产者本身制造商品并不是一个先决条件。事实上，“使用商标”也包括侵权人购买商品然后给商品贴上商标这种情形。因此，被告使用商标“Vie de France”来标识自己的面包。尽管“Vie de France”的标志不是直接放置在面包本身上，而是架设在销售面包的柜台上，但是其与柜台里所销售的面包之间的联系是显而易见的。通过这种方式，被告把面包和商标结合起来了。柜台上摆放的标识表明此柜台销售的面包是由“Vie de France”的商标注册人生产的。原告使用商标“Vie de France”来标识自己的面包。因此，被告将此商标用于与原告相同的商品。

被告辩称由于商标“Vie de France”没有出现在原告供应的每一片面包上，因此很难把其他供应商的面包与原告的面包分离出来，这一辩护与本案中的争议是无关的。况且也没有法律规定，侵权人“很难”避免侵犯他人的商标权便视为侵权行为是正当的。

（2）未经原告的许可

然而，还必须进行审查被告使用商标的行为是否经过了原告的许可。

最初，根据合同约定原告授权被告使用其注册商标。不过授权使用商品的范围是有限制的，被告只能在为原告专门设立的柜台里销售标有“Vie de France”

商标的面包，以便将原告的面包与其他供应商的面包相区分。可见，后来被告使用商标的方式是未经原告授权的。

cc. 请求权没有超过诉讼时效

原告的请求权不能超过诉讼时效。根据《最高人民法院关于审理商标民事纠纷案件适用法律若干问题的解释》第 18 条第 1 句，商标注册人应当自知道或者应当知道侵权行为之日起两年内对侵权行为提起诉讼。

然而，根据该解释的第 18 条第 2 句，如果侵权行为在起诉时仍在继续，那么诉讼时效在此并不适用。由于本案中被告直到今天还在销售带有“Vie de France”商标的面包，因此没有超过诉讼时效。所以，没有必要去认定原告是否在两年之内提起诉讼，因为请求权绝对没有超过诉讼时效。

dd. 中间结论

《商标法》第 3 条第 1 款和第 57 条第（一）种情形的前提要件已满足。

c. 结论

原告有权要求被告在其专门柜台上停止销售不是由原告提供的面包并且移除其商标标志。因此，对于这一诉讼请求，原告可以胜诉。

2. 获得赔偿的请求权

如果原告享有因被告侵犯其“Vie de France”商标而得到赔偿的请求权，就可以在本案中胜诉，前提是该请求权有法律基础，且法律基础的前提要件都得到满足。

a. 请求权的法律基础

首先要考虑的问题是哪个法条可以作为该请求权的法律基础。

aa. 请求权没有明确的法律依据

由于《商标法》中关于停止侵权没有明确的法律规定，因此，法律基础只能从包含一般规定的民法或侵权法中寻找。依据《侵权责任法》第 2 条第 1 款，侵害民事权益，应当承担侵权责任。该条第 2 款具体解释了其中民事权益的范围，其中包括了商标专用权。但是，《侵权责任法》第 2 条第 1 款只是笼统地规定行为人应当承担民事责任，但没有具体说明受害人可以请求采取的措施。《侵权责任法》第 15 条第（六）种情形提到承担侵权责任的方式包括赔偿权利人的损失。

因此，《侵权责任法》第 2 条第 1 款和第 2 款以及第 15 条第（六）种情形可以共同作为赔偿商标侵权损失这一诉讼请求的法律基础。

bb. 中间结论

请求权的法律基础是《侵权责任法》第 2 条第 1 款和第 2 款以及第 15 条第（六）种情形。

b. 请求权的前提要件

问题是获得赔偿这一请求权的前提要件是否可以得到满足。

aa. 侵犯商标权

根据《商标法》第 57 条第（一）种情形、第 60 条第 1 款和第 3 款以及第 64 条，请求权最基本的前提要件是原告对其注册商标“Vie de France”的专用权受到了侵犯。

如上文所述，被告已经违反了《商标法》第 57 条第（一）种情形。

bb. 请求权没有超过诉讼时效

（1）诉讼时效

请求权不能超过诉讼时效。根据《最高人民法院关于审理商标民事纠纷案件适用法律若干问题的解释》第 18 条第 1 句，商标注册人应当自知道或者应当知道侵权行为之日起两年内对侵权行为提起诉讼。本案中，原告发现侵权行为的时间是 2015 年 5 月，因此没有超过诉讼时效。

（2）不知情的侵权

根据《商标法》第 64 条第 2 款，销售不知道是侵犯注册商标专用权的商品，能证明该商品是自己合法取得并说明提供者的，不承担赔偿责任。然而，被告的行为并不仅仅限于第 57 条第（三）种情形中的销售面包，事实上，他把其他供应商的面包与“Vie de France”商标结合在了一起，因此符合《商标法》第 57 条第（一）种情形，以及前面提到的其他几个法条。因此，本案不能适用《商标法》第 64 条第 2 款。

注解

对于《商标法》第 64 条第 2 款的适用，《商标法实施条例》第 79 条包含了几种能证明所销售商品是自己合法取得的情形。

请注意，《商标法》第 64 条还规定了排除责任承担的其他理由。

根据《商标法》第 64 条第 1 款，注册商标专用权人请求赔偿，被控侵权人以注册商标专用权人未使用注册商标提出抗辩的，人民法院可以要求注册商标专用权人提供此前三年内实际使用该注册商标的证据。注册商标专用权人不能证明此前三年内实际使用过该注册商标，也不能证明因侵权行为受到其他损失的，被控侵权人不承担赔偿责任。

cc. 赔偿数额

计算赔偿金额的依据是《商标法》第 63 条，该条第 1 款规定：侵犯商标专用权的赔偿数额，按照权利人因被侵权所受到的实际损失确定；实际损失难以确定的，可以按照侵权人因侵权所获得的利益确定；权利人的损失或者侵权人获得的利益难以确定的，参照该商标许可使用费的倍数合理确定。

本案中，原告所受到的实际损失和被告因侵权所获得的利益都难以确定，这样，赔偿数额就应当参照该商标许可使用费的倍数合理确定。根据案件事实，原告应获得的“Vie de France”商标使用费是每年 14,000 元人民币，被告在 2014 年 5 月至 2015 年 10 月期间未经原告许可仍在使用该商标。在商标被使用的一年半期间里，如果当事人之间存在商标许可协议，那么原告将获得商标许可使用费 21,000 元人民币。显然，根据《商标法》第 63 条第 1 款第 1 个分句，原告有权要求被告支付 21,000 元人民币。

另外，《商标法》第 63 条第 1 款最后一句规定赔偿数额应当包括权利人为制止侵权行为所支付的合理开支。本案中没有相关事实表明原告为制止侵权行为支付了合理开支。

因此，根据《商标法》第 63 条第 1 款，赔偿数额应为 21,000 元人民币。

注解

关于赔偿数额的计算，《商标法》第 63 条第 1 款第 1 句、《商标法实施条例》第 78 条、《最高人民法院关于审理商标民事纠纷案件适用法律若干问题的解释》第 14 ~ 16 条进一步规定了详细的计算标准。

对于《商标法》第 63 条第 1 款第 1 句中需要参照商标许可使用费的倍数合理确定赔偿数额的情况，该条第 1 款第 2 句规定恶意侵犯商标专用权，情节严重的，可以在按照上述方法确定数额的一倍以上三倍以下确定赔偿数额。

c. 结论

原告有权要求被告支付 21,000 元人民币的赔偿金。就这一请求权，原告能够胜诉。

Ⅱ. 反不正当竞争法

1. 终止反不正当竞争的请求权

要考虑的问题是原告是否还有权基于反不正当竞争要求被告停止在其专门柜台上的销售行为。前提是该请求权有法律基础，且法律基础的前提要件都得到满足。

a. 请求权的法律依据

aa. 请求权没有明确的法律基础

首先，《反不正当竞争法》和《商标法》中都不包含请求停止反不正当竞争的明确的法律依据。

但是，这一请求权的法律依据可以从《反不正当竞争法》第20条、第21条第2款及其后几条、《最高人民法院关于审理不正当竞争民事案件应用法律若干问题的解释》第16条这几个法条的整体理解中得到阐释。

根据《反不正当竞争法》第20条第1款，经营者不正当竞争给被侵害的经营者造成损害的，应当向损害者赔偿损害。该条表明侵权者对其不正当竞争行为要承担责任。尽管《反不正当竞争法》第20条第1款只包含获得赔偿的请求权，但对该条进行目的解释后可以推断出，这一条文也包含主张终止侵权的请求权。根据《反不正当竞争法》第1条，本法的目的是保障经济健康发展和制止不正当竞争。为了有效地实现这一目标，只征收罚金和裁定赔偿不足以制止侵权人进一步的侵权行为。只有竞争者有权主张立即终止侵权行为，不正当竞争行为才能得到有效的打击。

《反不正当竞争法》第21条第2款及其后几条赋予了监管部门制止竞争者不法行为的权力。尽管这些条文从字面上来看只表明了有关部门终止侵权行为的客观权力，但《最高人民法院关于审理不正当竞争民事案件应用法律若干问题的解释》第16条暗含了被侵权的竞争者有要求终止侵权行为的请求权。根据这一条文，人民法院可以命令停止侵犯商业秘密的不正当竞争行为。此外，根据《反不正当竞争法》第20条第2款，如果不公平竞争行为已经发生，只有被侵权的竞争者可以到人民法院起诉。所以，只有被侵权的竞争者享有要求停止不正当竞争的请求权，并且该请求权可以执行，《最高人民法院关于审理不正当竞争民事案件应用法律若干问题的解释》第16条才有存在的意义。

bb. 中间结论

因此，主张停止侵权行为的请求权的法律基础可以从《反不正当竞争法》第20条、第21条第2款及其后几条、《最高人民法院关于审理不正当竞争民事案件应用法律若干问题的解释》第16条这几个法条的整体理解中找到。

b. 请求权的前提要件

由于请求权的主要依据是《反不正当竞争法》第20条第1款，因此请求权的基本条件是被告违反了《反不正当竞争法》中的规定。本案中，被告有可能违反了《反不正当竞争法》第5条。而违反这一条需要经营者在商业交易中用不正当的竞争方法损害了其他的竞争者。

aa. 违反《反不正当竞争法》第5条

本案中，需要审查《反不正当竞争法》第5条第1项。该款禁止假冒、复制或模仿其他注册商标。

注解

从《反不正当竞争法》第5条第1项的措辞可以看出，这一条文和《商标法》的条文（特别是《商标法》第57条）的关系比较模糊，导致《反不正当竞争法》第5条第1项的含义也不甚清楚。

竞争者的任何行为违反了《商标法》第57条的，也可被视为满足了《反不正当竞争法》第5条第1项的前提要件。这样解释导致《反不正当竞争法》第5条第1项没有对竞争者作出进一步的禁止，只是宣布如果本条的其他条件得到满足，任何商标侵权行为也会成为不正当竞争行为。因此，不仅《商标法》中的有关部门，不正当竞争监管部门也有权干预侵犯商标权的案件。《反不正当竞争法》第21条也支持了这种解释，因为该条提到了《商标法》中对损害赔偿和罚金的规定。

按照前面的分析，尽管被告应当移除“Vie de France”商标，但其仍然一直在使用。因此，被告违反了《商标法》第57条第1款，也同样违反了《反不正当竞争法》第5条第1项。另外，被告在食品商店的柜台销售面包这一商业交易中使用了不正当竞争方法。而且，这一行为给原告造成了损害。因此《反不正当竞争法》第5条第1项的前提要件已满足。

《反不正当竞争法》第5条第2项也可能被违反，前提是经营者擅自使用知名商品特有的名称、包装、装潢，或者使用与知名商品近似的名称、包装、装潢，造成和他人的知名商品相混淆，使购买者误认为该知名商品。尽管“装潢”一词也能够涵盖本案中被告使用商标标识的行为，但是具体到商标侵权，第5条第2项从属于第5条第1项。

第5条第3项的前提要件没有满足，因为本案中被告没有使用其他企业或者个人的名字。

bb. 不正当竞争再次发生的风险

另外，提起诉讼时，不正当竞争行为仍在持续是起诉的必要条件，因为这会导致不正当竞争再次发生的风险，也就是说，在不远的将来不正当竞争可能再次发生。尽管《反不正当竞争法》没有明确提到这个前提要件，但这是申请禁止侵权的必然条件，即禁止违法行为。由于被告仍在使用原告的商标销售面包，因此被告的不正当竞争行为依然存在。

c. 结论

因为违反了《反不正当竞争法》第 5 条第 1 项，原告有权要求被告停止不正当竞争。

2. 获得赔偿的请求权

原告或许有权要求被告进行损害赔偿。前提是该请求权有法律基础，且其前提要件都得到满足。

a. 请求权的法律基础

请求权的法律基础是《反不正当竞争法》第 20 条。

b. 请求权的前提要件

根据《反不正当竞争法》第 20 条第 1 款，经营者违反不正当竞争法的规定，给被侵害的经营者造成损害的，应当承担损害赔偿责任。

前面已经分析过，被告的行为违反了《反不正当竞争法》第 5 条。因此《反不正当竞争法》第 20 条第 1 款的前提要件也得到了满足，损害赔偿金额的计算将类比采纳与侵害注册商标确认损害结果时相同的计算方法，及《最高人民法院关于审理不正当竞争民事案件应用法律若干问题的解释》第 17 条第 1 款中的计算方法。所以，确定损害赔偿金额的相关条文是《商标法》第 63 条。正如前面已经分析过的，损害赔偿数额是 21, 000 元人民币。

c. 结论

总之，原告有权依据《反不正当竞争法》要求被告进行损害赔偿。

注解

获得损害赔偿的请求权基础既可以是《商标法》，也可以是《反不正当竞争法》。然而，原告只能要求支付一次 21,000 元人民币。也就是说，虽然是基于两种不同的法律规定，但请求权只有一个，而不是两个不同的请求权。

二、商标法案例 S2

三一重工股份有限公司（以下简称“三一重工公司”）是一家中国著名企业。三一重工公司依法享有第 1550869 号“三一”文字注册商标专用权。该商标由三一重工公司在企业名称、产品、对外宣传、企业设施及股票名称中持续使用。例如，三一重工公司在泵车、路面建设产品（例如铺路机、滚转机、平路机）和挖掘机上使用“三一”商标。该商标拥有很大的品牌市场占有率，并且三一重工公司在中国大部分地区均销售其产品。正因为良好的产品销售，三一重工公司依靠其产品销售业绩入选全球工程机械企业 50 强排行榜，名列中国全球工程机械行业第五名。因此，该商标在中国已为机械零售商和土木工程企业广为知晓。

马鞍山市永合重工科技有限公司（原名马鞍山市三一重工机械制造有限公司，以下简称“永合公司”）未经三一重工公司许可，在其企业名称中冠以“三一”文字。并且，永合公司未经三一重工公司许可，在其机床类产品中使用“三一重工”、“三一机床”等标识。永合公司主要生产起重机和结构工程机械。2014 年 4 月，三一重工公司发现了永合公司的上述行为。

因此，2014 年 6 月，三一重工公司向湖南省长沙市中级人民法院提起商标侵权及不正当竞争诉讼。① 长沙市中级人民法院受理了此案。

在庭审过程中，原告诉称其依法享有第 1550869 号“三一”文字注册商标专用权。第 1550869 号商标由三一重工公司在其企业名称和机床类产品中持续使用。因此，第 1550869 号商标已经构成《商标法》第 14 条所保护的驰名商标。然而，被告永合公司未经三一重工公司许可，在与涉案第 1550869 号“三一”商标核准使用的商品范围不相同亦不相类似的机床类产品上突出使用“三一”商标。

此外，永合公司还在其企业名称中冠以“三一”文字。“三一”文字是三一重工公司企业名称中最为显著和核心的部分。“三一”文字具有较高的知名度，

---

① 原案件：三一重工股份有限公司与马鞍山市永合重工科技有限公司（原名马鞍山市三一重工机械制造有限公司）侵害商标权及不正当竞争纠纷上诉案。湖南省高级人民法院〔2012〕湘高法民三终字第 61 号民事判决书。

并构成三一重工公司的企业字号。因此，“三一”文字应当认定为《反不正当竞争法》第5条第3项规定的“企业名称”，依法受法律保护。

上述行为构成商标侵权及不正当竞争，因此永合公司依法应当承担相应的民事责任。三一重工公司还请求永合公司赔偿其400,000元人民币的经济损失。

该诉讼请求能否获得法院支持？

请假设永合公司使用“三一”商标为三一重工公司带来400,000元人民币的经济损失。

结　构

Ⅰ. 商标法

1. 请求停止侵权

a. 诉讼请求的法律基础

aa. 在《商标法》中该诉讼请求没有明确的法律基础

bb. 中间结论

b. 诉讼请求的前提条件

aa. 侵犯商标专用权

（1）“三一”商标为依法受到保护的商标

（2）侵犯商标专用权

i. 《商标法》第 57 条第 1 项和第 2 项

ii. 《商标法》第 57 条第 4 项

iii. 《商标法》第 57 条第 5 项

iv. 《商标法》第 57 条第 6 项

v. 《商标法》第 57 条第 7 项

vi. 《商标法》第 57 条第 3 项

（3）中间结论

bb. 没有例外排除诉讼请求

cc. 中间结论

c. 结论

2. 请求损害赔偿

a. 诉讼请求的法律基础

aa. 该诉讼请求没有明确的法律基础

bb. 中间结论

b. 诉讼请求的前提条件

aa. 侵犯商标专用权

bb. 没有例外排除诉讼请求

cc. 赔偿数额

c. 结论

Ⅱ. 反不正当竞争法

1. 请求停止侵权

a. 诉讼请求的法律基础

aa. 该诉讼请求没有明确的法律基础

bb. 中间结论

b. 诉讼请求的前提条件

aa. 违反《反不正当竞争法》第5条

（1）《反不正当竞争法》第5条第1项

（2）《反不正当竞争法》第5条第2项

（3）《反不正当竞争法》第5条第3项

i. “三一”作为受法律保护的企业名称

ii. 永合公司使用他人的企业名称

iii. 误导公众

iv. 中间结论

（4）《反不正当竞争法》第5条第4项

（5）中间结论

bb. 其他前提条件

cc. 中间结论

c. 结论

2. 请求损害赔偿

a. 诉讼请求的法律基础

b. 诉讼请求的前提条件

c. 赔偿数额

d. 结论

解决方案

Ⅰ. 商标法

1. 请求停止侵权

如果三一重工公司对于要求永合公司停止侵权使用第 1550869 号商标依法拥有请求权，那么该项诉讼请求就能获得法院支持。因此要考查三一重工公司的该项诉讼请求是否存在法律基础，且该法律基础规定的各项前提条件是否均获得满足。

a. 诉讼请求的法律基础

首先需要考虑的问题是，哪些法律条文是该诉讼请求的法律基础。

aa. 在《商标法》中该诉讼请求没有明确的法律基础

《商标法》中没有明确的法律条文可以作为要求停止侵权的诉讼请求的法律基础。要求停止侵权的诉讼请求的法律基础只能在民法通则和侵权法中寻找。根据《侵权责任法》第 2 条第 1 款，侵害民事权益，应当依照本法承担侵权责任。《侵权责任法》第 2 条第 2 款特别规定，注册商标专用权属于《侵权责任法》第 2 条第 1 款所说的民事权益。但是《侵权责任法》第 2 条第 1 款只是一般性地规定侵权人应当承担民事责任，并未具体说明被侵权人可供选择的救济方式。《侵权责任法》第 15 条第 1 项规定，承担侵权责任的方式包括停止侵害。

因此，《侵权责任法》第 2 条第 1 款和第 2 款，以及《侵权责任法》第 15 条第 1 项是原告要求停止商标侵权行为的诉讼请求的法律基础。

bb. 中间结论

该项要求停止商标侵权的诉讼请求的法律基础为：《侵权责任法》第 2 条第 1 款和第 2 款，以及《侵权责任法》第 15 条第 1 项。

> **注解**
>
> 《民法通则》第 118 条也规定，公民、法人的商标专用权受到侵害的，有权要求停止侵害。因此，《民法通则》第 118 条也可以作为该诉讼请求的法律基础。但是，中国法下的一般规则是，特别法优于普通法。由于《民法通则》是针对整个民法领域的一般性规则，而《侵权责任法》则是专门针对民法中一个特别的分支领域的规则，即侵害他人民事权益而产生的民事责任的规则，因此《侵权责任法》相对《民法通则》而言是特别法。因此，《侵权责任法》的有关条款优先于《民法通则》第 118 条。

b. 诉讼请求的前提条件

需要考查的问题是三一重工公司要求停止商标侵权的诉讼请求的各项前提条件是否均获得满足。

aa. 侵犯商标专用权

根据《商标法》第57条，侵犯了三一重工公司“三一”注册商标的专用权，是三一重工公司该项诉讼请求的一个关键前提条件。

（1）“三一”商标为依法受到保护的商标

首先要求“三一”商标必须是一项注册商标，因为只有注册商标才能获得《商标法》第56条及以下条款的保护。根据案件事实可知，“三一”商标已经在商标局依法注册，获得第1550869号商标注册号，三一重工公司可以在其机床产品上专有使用该商标。因此，“三一”商标获得《商标法》第57条的法律保护。

（2）侵犯商标专用权

未经三一重工公司授权，永合公司在其机床产品上使用“三一”标识，依据《商标法》第57条构成侵犯三一重工公司“三一”商标专用权的行为。在本案中，有两点需要考虑的问题：生产产品和销售产品。

从对《商标法》第57条的体系解释来看，《商标法》第57条第3项规定的是销售侵犯注册商标专用权的商品的行为，第57条的其他项所规定的行为是生产产品或者其他在销售商品行为之前发生的行为。因此可以推论出，第57条第1项、第2项、第4~7项均指生产过程中的行为，而第57条第3项则指其后销售商品的行为，并且销售的是以第57条第1项、第2项、第4~7项中侵权方式生产的商品。因此，需要考查的问题是，是否存在第57条第1项、第2项、第4~7项所规定的侵权行为。

i. 《商标法》第57条第1项和第2项

永合公司的行为可能构成违反《商标法》第57条第1项和第2项的行为。因此，要构成这样的行为，永合公司必须未经三一重工公司许可，在与三一重工公司生产的同一种商品或者在类似商品上使用其商标。

根据案件事实，双方公司均生产机床产品。但是三一重工公司主要生产路面建设产品和挖掘机，而永合公司则是在起重机上使用了该商标。考虑到产品的使用目的和所面向的消费者范围，这些产品彼此之间不具有可替代性，因此是不同的产品。所以，永合公司所生产的产品与三一重工公司生产的产品既不相同也不相类似。因此，《商标法》第57条第1项和第2项在此处并不适用。

ii.《商标法》第 57 条第 4 项

永合公司的行为可能构成违反《商标法》第 57 条第 4 项的行为。从这一条文的语词来判断，并不清楚哪种行为应当被认定为构成未经许可“伪造、擅自制造”他人注册商标。在更广义的理解上，这一语词可以指任何使用注册商标的行为，例如在生产商品时将商标标示在商品上。但是，通过将第 57 条第 4 项与第 1 ~3 项进行比较可以发现，第 4 项并不涉及商品被销售或者生产的内容（区别于第 1 ~ 3 项）。因此通过比较可以推知，第 57 条第 4 项所说的侵权行为的实质并不是针对商品而实施的有关侵权行为，而是针对生产商标这一事实本身而实施的有关侵权行为（比如伪造商标）。该行为的社会危害性在于伪造者或者其他当事方可以将伪造的商标使用于其商品，从而掩盖、混淆其商品的生产者来源。

综上，《商标法》第 57 条第 4 项仅在这样的情况下才予以适用：侵权人生产商标本身（不涉及任何商品生产问题），目的是之后使用该商标（例如将伪造的商标出售给商品生产者）。相反，如果生产或销售商品是侵权行为的核心内容，只是在商品生产或销售的过程中侵权人将商标标示于商品之上，在这样的情况下，要适用《商标法》第 57 条第 1 项、第 2 项或者第 3 项。

体系解释的方法也支持了上述观点：如果“伪造商标”也包括那些在商品生产的过程中将商标标示于商品的行为，那么第 57 条第 1 项和第 2 项中所规定的其他前提条件就会被绕开并规避。根据这些条文，只有当在生产相同或类似的商品时，在商品上使用注册商标的行为才构成侵犯注册商标专用权的行为。对《商标法》第 57 条第 4 项的扩大解释不仅将使《商标法》第 57 条第 1 项和第 2 项变得多余且没有必要，还将不适当地将侵权人的法律责任扩张到超出第 57 条第 1 项和第 2 项的限制。这是因为在不相类似的商品上使用注册商标应当适用《商标法》第 57 条第 4 项之规定。

因为永合公司不仅伪造了“三一”商标，还在其生产的产品上使用该商标，《商标法》第 57 条第 4 项之规定并不适用于此处的情况。

iii.《商标法》第 57 条第 5 项

因为很明显永合公司并不存在更换商品注册商标的行为，《商标法》第 57 条第 5 项之规定并不适用。

iv.《商标法》第 57 条第 6 项

永合公司的行为可能构成违反《商标法》第 57 条第 6 项的行为。该项规定只存在一个前提条件，即“为侵犯他人商标专用权行为提供便利条件”，或“帮助他人实施侵犯商标专用权行为的”。但是与《商标法》第57条第3项一样，第6项也并没有说明“侵犯注册商标专用权”的含义。与第3项一样，第6项中的这一问题也可以通过对《商标法》第57条进行体系解释来回答。《商标法》第57条第1~5项列举了一些侵犯注册商标专用权的行为。因此，与第1~5项一样，第6项所规定的也是侵犯注册商标专用权的行为。然而，《商标法》第57条第1~5项所指的侵犯注册商标专用权的行为应当是由侵权者自己所实施的行为，但是第6项所指的侵犯注册商标专用权的行为则包括为某个实施了《商标法》第57条第1~5项所指的侵犯注册商标专用权的行为的第三人提供帮助的行为。

因此，由于永合公司并未对任何实施了商标侵权的第三人提供帮助，《商标法》第57条第6项所规定的前提条件并未获得满足。

v.《商标法》第57条第7项

永合公司的行为可能构成违反《商标法》第57条第7项的行为。作为兜底条款，《商标法》第57条第7项是一个内容涵盖范围宽泛的全面性条文，因此需要法律解释予以澄清。由于侵权人的法律责任不宜无限扩张，第57条第7项所指的侵权行为应当仅包括那些在强度和相关性上与第57条第1~6项所指的侵犯注册商标专用权的行为相近似的侵权行为。

(i) 回到《商标法》第57条第1项和第2项

回到《商标法》第57条第1项和第2项可以得出结论，在既不相同也不相类似的商品上使用与注册商标相同或相似的商标，在一般情况下并不足以构成违反《商标法》第57条第7项的行为。《商标法》第56条也支持了这一结论。这一条款仅给予注册商标专用权人要求侵权人停止侵权使用其注册商标的权利。如果将在既不相同也不相类似的商品上使用注册商标的行为解释为构成《商标法》第57条第7项的侵权行为，则会导致突破了《商标法》第56条设定的保护限度。

(ii) 因使用驰名商标而违反《商标法》第57条第7项，第13条第3款

不过永合公司仍然可能侵犯了三一重工公司的注册商标专用权，因为“三一”商标可能是驰名商标因而享有更高程度的法律保护。因此需要考虑的问题是，在核定使用的商品范围外的商品上使用了驰名商标，是否构成违反《商标法》第57条第7项的侵权行为。

根据《商标法》第13条第3款，禁止在不相同或者不相类似的商品上使用驰名商标。因此，如果某一商标是依法注册的驰名商标，即便是使用在不相同或

者不相类似商品上，仍然构成违反《商标法》第 57 条第 7 项，第 13 条第 3 款的行为。

这样的解释也可以通过《最高人民法院关于审理商标民事纠纷案件适用法律若干问题的解释》第 1 条第 2 项推断出来。根据该条文，在不相同或者不相类似商品上作为商标使用了他人注册的驰名商标，属于 2001 年《商标法》第 52 条第 5 项（现行《商标法》第 57 条第 7 项）规定的给他人注册商标专用权造成损害的行为。

因此综上可以得出结论，如果"三一"商标属于驰名商标，则永合公司的行为违反《商标法》第 57 条第 7 项，第 13 条第 3 款。

注解

也会有不同于上述立场的另外一种观点，认为从《商标法》第 13 条第 3 款的字面意思来看，这一条文仅仅适用于那些申请注册的商标。按照这一观点的理解，《商标法》第 13 条第 3 款并不能直接适用于那些已经在商品上使用但未申请注册的商标。不过在这种情况下，这类行为将构成违反《商标法》第 57 条第 7 项的行为。尽管《商标法》第 13 条第 3 款不能直接适用，禁止使用商标的结论仍然可以从《商标法》第 13 条第 3 款中推断出来。如果注册此种商标的行为都会被严格禁止，那么将此类未注册的商标予以使用的行为就更要被严格禁止。

请注意第 13 条第 3 款仅仅在某一商标被注册为驰名商标的情况下，才禁止在不相似的商品上使用该商标。如果某一商标本身非常驰名但没有注册，那么法律只禁止将该商标在相似商品上使用的行为。参见《商标法》第 13 条第 2 款。

（a）"三一"商标作为驰名商标

因此需要考虑的问题是，"三一"商标是否满足被认定为驰名商标的所有前提条件。根据《商标法》第 14 条第 1 款第 2 句，认定驰名商标应当考虑下列因素：相关公众对该商标的知晓程度；该商标使用的持续时间；该商标的任何宣传工作的持续时间、程度和地理范围；该商标作为驰名商标受保护的记录；该商标驰名的其他因素。

在本案中有合理理由认为"三一"商标构成驰名商标：三一重工公司已多年在其机床产品上使用该商标，且该商标的机床产品拥有很大市场占有率（三一重工公司名列中国领先机械产品生产企业第五名）。三一重工公司的产品在中国几乎所有地区均销售，因此其商标为广大地区的公众所知晓。此外，标示着"三一"商标的产品已获得机械零售商和土木工程企业的广为认可。根据《驰名商标认定和保护规定》第 2 条，相关公众包括与使用商标所标示的某类商品或者服务有关的消费者，生产前述商品或者提供服务的其他经营者以及经销渠道中所涉及的销售者和相关人员等。在本案中，相关公众应当被认为包括机械零售商和土木工程企业，因为这些企业和人员销售、购买三一重工公司的产品。因此，“三一”商标是为相关公众所广为知晓的驰名商标。

(b) 误导公众

永合公司在其产品上使用“三一”商标的行为还必须足以对公众产生误导，并因此致使三一重工公司的利益受到损害。因为“三一”商标作为三一重工公司所生产的土木工程产品品牌商标而在业界广为人知，将该商标使用在永合公司的起重机上而不予任何解释说明，很容易给公众带来误导，使公众误认为这些起重机也是三一重工公司生产的产品。因此，这样的商标使用行为足以使公众产生误解。

此外，如果“三一”商标也使用在起重机上，这一商标就不会被视为土木工程产品的专用商标。三一重工公司是该驰名商标的注册持有人，该商标独特性的丧失也会为三一重工公司带来利益损害。

(iii) 中间结论

因此，永合公司将该驰名商标使用于其产品，即便其产品与三一重工公司的产品并不相类似，永合公司的行为也违反了《商标法》第 57 条第 7 项之规定。

vi. 《商标法》第 57 条第 3 项

此外，永合公司的行为可能构成销售侵犯注册商标专用权商品的侵权行为。如前所述，如果永合公司销售了《商标法》第 57 条第 1、2、4、5、6、7 项所规定的侵犯三一重工公司注册商标专用权的商品，就构成违反《商标法》第 57 条第 3 项的行为。

如前所述，永合公司侵犯了原告注册商标专用权（违反了《商标法》第 57 条第 7 项）。这些商品已经问世并向购买者进行销售。因此，永合公司销售产品的行为侵犯了三一重工公司的商标权。因此，永合公司的行为构成《商标法》第 57 条第 3 项所规定的侵权行为。

(3) 中间结论

因此永合公司侵犯了三一重工公司对于注册“三一”商标的专有使用权。三一重工公司有权要求永合公司停止侵权。

bb. 没有例外排除诉讼请求

三一重工公司的请求权必须没有被例外情况排除。根据《最高人民法院关于审理商标民事纠纷案件适用法律若干问题的解释》第 18 条第 1 句，侵犯注册商标专用权的诉讼时效为二年，自商标注册人或者利害权利人知道或者应当知道侵权行为之日起计算。

但是，根据《最高人民法院关于审理商标民事纠纷案件适用法律若干问题的解释》第 18 条第 2 句，二年的诉讼时效并不适用于如果侵权行为在起诉时仍在持续的情况。由于永合公司直到诉讼之日一直持续在其产品上使用“三一”商标，二年的诉讼时效限制并不适用于本案的情况。因此，由于本案当事人的起诉日期在诉讼时效之内，就没有必要考虑三一重工公司是否在二年之内提起诉讼的问题了。

cc. 中间结论

因此，三一重工公司诉讼请求的前提条件均获得了满足。

c. 结论

三一重工公司有权要求永合公司停止商标侵权。因此，三一重工公司要求停止侵权的诉讼请求能够获得法院支持。

2. 请求损害赔偿

如果三一重工公司对于向永合公司主张因第 1550869 号商标侵权带来的损失拥有请求权，那么该项诉讼请求就能获得法院支持。因此要考查三一重工公司的该项诉讼请求是否存在法律基础，且该法律基础规定的各项前提条件是否均获得满足。

a. 诉讼请求的法律基础

首先需要考虑的问题是，哪些法律条文是该诉讼请求的法律基础。

aa. 该诉讼请求没有明确的法律基础

《商标法》中没有明确的法律条文可以作为要求停止侵权的诉讼请求的法律基础。要求停止侵权的诉讼请求的法律基础只能在民法通则和侵权法中寻找。根据《侵权责任法》第 2 条第 1 款，侵害民事权益，应当依照本法承担侵权责任。《侵权责任法》第 2 条第 2 款特别规定，注册商标专用权属于《侵权责任法》第 2 条第 1 款所说的民事权益。但是《侵权责任法》第 2 条第 1 款只是一般性地规定侵权人应当承担民事责任，并未具体说明被侵权人可供选择的救济方式。《侵权责任法》第 15 条第 6 项规定，承担侵权责任的方式包括赔偿损失。

因此，《侵权责任法》第 2 条第 1 款和第 2 款，以及《侵权责任法》第 15 条第 6 项是原告要求商标侵权损害赔偿的诉讼请求的法律基础。

bb. 中间结论

该诉讼请求的法律基础是，《侵权责任法》第 2 条第 1 款和第 2 款，以及《侵权责任法》第 15 条第 6 项。

b. 诉讼请求的前提条件

现在的问题是三一重工公司要求损害赔偿这一诉讼请求的前提条件是否均获得满足。

aa. 侵犯商标专用权

由于该诉讼请求主要的法律基础是《商标法》第 60 条第 1 款，存在《商标法》第 57 条所列侵犯三一重工公司注册商标专用权行为，是该请求权的一个关键性前提条件。如上所述，永合公司的行为已经构成违反《商标法》第 57 条第 7 项的行为。

bb. 没有例外排除诉讼请求

三一重工公司的请求权必须没有被例外情况排除。根据《最高人民法院关于审理商标民事纠纷案件适用法律若干问题的解释》第 18 条第 1 句，侵犯注册商标专用权的诉讼时效为二年，自商标注册人或者利害权利人知道或者应当知道侵权行为之日起计算。在本案中，三一重工公司在 2014 年 4 月发现侵权行为。因此，三一重工公司的起诉并没有超过诉讼时效。

注解

请注意《商标法》第 64 条规定了若干排除诉讼请求的理由和情形。

根据《商标法》第 64 条第 1 款，注册商标专用权人请求赔偿，被控侵权人以注册商标专用权人未使用注册商标提出抗辩的，人民法院可以要求注册商标专用权人提供此前三年内实际使用该注册商标的证据。注册商标专用权人不能证明此前三年内实际使用过该注册商标，也不能证明因侵权行为受到其他损失的，被控侵权人不承担赔偿责任，因此商标专用权人的请求权将被排除。

根据《商标法》第 64 条第 2 款，如果销售不知道是侵犯注册商标专用权的商品，能证明该商品是自己合法取得并说明提供者的，不承担赔偿责任，因此商标专用权人请求损害赔偿的请求权将被排除。因此，《商标法实施条例》第 79 条对如何证明该商品是自己合法取得的情形作出了具体规定。请注意《商标法》第 64 条第 2 款只适用于《商标法》第 57 条第 3 项所指的侵犯注册商标专用权的行为。也就是说，只有在以商品销售者（而不是商品生产者）为起诉对象的诉讼请求中，如果商品销售者是善意行为人，请求人的诉讼请求才会被排除。

cc. 赔偿数额

损害赔偿的具体数额要根据《商标法》第 63 条进行计算。因此，根据《商标法》第 63 条第 1 款第 1 句，侵犯商标专用权的赔偿数额，按照权利人因被侵权所受到的实际损失确定；实际损失难以确定的，可以按照侵权人因侵权所获得的利益确定；权利人的损失或者侵权人获得的利益难以确定的，参照该商标许可使用费的倍数合理确定。

根据本案事实，三一重工公司因永合公司使用其“三一”商标而遭受实际损失 400,000 元人民币。因此，根据《商标法》第 63 条第 1 款第 1 句，三一重工公司有权要求永合公司赔偿其 400,000 元人民币的损失。

此外，根据《商标法》第 63 条第 1 款第 3 句，赔偿数额应当包括权利人为制止侵权行为所支付的合理开支。在本案给定的事实中看不出三一重工公司为制止侵权而产生了任何额外支出。

因此，根据《商标法》第 63 条第 1 款，损害赔偿数额应当是 400,000 元人民币。

注解

对于如何依据《商标法》第 63 条第 1 款第 1 句计算赔偿数额，《商标法实施条例》第 78 条以及《最高人民法院关于审理商标民事纠纷案件适用法律若干问题的解释》第 14 条和第 15 条提供了更为具体的计算标准。

当损害赔偿数额需要参照该商标许可使用费的倍数合理确定时（《商标法》第 63 条第 1 款第 1 句的第三分句），《商标法》第 63 条第 1 款第 2 句规定，对恶意侵犯商标专用权，情节严重的，可以在按照上述方法确定数额的一倍以上三倍以下确定赔偿数额。

c. 结论

三一重工公司有权向永合公司请求损害赔偿 400,000 元人民币。因此，三一重工公司对于请求损害赔偿的诉讼请求能够获得法院支持。

Ⅱ. 反不正当竞争法

1. 请求停止侵权

如果三一重工公司对于要求永合公司停止在其产品和企业名称上侵权使用“三一”文字，那么该项诉讼请求就能获得法院支持。因此在本案中要考查三一重工公司的该项诉讼请求是否存在法律基础，且该法律基础规定的各项前提条件是否均获得满足。

a. 诉讼请求的法律基础

aa. 该诉讼请求没有明确的法律基础

首先，《反不正当竞争法》的条文中并没有明确直接要求停止不正当竞争行为的条文作为法律基础。

但是，该诉讼请求的法律基础可以通过结合理解《反不正当竞争法》第20条，第21条第2款以及《最高人民法院关于审理不正当竞争民事案件应用法律若干问题的解释》第16条而推知。

根据《反不正当竞争法》第20条，经营者违反本法规定，给被侵害的经营者造成损害的，应当承担损害赔偿责任。这一条款意味着侵权方应当对其实施的构成反不正当竞争的行为承担责任。尽管《反不正当竞争法》第20条第1款第1句仅规定了要求损害赔偿的内容，但是可以通过对《反不正当竞争法》进行体系解释推知，这一条文本身也隐含了要求停止侵权的内容。根据《反不正当竞争法》第1条，该法的目的是保障社会主义市场经济健康发展，鼓励和保护公平竞争，制止不正当竞争行为。为了有效实现上述目标，只对实施不正当竞争行为的经营者处以罚款和要求其进行损害赔偿，并不足以制止经营者继续实施不正当竞争行为。只有当受到侵害的经营者有权要求立即停止不正当竞争行为，法律才能有效保护经营者免受来自于其他竞争者的不正当竞争行为之扰。

这种解释也得到了《反不正当竞争法》第21条第2款的支持。这一条文赋予监督检查部门责令停止违法行为的权力。尽管这一条文的语词只客观表明了监督检查部门有权责令停止违法行为，《最高人民法院关于审理不正当竞争民事案件应用法律若干问题的解释》第16条暗含了被侵权人有要求侵权人停止侵权行为的个人权利。根据这一条文，人民法院可以要求侵权人停止从事侵害商业秘密的不正当竞争行为。此外，根据《反不正当竞争法》第20条第2款，被侵害的经营者的合法权益受到不正当竞争行为损害的，可以向人民法院提起诉讼。因此，只有当经营者对于侵权人停止从事不正当竞争行为的要求是一项法律上可以执行的诉讼请求时，《最高人民法院关于审理不正当竞争民事案件应用法律若干问题的解释》第16条的存在才有意义。

bb. 中间结论

因此，要求停止侵权这一诉讼请求的法律基础可以结合理解《反不正当竞争法》第20条，第21条第2款以及《最高人民法院关于审理不正当竞争民事案件应用法律若干问题的解释》第16条而推知。

b. 诉讼请求的前提条件

需要考虑的问题是，三一重工公司所提出的要求停止侵权的诉讼请求的前提条件是否获得满足。

aa. 违反《反不正当竞争法》第5条

由于该诉讼请求主要的法律基础是《反不正当竞争法》第20条第1款，永合公司存在违反《反不正当竞争法》的行为，是该请求权的一个关键性前提条件。《反不正当竞争法》第5条至第15条规定了本法所具体禁止的行为。因此，永合公司的行为必须属于这些所禁止的侵权行为之一。由于这些规定中的大部分行为明显都与本案事实中的行为不符而不能适用本案，关键的问题是永合公司的行为是否构成了《反不正当竞争法》第5条所规定的具体某一项的禁止性行为。第5条所规定的禁止性行为是“经营者”所从事的行为，但是《反不正当竞争法》第2条第3款则明确规定“经营者”也是指从事商品经营或者营利性服务的法人。因此，《反不正当竞争法》第5条可以适用于永合公司的行为。

（1）《反不正当竞争法》第5条第1项

注解

从《反不正当竞争法》第5条第1项的语词表述来看，这一条款与《商标法》条文（特别是《商标法》第57条）之间的关系并不清楚，因此《反不正当竞争法》第5条第1项的含义也不甚清楚。

经营者的任何违反《商标法》第57条的行为可以被假定为满足了《反不正当竞争法》第5条第1项要求的行为。《反不正当竞争法》第21条支持了这种解释。《反不正当竞争法》第21条规定依照《商标法》的规定对侵权行为进行处罚：《反不正当竞争法》第5条第1项与《商标法》对侵权行为规定了相同的法律后果，这隐含地意味着对于构成侵权行为所要满足的构成要件也应当是相同的。尽管《反不正当竞争法》第5条第1项可以作更广义的理解，认为这一条款包含任何经营者在自己的商品上使用他人商标。然而这样的理解将导致侵权人责任的极大扩张，因此会绕开《商标法》第57条所规定的限制性条件。

上述解释可以得出这样的结论：《反不正当竞争法》第5条第1项并没有对经营者的行为规定额外的禁止性条件，只是规定当《反不正当竞争法》第5条第1项规定的前提条件获得满足时，任何商标侵权行为都可能构成不正当竞争。因此，不仅《商标法》下有权处理商标争议的机构有权处理商标侵权纠纷，竞争监管机构也有权处理商标侵权纠纷。

永合公司的行为可能构成违反《反不正当竞争法》第5条第1项的行为。因此，要构成违反《反不正当竞争法》第5条第1项的行为，永合公司必须从事了《商标法》第57条所规定的侵犯他人商标专用权的行为。

如上文分析所述（参见《商标法》部分的案例解决方案），“三一”商标是三一重工公司所有的注册商标。永合公司将这一商标进行复制并在其生产的起重机上使用，因此违反了《商标法》第57条第7项和第13条第3款之规定。因此，永合公司的行为构成违反《反不正当竞争法》第5条第1项的行为。

(2)《反不正当竞争法》第5条第2项

永合公司的行为可能构成违反《反不正当竞争法》第5条第2项的行为。需要考查的问题是，永合公司在其产品上使用“三一”商标的行为是否满足《反不正当竞争法》第5条第2项所规定的前提条件。通过对《反不正当竞争法》第5条进行体系解释可以得出结论，在商标有关问题上，第2项附属于第1项的内容。由于在本案中，侵权行为是使用“三一”商标的行为构成的，《反不正当竞争法》第5条第2项的规定并不适用。

注解

在《反不正当竞争法》第5条第2项可以适用的案例中，有关“知名商品”、“名称、包装、装潢”和“造成混淆”等语词的概念可以在《最高人民法院关于审理不正当竞争民事案件应用法律若干问题的解释》第2~4条以及第7条中找到。

(3)《反不正当竞争法》第5条第3项

永合公司的行为可能构成违反《反不正当竞争法》第5条第3项的行为。根据这一条款，永合公司必须从事了擅自使用三一重工公司企业名称，引人误认为是三一重工公司的商品的行为。

i. “三一”作为受法律保护的企业名称

根据案件事实，永合公司在其企业名称中使用了“三一”文字。《最高人民法院关于审理不正当竞争民事案件应用法律若干问题的解释》第6条第1款规定了在哪些情况下企业名称认定为《反不正当竞争法》第5条第3项所保护的“企业名称”。根据《最高人民法院关于审理不正当竞争民事案件应用法律若干问题的解释》第6条第1款第1句，企业登记主管机关依法登记注册的企业名称，以及在中国境内进行商业使用的外国（地区）企业名称，应当认定为《反不正当竞争法》第5条第3项规定的“企业名称”。《最高人民法院关于审理不正当竞争民事案件应用法律若干问题的解释》第6条第1款第2句规定，具有一定的市场知名度、为相关公众所知悉的企业名称中的字号，可以认定为《反不正当竞争法》第5条第3项规定的“企业名称”。尽管本案事实没有表明这里的企业名称是否已经依法登记注册，但是由于三一重工公司及其产品在中国广为人知，其企业名称仍然可以根据《最高人民法院关于审理不正当竞争民事案件应用法律若干问题的解释》第6条第1款第2句获得法律保护。因此，三一重工公司的企业名称能够获得《反不正当竞争法》第5条第3项的法律保护。

此外，还存在争议的问题是“三一”文字并不是三一重工公司企业名称的全部，而仅仅是企业名称的一部分，作为企业名称一部分的“三一”文字是否也受到法律保护。按照《反不正当竞争法》第5条第3项的语词本身来解释，应该认为只使用企业名称的一部分也足以构成不正当竞争行为，这是因为《反不正当竞争法》第5条第3项只规定“擅自使用他人的企业名称或者姓名”，却并没有明确要求使用企业名称的全部。此外，《反不正当竞争法》第5条第3项也应当按照能够更有效实现本法目的的方式进行解释。从《反不正当竞争法》第5条第3项的语词来看，这一条款意在避免使消费者和经营者对于商品的来源和生产商产生误认。不仅有使用他人企业名称全名的行为会引人误认为是他人的商品，如果他人企业名称中最为独特和具有代表性并广泛被公众认知的部分被使用，这样的使用他人企业名称一部分的行为也会引人误认为是他人的商品。因此，“三一”文字也应当受到法律保护。

综上，永合公司在其企业名称中使用“三一”文字也构成违反《反不正当竞争法》第5条第3项的行为。

ii. 永合公司使用他人的企业名称

另外需要考查的问题是，永合公司使用他人企业名称的行为必须构成《反不正当竞争法》第5条第3项意义的“使用”。《最高人民法院关于审理不正当竞争民事案件应用法律若干问题的解释》第7条规定，只有在中华人民共和国境内进行的商业使用才应当被认定为《反不正当竞争法》第5条第3项规定的“使用”。由于永合公司在中华人民共和国境内销售其生产的标有“三一”文字的商品，《最高人民法院关于审理不正当竞争民事案件应用法律若干问题的解释》第7条所规定的前提条件获得满足。

因此，永合公司的行为已经构成《反不正当竞争法》第5条第3项所规定的使用企业名称的行为。

iii. 误导公众

《反不正当竞争法》第5条第3项的另外一个前提条件是使用他人的企业名称或者姓名，导致引人误认为是他人的商品。根据案件事实，三一重工公司是中华人民共和国境内生产土木工程产品的知名企业。永合公司在其生产的产品上使用“三一”文字，这些文字是三一重工公司企业名称中最为显著独特的部分，从“三一”文字的使用中，相关公众可以得出产品是来自于三一重工公司的结论。

因此，永合公司在其企业名称中使用“三一”文字可能导致社会公众产生混淆误认为产品不是永合公司所生产的产品，而是三一重工公司生产的但通过永合公司销售的这些起重机产品。因此，社会公众会误认为这些产品是永合公司所生产的产品，从而产生误认。

iv. 中间结论

因此，永合公司的行为违反了《反不正当竞争法》第5条第3项之规定。

（4）《反不正当竞争法》第5条第4项

《反不正当竞争法》第5条第4项明显不适用于永合公司的行为，因为永合公司并未在商品上伪造或者冒用认证标志等。

（5）中间结论

综上，永合公司的行为违反了《反不正当竞争法》第5条第1项和第3项之规定。

bb. 其他前提条件

由于三一重工公司的诉讼请求是请求停止侵权（不同于请求损害赔偿的诉讼请求），要求停止现存的侵权行为并且防止侵权人日后再去实施侵权行为，这一诉讼请求的前提条件之一是永合公司目前仍然在实施侵犯三一重工公司权利的侵权行为。根据案件事实，永合公司目前仍然在其公司名称和所生产的产品上使用“三一”文字。因此，永合公司一直在持续性地侵犯三一重工公司的合法权益。

cc. 中间结论

综上，三一重工公司要求永合公司停止不正当竞争行为的诉讼请求的所有前提条件均已获得满足。

c. 结论

三一重工公司有权要求永合公司停止在其企业名称和所生产的产品上使用“三一”文字。因此，三一重工公司的诉讼请求能够获得法院支持。

2. 请求损害赔偿

如果三一重工公司对于向永合公司主张在其企业名称和所生产的产品上使用“三一”文字而导致的损失拥有请求权，那么该项诉讼请求就能获得法院支持。因此在本案中，要考查三一重工公司的该项诉讼请求是否存在法律基础，且该法律基础规定的各项前提条件是否均获得满足。

a. 诉讼请求的法律基础

三一重工公司对于向永合公司主张损害赔偿的法律基础是《反不正当竞争法》第20条第1款。

b. 诉讼请求的前提条件

需要考查的问题是，三一重工公司对于向永合公司主张损害赔偿这一诉讼请求的前提条件是否均获得满足。根据《反不正当竞争法》第 20 条第 1 款，永合公司的行为必须违反了《反不正当竞争法》的相关规定。永合公司的行为已经违反了《反不正当竞争法》第 5 条第 1 项和第 3 项之规定。因此，三一重工公司对于向永合公司主张损害赔偿这一诉讼请求的前提条件已经获得满足。

c. 赔偿数额

《最高人民法院关于审理不正当竞争民事案件应用法律若干问题的解释》第 17 条规定，确定《反不正当竞争法》第 5 条规定的不正当竞争行为的损害赔偿额，可以参照确定侵犯注册商标专用权的损害赔偿额的方法进行。因此，此处的损害赔偿数额需要根据《商标法》第 63 条，《商标法实施条例》第 78 条以及《最高人民法院关于审理商标民事纠纷案件适用法律若干问题的解释》第 14 条和第 15 条进行计算。（参见上文关于《商标法》侵权损害赔偿数额部分的具体分析）。

d. 结论

三一重工公司有权向永合公司请求损害赔偿。具体的赔偿数额可能无法通过案件给定事实来推知。因此，三一重工公司对于请求损害赔偿的诉讼请求能够获得法院支持。

三、商标法案例 S3

基本案例

一家瑞士—瑞典公司 ABB（Asea Brown Boveri）决定到中国投资，该公司注册地为瑞士的苏黎世，营业范围包括电子设备的生产，如高、中、低电压，发动机，驱动器以及控制设备。公司依据中国《公司法》在北京注册了一家外资公司 ABB NEWCO 作为在中国的营销总部。ABB NEWCO 的标志包含了 ABB 的标志，ABB NEWCO 公司在中国销售的所有 ABB 公司的产品都标有“ABB”的标志（见下文）。该标志在世界多数地区都已作为商标注册，尤其是欧盟与美国。

ABB NEWCO 公司不希望中国的竞争者使用“ABB”这一标志，为避免该风险，经 ABB 公司许可后，ABB NEWCO 公司的董事会主席向中国商标局提交了表格申请将“ABB”注册为商标，该标志为红色，形式如下：

ABB

商标局决定驳回该申请，不公布该商标，并书面告知了 ABB NEWCO 公司。收到告知 15 天后，ABB NEWCO 公司向商标评审委员会申请复审，ABB NEWCO 公司于 2015 年 5 月 7 日收到商标评审委员会的通知，之后在 30 日内将商标局和商标评审委员会起诉到人民法院并被受理。

ABB NEWCO 公司会胜诉吗?

替换事实 1：

假设“ABB”这一字母组合于 2014 年 12 月 3 日被注册为商标，2014 年 12 月 22 日，一家中国公司 ABP 有限责任公司向商标局申请商标注册，该公司生产主要用于发电和电子设备部门的各样机器，该公司要申请的注册商标与“ABB”属于同一类，并且颜色也是同一种红色：

ABP

商标局批准了该设计标识，并于 2015 年 1 月 16 日首次在商标公报上发表。2015 年 4 月 2 日，ABB NEWCO 公司的一位经理在商标公报上看到了“ABP”这一商标，认为“ABP”与 ABB 公司的商标过于相似，因此，2015 年 4 月 16 日，公司董事会向商标局提出异议。听取了双方的事实及理由后，商标局决定批准商标的注册，并于 2015 年 8 月 11 日将商标公开。

2015 年 8 月 18 日，ABB 公司要求商标评审委员会宣布商标无效，商标评审委员会决定驳回其要求。2015 年 11 月 17 日，ABB NEWCO 公司收到该决定的书面通知，之后向人民法院提起诉讼，要求商标评审委员会宣布商标无效。该案件已被人民法院受理。

原告能胜诉吗？

替换事实 2：

ABB NEWCO 公司成功设立后，控股公司瑞士 ABB 有限公司想要增加在中国的投资力度，但是 ABB NEWCO 公司目前仅负责 ABB 公司的产品的营销，因此 ABB 又另外设立了两个公司——ABB PG 公司（电力公司，英文为“ABB Power Generation”）和 ABB EE 公司（电子工程公司，英文为“ABB Electrical Engineering”）来生产一系列其他的零部件，这两个公司都是外资拥有的有限责任公司。公司向商标局申请分别将“ABB Power Generation”和“ABB Electrical Engineering”作为注册商标，因为其产品将标以各自公司的名称。这两个商标中的“ABB”与单独申请的商标“ABB”完全相同。商标局驳回了其申请，理由是这两个商标中包含的“ABB”标识已被 ABB NEWCO 公司注册过了。因此，这两个商标如果再被注册就构成对“ABB”这一商标的侵犯。ABB EE 公司和 ABB PG 公司的董事会不同意该意见，因而向商标评审委员会申请复审。

商标评审委员会驳回了其复审申请，于是 ABB EE 公司和 ABB PG 公司的董事会针对该决定向人民法院起诉，法院已经受理。

ABB EE 公司和 ABB PG 公司能胜诉吗？

替换事实 3：

假设两个新公司的注册申请均被驳回，这样，瑞士的 ABB 公司决定将“ABB”作为整个集团的商标，这比各个公司分别注册自己的商标会更高效。因此 ABB NEWCO 将自己在中国注册的“ABB”商标转让给了 ABB 公司，完成了商标转让的所有法律要求。

继而，ABB 公司由一家知名的商标代理机构代理，申请将商标“ABB”变更为“ABB Ltd.”（ABB 有限责任公司的意思），此外，ABB 公司想要变更注册商标也是为了其在中国的分公司不必签订许可协议也可以使用其商标。因此，该商标的注册不仅仅是为了 ABB 公司，而是为了整个 ABB 集团。

ABB 公司向商标局申请注册“ABB”，但被驳回，理由是不可能将该商标作为集体商标或集团商标注册。ABB 公司的董事会申请商标评审委员会复审该决定。

商标评审委员会驳回了该审查申请，因此 ABB 公司的董事会向人民法院提起诉讼，该案件已得到受理。

ABB 公司能胜诉吗？

结 构

Ⅰ. 正确的被告
Ⅱ. 请求权的法律基础
Ⅲ. 商标注册的形式要件
  1. 有权部门
  2. 具备注册商标的法律资格
  3. 依法申请
    a. 申请不同的商品分类
    b. 申请的形式与内容
  4. 委托商标代理机构
    a. 公司作为国内法人的资格
    b. 委托商标代理机构不是必需的
  5. 中间结论
Ⅳ. 商标注册的实质要件
  1. 前提要件的满足
    a. 符合商标注册的条件
      aa. 作为商标的可视性
      bb. 作为商标的区别性
      cc. 中间结论
    b. 与其他商标的冲突，《商标法》第 13 条第 2 款
    c. 与他人在先取得的商标合法权利相冲突，《商标法》第 9 条、第 32 条
    d. 以不当手段注册
  2. 中间结论
Ⅴ. 最终结论

替换事实 1 解决方案：

Ⅰ. 申请的形式要件
  1. 依法申请
  2. 期限，《商标法》第 45 条第 1 款第 1 句

a. 期间的起算：商标注册之日

b. 期间的持续及结束

aa. 期间的持续

bb. 期间的结束

c. 未超过期间

3. 结论

Ⅱ. 请求的实质要件

1. 可适用的《商标法》条文

2. 违反相关条文

a. 没有违反《商标法》第 13 条第 3 款

b. 没有违反《商标法》第 13 条第 2 款

c. 违反《商标法》第 30 条

aa. “ABP”符合《商标法》有关规定

（1）商标是可视的标志

（2）商标的区别性

（3）中间结论

bb. 相同或者近似的商标

（1）相同或者近似的商标

（2）该商标将被适用于同一种商品或者类似商品

cc. 违反了《商标法》第 30 条

d. 中间结论

3. ABB NEWCO 公司提出请求的权利

Ⅲ. 最终结论

替换事实 2 解决方案：

Ⅰ. 前面的审查程序

1. ABB EE 公司和 ABB PG 公司申请复审的权利

2. 有权机关

3. 申请的内容

4. 提交期限

5. 结论

Ⅱ. 注册的实质要件

1. 商标注册的形式要件

2. 商标注册的实质要件：由于商标相似而违反《商标法》第 28 条

a. 前提

b. 由于商标相似而违反《商标法》第 28 条

3. 结论

Ⅲ. 最终结论

替换事实 3 解决方案：

Ⅰ. 依法转让注册商标“ABB”

Ⅱ. 变更商标“ABB”的形式要件

Ⅲ. 商标变更的实质要件

1. 没有违反法律规定

2. 可否注册集团商标

a. 集体商标

b. 集团商标

3. 商标注册的法律资格

a. 《巴黎公约》

b. 中国法的规定

4. 结论

Ⅳ. 最终结论

解决方案

如果起诉针对的是正确的被告，商标评审委员会的决定有误且商标局有义务将商标予以注册，ABB NEWCO 就可以胜诉。如果《商标法》第 28 条、第 30 条以及《商标法实施条例》第 21 条的形式要件和实体要件都满足，那么商标局就应当允许将字母组合“ABB”注册为商标。

注解

问题是能否将商标局和商标评审委员会这两个行政机构作为被告。根据《商标法》第 28 条以及《商标法实施条例》第 21 条第 1 款，如果商标注册的所有要件都满足，商标局就有义务将该标志注册为商标。因此，商标法及其实施条例并没有赋予商标局自由裁量权。并且，《商标法》第 34 条明确规定对商标局不予注册的商标，商标注册申请人可以向商标评审委员会申请复审，还可以向人民法院起诉。允许商标注册申请人申请复审，尤其是向人民法院起诉，表明法律赋予申请人商标注册的权利。综合起来考虑，《商标法》和《商标法实施条例》应该理解为赋予商标注册申请人将其商标进行注册的权利（诉权），但是，有一点必须注意，该诉权的法律基础不是民法而是行政法。商标的注册是一种行政行为，因为商标局是一个行政机构，也因此《商标法》才赋予其一定的权力和义务。对于国家机关作出的决定，公民必须享有上诉的权利，才能保护自己的民事财产权。

注解

除了上述主要的法律问题，还有一个问题，即 ABB NEWCO 是否在程序上享有将商标局和商标评审委员会起诉的权利。行政行为可以被起诉的情形分散规定在不同的法律中，与本案有关的规定主要是《行政诉讼法》第 12 条。

本案中可能适用的只有《行政诉讼法》第 12 条第 1 款第 3 项，但是，商标注册可否被视为该款中的“许可”在这里不必进行考虑。因为《商标法》第 34 条第 5 句是更具体的规定，比《行政诉讼法》第 12 条第 1 款第 3 项优先适用。根据该条规定，对商标局不予注册商标的行为不服的，可以向人民法院起诉。《商标法》第 34 条第 5 句也允许商标注册申请人向法院起诉，因为《行政诉讼法》第 12 条第 2 款明确指出，其他法律有规定的，也可以作为行政案件向法院提出。

注解

需要注意的是中国并不强制要求商标注册。但是根据《商标法》第 3 条第 1 款后半句，只有通过注册，商标注册人才能享有商标专用权。因此，在中国，商标的注册基本上是商标得到有效保护的前提要件。根据《商标法》第 3 条第 1 款，《商标法》只保护经商标局核准并注册的商标，不包含在国外注册的商标。在个别条款中（如《商标法》第 13 条第 2 款），商标法也保护未注册的商标。

基本上，商标的申请过程包括两个阶段：申请的接受和审查。商标局接受申请需要满足所有的形式要件，审查阶段则要审查商标注册的实质要件。

Ⅰ. 正确的被告

起诉必须针对正确的被告。《行政诉讼法》第 26 条第 1 款规定，公民、法人或者其他组织直接向人民法院提起诉讼的，作出行政行为的行政机关是被告。但是本案中不予进行商标注册的是两个行政机关，先是商标局决定不予注册，商标评审委员会审查之后维持了该决定。对于这种情况，《行政诉讼法》第 26 条第 2 款第 1 句将两个行政机关都作为被告。因此，该诉讼需要针对商标局和商标评审委员会提起，ABB NEWCO 公司遵守了该条的规定，诉权针对的被告正确。

注解

需要注意《行政诉讼法》第 26 条于 2014 年 11 月 1 日进行过修改，因此该条第 2 款只适用于修改后发生的行为，而在此之前的行为适用 1989 年《行政诉讼法》第 25 条，该条规定，经过复审并且复审机关维持了先前的行政部门的决定的，只以先前作出决定的行政部门为被告。

Ⅱ. 请求权的法律基础

将“ABB”注册为商标的请求权的法律基础可能是《商标法》第 28 条、第 33 条第 2 句以及《商标法实施条例》第 21 条。

Ⅲ. 商标注册的形式要件

《商标法》第 22 条至第 27 条、《商标法实施条例》第 13 条至第 20 条规定了商标注册的形式要件。

1. 有权部门

《商标法》第 2 条第 1 款规定商标局管理中国境内的商标注册和管理工作。ABB NEWCO 公司是向商标局提交的申请，按照该条的规定商标局是有权部门。

2. 具备注册商标的法律资格

根据《商标法》第 4 条，任何自然人、法人或者其他组织都可以注册商标，因此需要考察 ABB NEWCO 是否属于法人。《民法通则》第 41 条第 2 款规定外资企业在中国成为法人的条件是取得法人资格。《中华人民共和国外资企业法》第 8 条要求外资企业必须遵照有关中国法律取得中国法人资格。《中华人民共和国外资企业法实施细则》第 18 条第 1 款规定外资企业的组织行为应为有限责任公司。本案事实部分提到，ABB NEWCO 是以有限责任公司的形式成立的。根据《中华人民共和国公司法》（以下简称“《公司法》”）第 3 条第 1 款，有限责任公司是企业法人。由于 ABB NEWCO 公司的注册办事处依据《公司法》的规定设在了北京，因此已经成为中国法人。综上，ABB NEWCO 公司是中国法上的法人，因此可以申请商标注册。

3. 依法申请

依据《商标法》第 3 条第 1 款，商标注册是获得商标专用权的前提，为使商标得到注册，《商标法》第 4 条要求向商标局提出申请。

a. 申请不同的商品分类

依据《商标法》第 22 条以及《商标法实施条例》第 13 条第 1 款，ABB NEWCO 公司①为了注册“ABB”这一标志，应当提出注册申请，并且按照规定的商品分类表填报。除了单独提交一份商标注册申请书之外，ABB NEWCO 公司还应指出该商标将要适用的商品所属的分类。

商标的分类见于国家工商行政管理总局 1988 年 11 月 10 日公布的《国际商标注册用商品分类实施办法》。本案中，ABB NEWCO 公司销售的是其母公司 ABB 公司的产品，为了跟母公司的经营范围一致，申请的范围应当包括第 7、9、11、37 类。

注解

对于申请注册两个或两个以上商标的情况，《商标法》和《商标法实施条例》中都没有明确的规定，对已有法条进行体系解释，结果是每个商标申请中应分别指明所属商品的分类（见前面分析）。

《商标法》第 22 条是对原来第 19 条的修订，以使申请程序更加便利。对申请人想要为不同类别的商品注册同一商标的情况，修订之后的法条不再要求提交多份申请。

b. 申请的形式与内容

申请时必须提交《商标法实施条例》第 13 ~ 15 条中要求的材料。其中第 13 条规定申请商标注册，应当按照公布的商品和服务分类表填报，申请人应当提交《商标注册申请书》1 份、商标图样 1 份；以颜色组合或者着色图样申请商标注册的，应当提交着色图样，并提交黑白稿 1 份。第 15 条第 2 款规定商标注册申请等有关文件以纸质方式提出的，应当打字或者印刷。由于作为“Asean Brown Boveri”缩写的“ABB”是外文商标，依据第 13 条第 7 款还应当说明其含义。另外，《商标法实施条例》第 6 条第 2 款规定，依照商标法和本条例规定提交的各

① 根据国家工商行政管理总局的《国际商标注册用商品分类实施办法》第 7 条第 2 款，ABB NEWCO 公司的名字中必须包含“ABB”这一部分。

种证件、证明文件和证据材料是外文的，应当附送中文译文。

根据案件事实，ABB NEWCO 公司的申请符合《商标法实施条例》第 13 ~ 15 条中规定的条件。

4. 委托商标代理机构

如果委托商标代理机构不是必需的，那么 ABB NEWCO 公司可以直接申请注册，由于《商标法》第 18 条以及《商标法实施条例》第 5 条要求外国企业必须委托依法设立的商标代理机构，因此这一点是必需的。本案中，ABB NEWCO 公司董事会主席未通过商标代理机构，而是自己直接提交了注册申请，因此这里需要考察 ABB NEWCO 公司作为一家完全由外资所有的公司是外国企业还是中国企业。

a. 公司作为国内法人的资格

《商标法实施条例》第 5 条第 4 款规定，《商标法》第 18 条所称外国人或者外国企业，是指在中国没有经常居所或者营业所的外国人或者外国企业。《民法通则》第 41 条第 2 款要求外资企业成立的条件是具备中国法上的法人资格。因此，ABB NEWCO 公司是中国法中的法人。

b. 委托商标代理机构不是必需的

这样，商标的申请不必一定要委托商标代理机构。ABB NEWCO 公司的董事会主席可以独立提交申请，没有商标代理机构的参与不构成商标注册的障碍。

注解

对于必须委托商标代理机构的情况，《商标法实施条例》第 5 条第 1 款要求当事人提交委托代理书，其中应当载明委托人的国籍。

这里需要指出，《商标法实施条例》第 5 条第 4 款更改了《商标法》第 18 条中“外国人或者外国企业”的含义。如果外国人（自然人）或外国企业在中国有经常居所或者营业所的，就不必一定要委托商标代理机构。

5. 中间结论

ABB NEWCO 公司的申请满足了形式要件。

Ⅳ. 商标注册的实质要件

根据《商标法》第 28 条，商标局对符合《商标法》以及《商标法实施条例》有关规定的商标，应当审查完毕后予以初步审定公告。《商标法》第 30 条要求申请的商标必须符合注册要求，不得与他人在同一种商品或者类似商品上已经注册的或者初步审定的商标相同或者近似。另外，《商标法》第 32 条还规定申请商标注册不得损害他人现有的在先权利，也不得以不正当手段抢先注册他人已经使用并有一定影响的商标。

> **注解**
> 然而，《商标法》第28条对商标的注册和公告都是初步的，《商标法》第33条进一步规定，三个月的公告期满无异议的，商标局对提交申请的商标予以核准注册，发给商标注册证，并予公告。

1. 前提要件的满足

a. 符合商标注册的条件

首先，"ABB"这一标识必须可以作为商标得到注册，可被注册的商标应符合的条件规定在《商标法》第8~16条中。"商标"一词的含义及其要件中国法中没有明确的解释，不过《商标法》第8条规定了商标的基本要求，根据该条，注册的商标需满足两个条件，是可视的标志并且能够将自然人、法人或者其他组织的商品与他人的商品区别开。接下来就要审查"ABB"这一标志是否符合以上两个条件。

aa. 作为商标的可视性

根据《商标法》第8条，"ABB"应当作为可视标志应用于ABB公司生产ABB NEWCO公司销售的商品上。字母或字母组合是可以作为商标的要素之一，因此笼统地讲"ABB"可以作为文字商标被注册。

bb. 作为商标的区别性

不过，"ABB"尽管可以作为商标，但可能因为缺乏区别性而无法注册。区别性的意思是借助商标可以将一种商品与其他商品区别开来。

定义产品的区别性至少要有一个标准，但是本案中的商标不是包含一个字母，而是三个字母，并且"ABB"的设计不是简单的字母而是包含了特殊的设计，具有一定的创造性，特定的颜色又进一步增加了其区别性，因为它是一种特殊的红色，容易区别。因此"ABB"符合《商标法》第8、9条的要求，具有一定的区别性，可以将其经销商ABB NEWCO公司与其他竞争者区别开来。

cc. 中间结论

由于"ABB"这一标志符合《商标法》第10~16条的规定，因此符合商标局注册商标的条件。

b. 与其他商标的冲突，《商标法》第13条第2款

另外，商标申请时不能违反《商标法》第13条第2款和第3款，即所申请

注册的商标不能与未注册的驰名商标相同或者类似，以致产生混淆。本案中的商标名称和商标标志“ABB”（虽然尚未注册）在中国已经非常有名，因为ABB公司已经在中国经营多年，并且涉及的范围很广泛。但是，ABB NEWCO公司注册“ABB”这一标志还必须可能误导公众，致使驰名商标注册人的利益可能受到损害。本案中，这两种潜在的危险都可以被排除，因为ABB NEWCO是ABB公司的分公司，将要销售ABB的产品。并且ABB公司明确授权了ABB NEWCO公司来注册该商标。因此，公众既不会被误导，ABB公司也不能产生利益损害。

因此，ABB NEWCO注册与“ABB”相同的商标不会违反《商标法》第13条第2、3款。

c. 与他人在先取得的商标合法权利相冲突，《商标法》第9条、第32条

《商标法》第9条、第32条要求申请注册的商标，不得与他人在先取得的合法权利相冲突。本案事实没有表明可能侵犯他人在先取得的合法权利（如著作权、专利权）或相冲突的情况。

d. 以不当手段注册

《商标法》第32条禁止以不正当手段恶意注册商标。ABB NEWCO注册其母公司的商标不构成该条中的不正当行为。商标“ABB”全球驰名并且已经被ABB公司集团使用，ABB公司和ABB NEWCO公司是母子公司关系，没有事实表明ABB NEWCO意图损害其母公司的利益。恰恰相反，ABB公司明确授权ABB NEWCO公司注册该商标。因此，子公司在东道国注册母公司的商标不能算作恶意。

2. 中间结论

因此，商标符合注册的实质要件。

V. 最终结论

该诉讼针对的是正确的被告，并且ABB NEWCO公司满足了所有的形式和实质要件，因此可以胜诉。由于商标局有义务对其商标初步审定公告，因此人民法院会依据《行政诉讼法》第72条要求商标局对商标“ABB”予以初步审定公告。

注解

请注意商标局对商标的审定只是初步的。根据《商标法》第33条第2句，自初步审定公告之日起算，三个月的公告期满无异议的，商标才得以核准注册，并发给商标注册证。

根据《商标法》第9条，申请注册的商标，应当有显著特征，便于识别，并不得与他人在先取得的合法权利相冲突。

替换事实1解决方案：

如果商标评审委员会有义务宣布商标无效，那么ABB NEWCO公司将会胜诉。而前提是ABB NEWCO公司的要求符合形式和实质要件。

> **注解**
>
> 与先前的法律规定不同（2001年《商标法》第33条第1款），按照现在的规定（《商标法》第35条第3款），只有商标不被注册的，才可以申请复审。
>
> 商标局作出准予注册决定，而异议人不服的，可以依照《商标法》第44条、第45条的规定向商标评审委员会请求宣告该注册商标无效（《商标法》第35条第2款）。该救济独立于之前的异议，并且（不同于2001年《商标法》第42条），任何人不得以相同的事实和理由再次提出评审申请（《商标法实施条例》第62条第2句）。
>
> 《商标法》第45条第2款第4句给了ABB NEWCO公司程序权利，对商标评审委员会的裁定不服的，可以向人民法院起诉（《商标法》第34条第5句也有此规定）。

Ⅰ. 申请的形式要件

要求宣布商标无效的形式要件规定在《商标法》第45条第1款第1句，《商标法实施条例》第51条第1款第2句、第57条第1款中。

1. 依法申请

首先，ABB NEWCO公司作为第三方应当向商标评审委员会依法提出申请，相关的要求规定于《商标法实施条例》第51条第1款第2句、第57条第1款中，这两条适用于所有申请商标审查的情况。

其中第51条第1款第2句要求异议人不仅提出相应的事实和法律依据，ABB NEWCO公司还要在申请中包含明确的要求、事实，并提供相应的证据。ABB NEWCO公司需要提出具体的要求，并对这些要求的理由进行解释。

由于没有相反的事实，因此可以推定ABB NEWCO公司遵守了这些形式要求，即已经提出有效的申请要求宣布商标无效。

2. 期限，《商标法》第45条第1款第1句

根据《商标法》第45条第1款第1句，利害关系人即本案中的ABB NEWCO公司必须在商标注册之日起五年内提出申请，期间的计算遵照《民法通则》第154条的规定。

a. 期间的起算：商标注册之日

商标在商标公报上注册的时间是 2015 年 8 月 11 日，根据《商标法》第 45 条第 1 款第 1 句，五年期间的起算日也是该日。但是，《民法通则》第 154 条第 2 款规定起算日不应被计算在内，因此应当从第二天即 2015 年 8 月 12 日开始起算。

b. 期间的持续及结束

aa. 期间的持续

《商标法》第 45 条第 1 款第 1 句规定期间的持续时间是五年。《民法通则意见》第 198 条规定一年的时间应视为 365 天，因此，持续的期间总共是 1825 天。

bb. 期间的结束

根据《民法通则》第 154 条第 2 款，期间应从 2015 年 8 月 12 日起算（见前面分析），因此，1825 天的期间于 2020 年 8 月 9 日结束（因为 2016 年和 2020 年是闰年）。

c. 未超过期间

ABB NEWCO 公司向商标局提出商标无效申请的时间是 2015 年 8 月 18 日，因此未超过《商标法》第 45 条第 1 款第 1 句中规定的期间。因此，商标局不能以超过期间为由不审查实质的法律问题就驳回其申请。

3. 结论

申请商标无效的申请符合所有的形式要件。

Ⅱ. 请求的实质要件

ABB NEWCO 公司要想胜诉还必须满足所有的实质要件。

1. 可适用的《商标法》条文

首先，需要确定《商标法》和《商标法实施条例》中规定请求的实质条件的条文。根据《商标法》第 45 条第 1 款第 1 句，商标的在先权利人——ABB NEWCO 公司提出请求的前提是违反该法第 13 条第 2 款和第 3 款、第 15 条、第 16 条第 1 款以及第 30～32 条。

2. 违反相关条文

这样，将“ABP”注册为商标必须违反了某一相关条文中对商标注册的前提的规定，见《商标法》第 45 条第 1 款第 1 句。

a. 没有违反《商标法》第 13 条第 3 款

将“ABP”注册为商标可能会违反《商标法》第 13 条第 3 款。但是该款适用的前提是 ABP 复制或摹仿了不相同或不相类似商品已经注册的驰名商标。由于本案中 ABP 是就与 ABB NEWCO 公司相同的商品申请商标的注册，因此没有必要回答“ABP”是否是在摹仿驰名商标，《商标法》第 13 条第 3 款不适用。

b. 没有违反《商标法》第 13 条第 2 款

将“ABP”注册为商标可能会违反《商标法》第 13 条第 2 款。如果“ABP”复制或摹仿了相同或类似商品未注册的驰名商标，那么就违反了该款。由于“ABB”已经在商标局注册，因此就不必考虑其是否是驰名商标，因为该款不适用于已经注册的商标，所以没有违反《商标法》第 13 条第 2 款。

c. 违反《商标法》第 30 条

将“ABP”注册为商标可能会违反《商标法》第 30 条的规定，该条不允许商标局同意注册并公告凡不符合该法有关规定或者同他人在同一种商品或者类似商品上已经注册的或者初步审定的商标相同或者近似的商标。

aa. “ABP”符合《商标法》有关规定

首先，商标“ABP”不得违反《商标法》中的其他法律规定，尤其是第 8 ~ 16 条商标注册的条件。第 8 条是关于商标的基本要求，其中包括两个条件，即必须是能够将自己的商品与他人的商品区别开的可视标志。接下来需要审查“ABB”是否符合这些条件。

（1）商标是可视的标志

“ABB”标志应当被用作 ABB 公司生产 ABB NEWCO 公司销售的商品上。根据《商标法》第 8 条等的规定，字母或字母组合可以作为商标，因此总的来说“ABB”标志可以作为文字商标申请注册。

（2）商标的区别性

不过，“ABB”尽管可以作为商标，但可能因为缺乏区别性而无法注册。区别性的意思是借助商标可以将一种商品与其他商品区别开来。界定某商品与其他商品的区别至少要有一个标准，因此抽象地说，商标必须可以将其代表的商品或服务于其他公司提供的商品或服务区别开来。但是，“ABB”这一标志不是包含一个或两个字母，而是包含了三个字母，并且除了字母之外在字母的设计和颜色选择上还体现了一定的创意。因此选择的“ABB”这一标志可以将 ABB NEWCO 公司销售的产品与其他公司销售的产品区别开来，符合《商标法》第 8 条、第 9 条的规定。

（3）中间结论

“ABB”符合《商标法》第10～16条的规定，因此可以被商标局作为商标进行注册。

bb. 相同或者近似的商标

如果“ABP”这一商标与ABB NEWCO公司已经注册的“ABB”商标相同或者非常近似，那么就违反了《商标法》第30条。

（1）相同或者近似的商标

首先，ABP公司申请的商标必须与ABB NEWCO公司的商标相同或者非常近似，但问题是无论《商标法》还是《商标法实施条例》都没有对什么是相同或者近似的商标以及确定的方法进行规定。不过最高人民法院2002年10月12日颁布的《关于审理商标民事纠纷案件适用法律若干问题的解释》第9～12条中作了一些相关规定，这几条中明确提到的只有《商标法》第57条（2001年《商标法》的第52条），即侵犯注册商标专用权的情况，也只涉及法庭审理的程序。对《商标法》第30条的解释应当与第57条相同，第30条的目的是防止商标的注册以及对该侵权商标的后续使用，否则，就会出现这两个商标同时注册的情况。因此第30条应当起到保护商标注册人专属权利的预防性作用，而第57条是保证已注册的商标得到后续的保护。因为最高人民法院的司法解释仍有法律效力，因此对商标局仍具有约束力。

为了判断两个商标是否相同，《最高人民法院关于审理商标民事纠纷案件适用法律若干问题的解释》第9条明确了要对已注册的商标和正在申请的商标进行比较，判断二者在视觉上或者听觉上（即发音）基本无差别。并且认定过程中要遵照该司法解释第10条中的原则，因此商标局既要进行对商标的整体比对，又要进行对商标主要部分的比对，比对时应当以相关公众的一般注意力为标准。该司法解释第8条又对什么是“相关公众”进行了界定，是指与商标所标识的某类商品或者服务有关的消费者和与前述商品或者服务的营销有密切关系的其他经营者。本案中，ABB NEWCO公司和ABP公司的产品销售对象都不是消费者而是商人，因此商标局在认定他们的商标是否相同时应当使用上面提到的标准。“ABB”和“ABP”都很短，只包含三个字母，这样与较长的字母组合相比更容易发现拼写上的不同，因此“ABP”中将字母B改为字母P足以在视觉上否认二者是相同的。

但是，根据《商标法》30条，商标也可以是非常相似的。根据《最高人民法院关于审理商标民事纠纷案件适用法律若干问题的解释》第9条第2款，如果将被控侵权的商标与原告的注册商标相比较，其文字的字形、读音、含义或者图形的构图及颜色非常相似，就可以认定为二者非常相似。另外，这种极度相似还要容易使相关公众（该解释第 8 条）对商品的来源产生误认或者认为其来源与原告注册商标的商品有特定的联系。再结合该解释第 10 条中的原则，还要考虑请求保护注册商标的显著性和知名度。

由于两个商标都只包含三个字母组合，因此非常短。这样与较长的字母组合相比更容易发现拼写上的不同，因此“ABP”中将字母 B 改为字母 P 足以在视觉上否认二者的极度相同性。但是，这两个商标使用的都是相同的红色，且都是罗马字体，三个字母中前两个完全相同只有第三个略微不同（P 代替了 B），这个视觉上的略微不同又被两个商标几乎相同的发音所削弱。二者都是大写字母，且都是各自公司名称的缩写，此外，这两组设计的外观和发音都非常相似。最后一点，ABB NEWCO 公司和 ABP 公司是电力生产、电子应用等大型机器的竞争者，ABB 已经几乎成为驰名商标，被很多人熟知，公众甚至会将 ABP 公司的产品误以为是 ABB NEWCO 公司的产品。综合以上因素，认定两个商标相似的理由更有说服力。

因此，根据《商标法》第 30 条可以认定两个商标非常相似。

（2）该商标将被适用于同一种商品或者类似商品

其次，商标要适用于同一种商品或者非常类似的商品。《最高人民法院关于审理商标民事纠纷案件适用法律若干问题的解释》第 11、12 条对这里的同一种商品或非常类似的商品如何定义和判断进行了解释。根据该司法解释第 12 条第二个分句，分类表和区分表可以作为判断的参考。由于本案中的两个商标属于同一分类，将要适用于同一类产品，因此可以得出肯定的结论，即商标将被适用于非常相似的商品或服务。

cc. 违反了《商标法》第 30 条

因此，商标局违反了《商标法》第 30 条。

d. 中间结论

违反了《商标法》第 30 条，“ABP”作为商标注册的前提要件不满足。

3. ABB NEWCO 公司提出请求的权利

依据《商标法》第 45 条第 1 款第 1 句，只有在先权利人或者利害关系人可以提出请求。ABB NEWCO 公司是“ABB”商标的专属使用权人，该商标于 2014 年 12 月 3 日注册，因此 ABB NEWCO 公司作为在先权利人有权提出请求。

> **注解**
>
> 此处的提出请求权应当与《商标法实施条例》第56条中任何人都有报告或举报商标侵权行为的权利区别开。

Ⅲ. 最终结论

形式要件都满足，如果将“ABP”注册为商标就会违反《商标法》第30条。因此，请求商标无效有理由支持，商标评审委员会应当宣布商标无效。所以原告将会胜诉。由于商标评审委员会应当宣布商标无效，人民法院以也应当依据《行政诉讼法》第72条宣布商标“ABP”无效。

替换事实2解决方案：

如果商标评审委员会的决定错误，商标局应当注册其商标，那么原告就可以胜诉。如果完成了前面的审查程序，商标注册的形式要件和实质要件也都满足，那么ABB EE公司和ABB PG公司就可以请求注册它们的商标“ABB Electrical Engineering”和“ABB Power Generation”。

Ⅰ. 前面的审查程序

首先，需要完成前面的审查程序。对驳回申请的商标申请复审的，《商标法》第34条、《商标法实施条例》第51条及其下面几条规定了需要满足的形式要件。

1. ABB EE公司和ABB PG公司申请复审的权利

根据《商标法》第34条第2句，商标局驳回申请的商标，申请人——也就是这里的ABB EE公司和ABB PG公司有权提出复审申请。

2. 有权机关

在工商行政部门中负责商标复审并作出决定的机关不是商标局而是商标评审委员会。根据《商标法》第34条第2句，复审申请应当向商标评审委员会提出，本案事实告诉我们，申请的确是向有权机关提出的。

3. 申请的内容

《商标法实施条例》第57条第1款列出了申请必需的内容，由于本案中没有提到不符合规定的事实，因此可以假定ABB EE公司和ABB PG公司提交了必需的申请材料。

4. 提交期限

《商标法》第 34 条第 2 句规定了十五日的期限，自收到商标局的通知之日起算，商标申请人应当在该期间内提交复审申请。由于事实中没有提到相关的内容，这里假定 ABB EE 公司和 ABB PG 公司在该期间内提交了申请。

5. 结论

依据《商标法实施条例》第 57 条第 2 款第 1 分句，商标评审委员会收到申请书后，经审查，符合受理条件的，予以受理。本案中，没有事实表明有违反形式要件的情形。

Ⅱ. 注册的实质要件

其次，如果商标注册的形式要件和实质要件都满足，那么 ABB EE 公司和 ABB PG 公司就可以请求注册它们的商标“ABB Electrical Engineering”和“ABB Power Generation”。

1. 商标注册的形式要件

由于本案中没有提到相反的事实，因此假定 ABB EE 公司和 ABB PG 公司符合了形式要件。

2. 商标注册的实质要件：由于商标相似而违反《商标法》第 28 条

a. 前提

依据《商标法》第 30 条，如果所申请的商标符合该法有关规定或者不与他人在同一种商品或者类似商品上已经注册的或者初步审定的商标相同或者近似的，商标局就应当按照《商标法》第 28 条将商标予以注册。另外，《商标法》第 32 条规定申请商标注册不得损害他人现有的在先权利，也不得以不正当手段抢先注册他人已经使用并有一定影响的商标，第 28 条还要求商标局应当自收到商标注册申请文件之日起九个月内审查完毕。

b. 由于商标相似而违反《商标法》第 28 条

本案中，商标“ABB Electrical Engineering”和“ABB Power Generation”可能会因为与 ABB NEWCO 公司已经注册的商标“ABB”部分相同而违反《商标法》第 30 条。

《商标法》第 30 条从字面来看只提到商标整体相同，如果多个部分相同则会导致商标非常近似。依据《最高人民法院关于审理商标民事纠纷案件适用法律若干问题的解释》第 9 条第 1 款和第 10 条，商标中加上“Electrical Engineering”

和“Power Generation”在视觉上是有差别的。根据案件事实，除了上面两部分之外，商标“ABB”也将成为新商标的一部分，并且这两个公司的商品与商标“ABB”所代表的商品属于同一类。根据上述司法解释第9条第2款以及第10条第2项，商标“ABB Electrical Engineering”和“ABB Power Generation”因为主要因素与已注册商标非常近似而不能被注册。

或许会有反驳意见认为，公司的分支机构注册的商标不会威胁在先权利人的法律地位，作为对该反驳意见的回应，这种意见没有考虑到后面如果出售公司或者商标的情况，并且《商标法》和《商标法实施条例》的整个体系都没有将集团公司作为《商标法》第28条的例外。

3. 结论

由于违反了《商标法》第30条，商标注册的其他实质条件没能满足。

Ⅲ. 最终结论

商标局不予注册商标以及商标评审委员会驳回复审申请的决定是正确的，因此，ABB EE公司和ABB PG公司无权要求商标局注册其商标。

原告不会胜诉，人民法院将依据《行政诉讼法》第69条驳回原告的诉讼请求。

替换事实3解决方案：

如果商标评审委员会的决定有误，商标局应当允许已注册商标的变更，那么原告可以胜诉。

《商标法》第24条规定，注册商标需要改变其标志的，应当重新提出注册申请。《商标法》第28条、《商标法实施条例》第21条都是关于该申请的规定。

Ⅰ. 依法转让注册商标“ABB”

依法转让注册商标的前提要件规定在《商标法》第42条和《商标法实施条例》第31条中，主要的条件包括以下几个：

- 签订转让协议，《商标法》第42条第1款第1句和《合同法》；
- 转让人和受让人共同向商标局提出转让申请，《商标法》第42条第1款第1句；
- 核准公告，《商标法》第42条第4款。

根据案件事实，ABB NEWCO 公司和 ABB 有限公司履行了上述所有必要的程序。

> **注解**
>
> 根据《商标法实施条例》第 32 条第 2 款，注册商标专用权移转的，转让人在同一种或者类似商品上注册的相同或者近似的商标，应当一并移转。这样规定的目的是避免商标所有权人将来可能发生的侵权冲突。

Ⅱ. 变更商标“ABB”的形式要件

申请变更注册商标与首次申请商标注册的形式要件相同，即《商标法》第 22～27 条以及《商标法实施条例》第 13～20 条的有关规定。商标的变更程序实质上等同于新商标的注册程序。《商标法实施条例》第 30 条规定了额外的要求但跟本案无关，因为该条只涉及商标注册人名义或地址的变更，而本案中变更的是商标本身。

由于案件中没有相反的事实，因此可以假定 ABB 公司履行了向商标局申请商标注册的所有形式要件。

Ⅲ. 商标变更的实质要件

如果商标没有像《商标法》第 30 条中的同他人在同一种商品或者类似商品上已经注册的或者初步审定的商标相同或者近似，那么商标局应当将商标予以注册，此外，《商标法》第 32 条规定商标不得损害他人现有的在先权利，也不得以不正当手段抢先注册他人已经使用并有一定影响的商标。

1. 没有违反法律规定

本案中，增加的“Ltd.”没有违反任何法律规定，“有限责任”（“limited liability”）的缩写没有损害商标的区别性；当然也没有提高其区别性。在一个具有区别性的商标基础上加上这样一个后缀符合商标注册要求。

2. 可否注册集团商标

但是 ABB 有限公司注册的商标不是为了自己公司而是为了 ABB 整个集团，这就提出了一个根本问题：这样的商标可否被注册。

a. 集体商标

首先，不可能将“ABB”作为集体商标注册。根据《商标法》第 3 条第 2 款，集体商标可以表明在某个组织中的成员资格，这里的组织指的并不是公司集团，而是商业组织（如鼓励特定商品的协会），因此集体商标不适用于本案。

b. 集团商标

其次，集团商标也不可注册。集团商标是集团成员作为共同的权利人注册的商标，也就是说，集团商标属于集团中的所有成员。但是《商标法》第 3 条并没有规定这样一种商标，因此，目前的法律规定也不允许集团商标的注册。

3. 商标注册的法律资格

另一个问题是，公司集团是否具备成为商标所有权人的法律资格。根据《商标法》第 4 条，自然人、法人或者其他组织都可以申请商标注册，但是本案中商标注册人不是 ABB 有限公司——控股公司，而是整个 ABB 集团。

因此，需要考虑的问题是一个“集团”是否属于《商标法》第 4 条中的“其他组织”。《商标法实施条例》并没有对这一条进行详细解释，因此就需要根据上位法或者公约加以理解。

a. 《巴黎公约》

中国于 1985 年 5 月 19 日加入了《保护工业产权巴黎公约》（1967 年，斯德哥尔摩，以下简称“《巴黎公约》”），有观点认为公约第 5 条 C 款中的第 3 项可以作为一个集团中不同公司同时使用一个商标的法律基础。

但是从字面来看，该条将同时使用一个商标的不同机构“根据请求保护地国家的本国法视为该商标的共同所有人”。

对于本案来说，这意味着根据中国的法律，控股公司及其分支机构作为一个集团必须可以作为商标的共同所有人。即使将该法条理解为一个集团可以在成员国注册商标，那也必须作为共同所有人的集团成员都是同级的并且在同一层次上使用该商标才可以。本案中，ABB NEWCO 公司、ABB EE 公司和 ABB PG 公司都是 ABB 有限公司的分支机构，不是同级而是次级，因此不可能平等地对商标行使权利。因此，根据《巴黎公约》ABB 集团不具备必要的注册商标的法律资格。

b. 中国法的规定

《民法通则》第 36 条第 1 款规定，只有法人才享有民事权利。因此 ABB 集团必须具备法人资格，但是，它既不是国有企业也不是外资企业或者国内企业，而是几家公司通过契约关系或/和事实上的所有权而形成的公司联营。根据《民法通则》第 51 条，这几个公司之间的经济联系不是很密切，集团本身不能够独立承担民事责任（《民法通则》第 37 条第 4 项），各个公司名义上仍然是独立的。因此依据《民法通则》第 37 条 ABB 集团不具备成为法人的条件。

所以，ABB 集团不具备以自己的名义要求商标局进行商标注册的法律资格。

4. 结论

由于无法注册集团商标，并且 ABB 集团也不具备相应的法律资格，因此变更注册商标的实质要件没有满足。

Ⅳ. 最终结论

由于变更商标的前提要件没有满足，因此 ABB 有限公司无权为 ABB 集团注册变更后的商标“ABB Ltd.”。所以原告不会胜诉，人民法院将依据《行政诉讼法》第 69 条驳回原告的诉讼请求。

注解

ABB 有限公司仍然可以作为控股公司注册商标，只不过为避免侵权，所有的分支机构都必须与母公司签订许可协议。

四、商标法案例 S4①

2013 年 7 月 14 日，东华纺织集团有限公司（以下简称“东华公司”）经中华人民共和国国家工商行政管理总局商标局核准，取得“LOHAS 乐活”（其中的汉字颜色为红色）注册商标，有权使用于“糕点、方便米饭、麦片、冰淇淋”等商品类别，但是到目前为止尚未实际使用。

2015 年 2 月，苏州鼎盛食品有限公司（以下简称“鼎盛公司”）开始生产和销售不同类别的月饼，公司在苏州设有总部和生产厂。在鼎盛公司销售的 20 多种不同的盒装月饼中，其中有一种叫作“LOHAS”，在这类月饼的包装盒上，鼎盛公司印制了如下标志：

LOHAS

（汉字和图画部分的颜色为红色）

自 2015 年 2 月至今，鼎盛公司因销售 LOHAS 月饼获利 12,000 元人民币。当东华公司发现鼎盛公司月饼盒上印的标志时，两个公司之间产生了争议。争议过程中，鼎盛公司有条件地停止了 LOHAS 月饼的审查但拒绝进一步采取措施。鼎盛公司称自己并不知道东华公司已将“LOHAS”注册为商标（情况属实），并且“LOHAS”注册商标来源于社会流行词语，其显著性较弱，因此其他公司应当有合理使用的权利。

东华公司将争议提交到苏州市工商行政管理局（以下简称“工商局”），要求其处理该纠纷。苏州工商局调查之后以商标侵权为由对鼎盛公司处以罚款 50 万元人民币。

鼎盛公司拒绝接受罚款，于是将苏州工商局告上法院，要求降低罚款金额。

原告会胜诉吗？

请假定苏州工商局在处以对鼎盛公司的罚款时满足了所有的形式要件。

---

① 由真实案例改编：江苏省高级人民法院〔2011〕第 4 号行政判决书。

乐活（LOHAS）代表的意思是“健康、长久的生活方式”。请假定在中国越来越多的人，尤其是年轻人用“乐活”一词来描述健康、长久的生活方式，“乐活”还代表一种积极的生活方式。但是日常生活中使用该词的人仍属少数。

结　构

Ⅰ. 合法性

1. 请求权的法律基础

2. 形式合法性

3. 实质合法性

a. 法律基础的前提条件

aa. 侵犯商标权

（1）乐活作为受保护的商标

（2）《商标法》第 57 条中的侵权行为

i. 《商标法》第 57 条第 1 项

ii. 《商标法》第 57 条第 2 项

iii. 中间结论

（3）没有禁止使用的例外情况

i. 《商标法》第 59 条

ii. 《商标法》第 59 条第 3 款

iii. 注册人不使用注册商标

iv. 中间结论

（4）罚款的前提条件是否包括侵权人知道自己的行为会构成侵权？

bb. 中间结论

b. 法律结果

aa. 自由裁量权

bb. 工商行政管理部门合理行使自由裁量权

（1）罚款数额在《商标法》第 60 条第 2 款规定的范围内

（2）罚款的合理性

cc. 中间结论

c. 中间结论

Ⅱ. 侵犯了个人权利

Ⅲ. 最终结论

解决方案

如果50万元人民币的罚款违法，侵犯了鼎盛公司的个体权益，那么原告就会胜诉。

Ⅰ. 合法性

首先，需要考虑处以罚款是否违法。前提是罚款没有法律依据，或者形式或实质方面存在违法情形。

1. 请求权的法律基础

需要考虑哪个法条可以构成实施罚款的法律基础。本案的法律基础有可能是《商标法》第60条第2款，该条的前提是工商行政管理部门在处理双方当事人的商标权纠纷时已经判处了罚款。本案中东华公司称鼎盛公司侵犯了自己的乐活商标权，因此可能存在商标侵权行为。东华公司已经将争议提交了苏州工商局，工商局也根据《商标法》第60条第2款处以了罚款，因此《商标法》第60条第2款是罚款的法律基础。

2. 形式合法性

如果法律规定的形式要件没有满足，那么罚款可能发生形式上的不合法。根据本案事实，所有的事实要件都满足，因此罚款的形式合法性具备。

注解

如果需要具体分析形式上的合法性，需要包含以下三个部分：
行政机关的权限
满足程序要件（如必要的听证程序）
满足形式要件（如强制的书面通知）

3. 实质合法性

如果法律基础的实质前提没有满足，或者工商行政管理部门选择了错误的法律结果，那么就会产生实质的不合法。

a. 法律基础的前提条件

需要考虑《商标法》第60条第2的前提条件是否满足。

aa. 侵犯商标权

依据《商标法》第 60 条第 2 款，鼎盛公司必须侵犯了东华公司对乐活商标的专用权，具体情形见《商标法》第 57 条。

（1）乐活作为受保护的商标

首先，乐活商标必须是注册商标，因为《商标法》第 56 条及其后面几条规定只有注册商标才受法律保护。根据案件事实，乐活商标已于 2013 年 7 月 14 日被鼎盛公司在商标局注册，用于蛋糕及其他几种特定的食品。因此，乐活商标受《商标法》第 57 条的保护。

（2）《商标法》第 57 条中的侵权行为

鼎盛公司在一类月饼的礼盒上印有乐活的标志可能违反了《商标法》第 57 条。

i.《商标法》第 57 条第 1 项

如果鼎盛公司在同一种商品上使用与东华公司注册商标相同的商标，那就可能违反了第 57 条第 1 项。东华公司注册的文字商标是"LOHAS 乐活"（颜色为红色），鼎盛公司印在其产品上的标志中也包括了"LOHAS"，但是鼎盛公司使用的商标有一种具体的视觉设计，因此需要分析这两个商标是否相同。

尽管《商标法》或《商标法实施条例》都没有对相同商标的定义或确定方法进行规定，但是《最高人民法院关于审理商标民事纠纷案件适用法律若干问题的解释》第 9 条第 1 款明确了要对注册商标与被控侵权的商标进行比较，判断二者是否在视觉或听觉上（通过发音的方式）基本无差别。在判断商标是否相同时，还需要考虑该司法解释第 10 条中的原则，既要进行对商标的整体比对，又要进行对商标主要部分的比对。尽管两个商标的主要部分都包括英文"LOHAS"和中文汉字"乐活"（颜色为红色），但是鼎盛公司的商标中还有其他的图形。两个商标图片设计的不同足以产生二者在视觉上的差别，因此二者不是相同的，《商标法》第 57 条第 1 项没有被违反。

ii.《商标法》第 57 条第 2 项

如果鼎盛公司在同一种商品上使用与东华公司注册商标近似的商标，那就可能违反《商标法》第 57 条第 2 项。

前面已经分析过，判断是否近似需要依据《最高人民法院关于审理商标民事纠纷案件适用法律若干问题的解释》第 9 条和第 10 条。尽管两个商标的图片设计不同，但主要的部分都是英文"LOHAS"和汉字"乐活"，且颜色也相同，因此商标的主要部分的问题是相同的。这两部分是公众识别其商标的主要部分。尽管文字的字体和排列方式有所不同，但是主要部分几乎相同。相比而言，两个商标的不同之处（稍微不同的字体和排列方式，以及鼎盛公司商标中额外的图片）就显得微不足道了。因此，相同的问题以及视觉上的相似足以确定两个商标是近似的。

另外，依据商标法的规定，这两个商标还必须用于相同或类似的商品上。尽管鼎盛公司没有把 LOHAS 直接印到月饼上，而是印在了月饼的外包装上，《商标法》第 48 条关于这一点的解释是，将商标用于商品包装上也属于本法所称商标的使用。东华公司注册的商标是用于包括月饼在内的食品，鼎盛公司将其用于月饼中的一类，因此属于将商标用于相同的商品。

最后，该行为必须足以产生混淆。因为两个商标的主要部分都是“LOHAS”，消费者很容易将鼎盛公司的月饼以为是已经注册过商标的东华公司生产的，因此鼎盛公司使用的商标很容易产生混淆，违反了《商标法》第 57 条第 2 项。

iii. 中间结论

鼎盛公司的行为违反了《商标法》第 57 条第 2 项。

（3）没有禁止使用的例外情形

尽管使用“LOHAS”商标违反了《商标法》第 57 条第 2 项，但可能有正当理由。

i.《商标法》第 59 条

如果注册商标中含有通用的名称、词语，那么注册商标专用权人无权禁止他人正当使用。东华公司的注册商标中适用了英文“LOHAS”及中文翻译“乐活”，需要考虑它们是否属于《商标法》第 59 条第 1 款意义上的通用。为确定这一点需要考虑该词语的常用意思是否众所周知，且被多数人普遍使用。LOHAS 及其汉语翻译描述的是一种健康、持久的生活方式，总体而言指的是一种积极的生活方式。这样理解的话，该词语指的是一种非常普通的情况。但是，目前该词只有少数人知道，只代表了年轻人的观念，还没有被多数人使用。只要“LOHAS”和“乐活”不为多数人所熟知，就不能视为通用。

ii.《商标法》第 59 条第 3 款

《商标法》第 59 条第 3 款也可能成为商标正当使用的理由。根据该条，商标注册人申请商标注册前，他人已经在同一种商品或者类似商品上先于商标注册人使用与注册商标相同或者近似并有一定影响的商标的，注册商标专用权人无权禁止该使用人在原使用范围内继续使用该商标，但可以要求其附加适当区别标识。鼎盛公司是 2015 年 2 月开始使用 LOHAS 商标生产和销售月饼，而东华公司 2013 年 7 月 14 日就已注册了商标。

由于鼎盛公司不是在东华公司注册其商标之前就使用 LOHAS 商标，因而《商标法》第 59 条第 3 款不适用。

iii. 注册人不使用注册商标

还需要考虑，东华公司作为 LOHAS 商标的注册人一直未在其产品上使用该商标，是否可以成为鼎盛公司支持自己行为的正当理由。《商标法》第 49 条第 2 款第 1 句规定，如果商标注册人无正当理由超过三年不使用注册商标的，第三方可以申请撤销该商标。尽管东华公司一直未使用商标，但未超过三年的期限。并且从该款第 2 句可以看出，期限结束也不自动导致权利人商标权的丧失，只是可以让利益相关人向商标局申请撤销商标。因此，即使三年的期间已到，其他竞争者使用注册商标也同样违反《商标法》第 57 条，除非该商标已经被撤销。因此，本案中商标注册人不使用商标不能成为支持鼎盛公司的理由。

iv. 中间结论

因此，鼎盛公司使用注册商标的行为没有正当理由。

（4）罚款的前提条件是否包括侵权人知道自己的行为会构成侵权？

还需要考虑的问题是适用《商标法》第 60 条第 2 款第 1 句要求商标侵权人知道自己的行为会构成侵权。鼎盛公司不知道 LOHAS 已经被注册为商标，也就无从知晓自己会侵犯他人的商标权。因此如果要求侵权人知晓自己的侵权行为，那么《商标法》第 60 条第 2 款第 1 句的前提条件就没有满足。

《商标法》第 60 条第 2 款第 3 句规定，销售不知道是侵犯注册商标专用权的商品的，由工商行政管理部门责令停止销售。该款的第 1 句赋予了工商行政管理部门比该款第 3 句更广泛的权力，除了停止销售之外，还包括采取其他措施（比如罚款）。将这两句对照来看，第 1 句要求侵权人知道自己的行为构成侵权，否则第 3 句就没有存在的必要了，因为它不可能在第 1 句的适用范围之外有自己单独的适用范围。

但是，还必须考虑到第 60 条第 2 款第 3 句的用词，该句在所有的侵权人中明确提到的只有销售者，因此可以认为该第 3 句中“不知道”的特权只适用于销售者构成侵权而非生产者构成侵权的情况。由于第 3 句的适用范围仅限于销售者，并且知道侵权行为是适用第 60 条第 2 款第 1 句中较严厉的法律结果的前提，因此必须限于销售者，否则第 3 句中对销售者不知情的明确限制将无法适用。

因此可以得出结论，只有在销售者构成侵权的情况下，要求知道侵犯了他人的商标权才是罚款的额外条件。本案中鼎盛公司不仅是侵权商品的销售者，也是生产者，即使公司不知道自己的行为会构成侵权工商行政管理部门也依然有权处以罚款。

bb. 中间结论

《商标法》第 60 条第 2 款第 1 句的前提要件满足。

b. 法律结果

需要考虑苏州工商局对鼎盛公司适用的法律结果是否适当。根据《商标法》第 60 条第 2 款第 1 句，违法经营额五万元以上的，可以处违法经营额五倍以下的罚款，没有违法经营额或者违法经营额不足五万元的，可以处二十五万元以下的罚款。笼统来说，处以罚款是合法的法律结果，但问题是具体的罚款数额对于本案来讲是否适当。

aa. 自由裁量权

《商标法》第 60 条第 2 款第 1 句允许工商行政管理部门处以一定数额的罚款，条文中的“可以”一词表明罚款并非是商标侵权行为的必然法律后果，而是工商行政管理部门享有一定的自由裁量权决定是否处以罚款以及罚款的具体数额。并且这一句中没有规定具体的数额，而只是提供了一个范围，工商行政管理部门可以在该范围内决定一个数额。如果工商行政管理部门无权自由裁量，那么这里的法律规定就毫无意义了。

然而，需要考虑工商行政管理部门在行使自由裁量权时是享有绝对的自由还是要有一定的限制。《行政处罚法》第 4 条第 1 款规定行政处罚的原则是公平公开。另外，第 4 条第 2 款进一步规定具体的处罚数额应当依据事实、性质以及违法的严重程度确定。《行政处罚法》第 38 条第（一）种情形强调处罚要考虑案件的具体情况。

以上条文表明工商行政管理部门的自由裁量权不是绝对的，在决定是否对鼎盛公司处以罚款以及决定罚款数额时要合理行使自由裁量权。判断自由裁量权的行使是否合理的有权机关是法院。罚款的决定必须具备合法的目的，且达到目的的手段也适当，因此必须考虑案件事实以及侵权的严重程度，见《行政处罚法》第 4 条第 2 款。

bb. 工商行政管理部门合理行使自由裁量权

需要考虑根据以上标准，50 万元人民币的罚款是否属于合理行使裁量权的范围。

（1）罚款数额在《商标法》第 60 条第 2 款规定的范围内

首先，罚款的数额必须符合《商标法》第 60 条第 2 款第 1 句规定的范围。该句规定违法经营额五万元以上的，可以处违法经营额五倍以下的罚款，没有违法经营额或者违法经营额不足五万元的，可以处二十五万元以下的罚款。根据案件事实，鼎盛公司通过将 LOHAS 商标印到自己的月饼上获益 12 万元人民币，因此根据《商标法》第 60 条第 2 款第 1 句可以判处的罚款最高为 60 万人民币。也就是说，50 万人民币的罚款在法律限定的范围内。

注解

请注意《商标法》第 60 条第 2 款第 2 句规定，五年内实施两次以上商标侵权行为或者有其他严重情节的，不受该款第 1 句中罚款数额的限制，可以从重处罚。

本案事实中没有《商标法》第 60 条第 2 款第 2 句中的情形，因此不必考虑这一句的适用，本案中的罚款数额符合第 1 句中的范围限制。

（2）罚款的合理性

另外，在具体案例中裁处的罚款须与所追求的合法目的相称。《商标法》第 1 条规定，商标保护的目的不仅仅是确保商标得到适当的保护，还包括保障消费者的利益，维护商标信誉，促进社会主义市场经济的发展。罚款的目的也是保护商标。但问题是，罚款是否是必需的，对所要达到的目的是否合理。前面已经指出，在确定罚款的必要性及合理性时，需要考虑侵权的具体情况。

本案中，鼎盛公司的确将 LOHAS 商标用于自己 20 多种月饼中的一种，但是鼎盛公司并不知道东华公司已经将 LOHAS 在先注册为商标，所以不存在重大过失。另外，东华公司到目前为止未恢复使用 LOHAS 商标，也未再生产或销售带有该商标的商品。由于商标未公开使用，就没有产生商誉，因此侵权行为既没有对商标专用权人的利益造成重大损失，也没有对消费者造成损失，因为他们之前并不知道该商标。并且，东华公司尚未产生任何经济损失。综合以上情况，侵权程度较轻，没有对商标权人、消费者或者市场经济造成重大损害。

由于侵权的程度和后果较轻，而罚款的数额相比而言却很高（接近法律规定的罚款上限 60 万元人民币），因此高额的罚款与侵权的具体情况不相称，不符合《商标法》的立法目的，有失合理。

cc. 中间结论

根据案件的具体实施，50 万元的罚款数额不合理，即罚款不属于自由裁量的合理范围，因此苏州工商局没有对鼎盛公司使用合理的法律结果。

c. 中间结论

实施罚款存在实质不合法情形。

Ⅱ. 侵犯了个人权利

由于行政行为违法，损害了原告的利益，因此其个人权利受到了侵犯。

Ⅲ. 最终结论

鼎盛公司会胜诉，依据《行政诉讼法》第 77 条，法院将更改罚款数额。

五、著作权法案例 S1①

韩寒是一名中国作家，自 2003 年开始，其作品一直在中华人民共和国境内出版发行。他的图书作品很受读者欢迎，一些图书名列中国最畅销小说榜（已销售 200 多万册）。

《像少年啦飞驰》（以下简称“《像》”）是韩寒的代表作之一。2014 年 8 月，一位不知名的网友将该书电子版上传至百度文库。百度文库由北京百度网讯科技有限公司（以下简称“百度公司”）经营。百度文库是一个网络平台，百度文库的用户可以上传文档至该平台，从而任何人都可以在线免费浏览上传的文档。

此前，百度文库就曾存在侵犯其他作者的著作权的行为（涉及很多作者的图书作品，包括韩寒）。在此前的侵权事件中，韩寒曾于 2011 年作为作家代表之一就百度文库侵权一事与百度公司协商谈判损害赔偿事宜。

当韩寒发现自己的图书作品未经允许被上传到百度文库时，他分别于 2014 年 9 月和 11 月致函百度公司进行投诉，告知百度公司他的作品被上传至百度文库，要求百度公司立即删除相关作品，并要求赔偿因其作品在百度文库上被发表而造成的经济损失。

百度公司在接到韩寒的投诉信后，立即删除了上传的文档，但是拒绝支付任何赔偿。百度公司声称，其没有对网络用户上传的文档进行事先审查，但是其已经采取了措施防止侵犯著作权的行为发生：例如，已经将《像》纳入百度公司的反盗版系统中的授权图书资源库，只是由于一些原因该系统未能正常工作。

由于与百度公司协商未果，韩寒向法院起诉，要求百度公司赔偿实际经济损失 39, 800 元并补偿诉讼合理开支 4, 000 元。

问题：

韩寒的诉讼请求能否获得法院支持？

假设韩寒主张的有关经济损失的数额是准确的，并且他所主张的诉讼开支也是合理的。

---

① 改编自韩寒与北京百度网讯科技有限公司侵害著作权纠纷案（北京市海淀区人民法院〔2012〕海民初字第 5558 号民事判决书）。

结 构

Ⅰ. 请求权的法律基础

1.《著作权法》第 47 条

2.《著作权法》第 48 条第 1 项

3.《最高人民法院关于审理侵害信息网络传播权民事纠纷案件适用法律若干问题的规定》（以下简称“《规定》”）第 3 条结合《著作权法》第 48 条第 1 项

a. 信息网络

b. 网络服务提供者

c. 提供（被保护作品）

4.《规定》第 7 条第 1 款结合《著作权法》第 48 条第 1 项

a. 教唆，《规定》第 7 条第 1 款第 1 种情况、第 2 款结合《著作权法》第 48 条第 1 项

b. 帮助，《规定》第 7 条第 1 款第 2 种情况、第 3 款结合《著作权法》第 48 条第 1 项

Ⅱ. 请求权成立的前提条件

1. 受保护的作品

2. 侵犯著作权

3. 百度公司作为网络服务提供者

4. 网络服务提供者知道或者应当知道侵权行为

a. 知道

b. 应当知道

5. 中间结论

Ⅲ. 赔偿数额

Ⅳ. 结论

解决方案

Ⅰ. 请求权的法律基础

如果韩寒有权向百度公司主张损害赔偿，即拥有损害赔偿请求权，那么他的诉讼请求就会获得法院支持。

首先需要考虑的问题是，哪个法律条文可能成为损害赔偿请求权的法律基础。

1.《著作权法》第 47 条

《著作权法》第 47 条赋予了权利人主张损害赔偿的权利，这一条款或许可以成为适用于本案的请求权的法律基础。要成为本案请求权的法律基础，《著作权法》第 47 条必须能适用于本案，也即在本案中，百度公司的行为构成发表作品的行为。

《著作权法》第 58 条包含了一个法定定义。据此，出版是指作品的复制、发行。尽管这一条款明确规定这里对出版的定义是指《著作权法》第 2 条所称的“出版”，但是从这一定义中我们可以推知，在一般意义上发表是指任何将作品在公众间或人数众多的范围内传播并使这些人可以获取该作品内容的行为。《像》已经被上传至网络文库，任何人都可以在此平台上免费获取该书的内容。因此，将《像》上传至网络文库的行为，应当被认定为此处所指的发表行为。

然而，《著作权法》第 47 条第 1 项的规定可能在此并不适用。在中国的法律制度中，特别法优于一般法，这是一项基本原则。在本案中，第 47 条第 1 项的规定可能因第 48 条第 1 项的规定而被排除适用。如果第 48 条第 1 项是更为特别的法律规定，那么其就可以排除第 47 条第 1 项的适用。第 48 条第 1 项具体规定了通过信息网络向公众传播著作权人的作品的行为，即第 48 条第 1 项规定了更为特殊的情况，其排除了第 47 条第 1 项的适用。

在本案中，韩寒的作品被上传至网络平台。因此，这种发表行为满足了《著作权法》第 48 条第 1 项所规定的前提条件。因而本案适用第 48 条第 1 项而不是第 47 条第 1 项。

注解

仍有疑问的是，将《像》上传至网络文库的行为是否构成《著作权法》第47条第7项所规定的“使用他人作品”?（如果构成“使用他人作品”,《著作权法》第47条第7项就是可适用的法律基础。）尽管“使用”的字面意思包含了发表他人作品而未支付任何报酬的行为，但是对《著作权法》第47条的体系解释否定了这种观点：《著作权法》第47条第1项和第48条第1项分别规定了发表作品的行为（发表为使用他人作品的一种特别形式），如果《著作权法》第47条第7项中的“使用”一词包含了发表他人作品的行为，那么对发表行为作出特别规定就没有必要了。此外,《著作权法》第47条第6项的规定（以某种方法使用作品）表明，某种行为要构成使用作品，必须是使用了他人的作品以产生新的作品。因此,《著作权法》第47条第7项在此并不适用。

2.《著作权法》第48条第1项

《著作权法》第48条第1项可能是适用于本案的法律基础。如前所述，将《像》上传到可免费获取其内容的网络文库，于是该作品通过信息网络向公众传播。

但是，百度公司自己并没有上传《像》，其只是运营了一个网络文库，第三人可以将书籍上传到该网络文库上。需要考虑的问题是，仅仅运营一个供第三人上传文档的网络平台，是否应当被视为将文档向社会公众传播的行为?

对该问题的否定回答可以基于以下理由：第48条第1~8项所规定的都是主动侵权行为，而不包括不作为，例如没有积极阻止第三人的侵权行为。这一观点也获得了《规定》的支持。根据《规定》，当网络被用来实施侵犯著作权的行为时，在满足特定的前提条件下，网络服务提供者需要与侵权人共同承担侵权责任。如果《著作权法》第48条规定的侵权行为包括了运营网络的行为本身，那么这些补充的前提条件就会被绕过。

因此,《著作权法》第48条第1项不能单独作为适用于本案的请求权的法律基础。

3.《规定》第3条结合《著作权法》第48条第1项

《规定》第3条结合《著作权法》第48条第1项可能是适用于本案的请求权基础。上述条款要求网络服务提供者在信息网络上提供了作品。

a. 信息网络

根据《规定》第2条,《规定》所称信息网络，包括以计算机、电视机、固定电话机、移动电话机等电子设备为终端的计算机互联网、广播电视网、固定通信网、移动通信网等信息网络，以及向公众开放的局域网络。百度文库借助其操作系统构成了一个互联网络。

b. 网络服务提供者

根据《规定》，百度公司必须是互联网服务提供者，且该互联网被用于实施侵犯著作权的行为。百度在线文库由百度公司运营，因此百度公司是互联网服务提供者。

c. 提供（被保护作品）

提供某物即意味着一种行为，其相反面则是不作为。如上所述，百度公司自己并没有上传被保护作品，因此《规定》第 3 条规定的前提条件并没有被满足。

4.《规定》第 7 条第 1 款结合《著作权法》第 48 条第 1 项

根据《规定》第 7 条，网络服务提供者在提供网络服务时教唆或者帮助网络用户实施侵害信息网络传播权行为的，应承担侵权责任。

a. 教唆，《规定》第 7 条第 1 款第 1 种情况、第 2 款结合《著作权法》第 48 条第 1 项

教唆实施侵权行为是指网络服务提供者以言语、推介技术支持、奖励积分等方式诱导、鼓励网络用户实施侵害信息网络传播权的行为。

本案中，百度公司与上传被侵权作品的网络用户没有联系，对其上传被侵权作品的行为，不能产生积极的诱导、鼓励影响。考虑到其他规定的情形（言语、技术推介、奖励积分等）所产生的诱导或鼓励，单就一个在线文库的现实存在还不足以认定其构成诱导或鼓励。

因此，《规定》第 7 条第 1 款第 1 种情况、第 2 款结合《著作权法》第 48 条第 1 项的前提条件未被满足。

b. 帮助，《规定》第 7 条第 1 款第 2 种情况、第 3 款结合《著作权法》第 48 条第 1 项

根据《规定》第 7 条第 1 款第 2 种情况、第 3 款结合《著作权法》第 48 条第 1 项，网络服务提供者在提供网络服务时帮助网络用户实施侵害信息网络传播权行为的，应承担相应的责任。帮助在此是指网络服务提供者明知或者应当知道网络用户利用网络服务侵害信息网络传播权，未采取删除、屏蔽、断开链接等必要措施，或者提供技术支持等帮助行为。本案可能就属于这种情况。如此的话，《规定》第 7 条第 1 款第 2 种情况、第 3 款结合《著作权法》第 48 条第 1 项就构成了韩寒主张的损害赔偿请求的法律基础。

注解

本案中，尽管原告只提出了损害赔偿请求，但《著作权法》第48条也构成了停止侵害、消除影响、赔礼道歉等请求权的法律基础。

《民法通则》第118条和《侵权责任法》第2条第1款、第2款也规定，著作权受到侵害的，被侵权人可以要求侵权人停止侵害。因此，《民法通则》第118条和/或《侵权责任法》第2条第1款、第2款或许也可以作为该请求权的法律基础。但是，中国的法律制度中的一项基本原则是特别法优于一般法。《民法通则》是调整私法领域的一般性规则，而《侵权责任法》则规定侵犯个人权益的民事责任。

《著作权法》第48条和《规定》属于知识产权法的范畴，是私法范围内的特殊领域，其调整的是侵犯著作权的行为，著作权亦是一种特殊的个人权益。

综上所述，相较于《侵权责任法》和《民法通则》，《著作权法》和《规定》是特别法。因此，《著作权法》第48条和《规定》优先于《民法通则》第118条和《侵权责任法》第2条第1款、第2款适用。

Ⅱ. 请求权成立的前提条件

损害赔偿请求权的前提条件必须得到满足。

1. 受保护的作品

根据《著作权法》第48条第1项，《像》必须是受到著作权保护的作品。《著作权法实施条例》第2条规定，著作权法所称作品，是指文学、艺术和科学领域内具有独创性并能以某种有形形式复制的智力成果。《著作权法》第3条第1项特别规定，本法所称的作品，包括以文字形式创作的文学作品。《像》这部小说是韩寒在文学领域的智力创作成果。不论是纸质印刷版还是电子文档的形式，该小说都可以以有形的形式被复制。因此，根据《著作权法实施条例》第2条以及《著作权法》第3条第1项，《像》是《著作权法》意义上的作品。

《著作权法》第2条规定了谁的作品受到著作权保护。根据《著作权法》第2条第1款，中国公民和法人的作品，享有著作权。由于《像》是韩寒创作的，韩寒又是中国公民，因此根据《著作权法》第2条第1款，《像》受到著作权的保护。

2. 侵犯著作权

《规定》第7条第1款第2种情况、第3款要求必须存在侵犯著作权的行为。本案中，如果有人未经著作权人的允许，将其作品通过公众信息网络向公众传播，就可能构成《著作权法》第48条第1项所规定的侵权行为。

百度网络文库是一个免费的互联网平台，各种信息都被上传到该平台上，因此其应当被认定为公众信息网络。《像》的全文复制件被上传至百度文库后，任何人都可以畅通无阻地免费阅读该书。因此，这种行为使公众可以获取《像》。

根据《著作权法》第9条第1项，韩寒作为作者是著作权人。未经作者韩寒允许将《像》上传至网络已经构成《著作权法》第48条第1项所规定的侵权行为。综上所述，本案存在《规定》第7条第1款第2种情况、第3款所指的侵犯著作权的行为。

注解

请注意，《著作权法》第22条第1款第1～12项以及第23条规定，某些情况下即使存在《著作权法》第47条和第48条的行为也不构成对著作权的侵犯。

但是本案中，《著作权法》第22条和第23条的前提条件明显不能得到满足。

根据《著作权法》第24条或第25条，可以认为韩寒会与潜在的其作品的使用者签订书面的合同，以授权传播他的作品。

3. 百度公司作为网络服务提供者

根据《规定》，百度公司必须是被用于实施侵犯著作权行为网络的网络服务提供者。因为百度公司负责运营百度文库，所以百度公司是《规定》第7条第1款第2种情况、第3款意义上的网络服务提供者。

4. 网络服务提供者知道或应当知道侵权行为

《规定》第7条第1款第2种情况、第3款要求百度公司知道或应当知道侵权行为。根据《规定》第8条，网络服务提供者的过错包括对于网络用户侵害信息网络传播权行为的明知或者应知。

a. 知道

韩寒曾向百度公司发过两封投诉信。在信中他指出《像》已经被上传至百度文库。韩寒作为《像》的著作权人，通过这种确有证据的警告向百度公司告知了侵犯著作权的事实情况。如果百度公司没有采取诸如删除侵权内容以及在知悉侵权事实后消除侵权行为造成的影响等措施，则存在过错。本案中，百度公司收到韩寒的投诉信后，立即删除了被上传的《像》的复制文档。在此之前，百度公司对侵权事实并不知情。

b. 应当知道

有疑问的是，百度公司是否尽到了合理的注意义务以避免对《像》的未经授权的上传？百度公司有义务在其管理能力范围内及其职责范围内采取必要的防止侵权行为的措施。这里的关键是，网络服务提供者须在多大程度上承担注意义务取决于具体的个案。

根据《规定》第9条，人民法院应当根据网络用户侵害信息网络传播权的具体事实是否明显，综合考虑以下因素，认定网络服务提供者是否构成应知：

（1）基于网络服务提供者提供服务的性质、方式及其引发侵权的可能性大小，应当具备的管理信息的能力；

（2）传播的作品、表演、录音录像制品的类型、知名度及侵权信息的明显程度；

（3）网络服务提供者是否主动对作品、表演、录音录像制品进行了选择、编辑、修改、推荐等；

（4）网络服务提供者是否积极采取了预防侵权的合理措施；

（5）网络服务提供者是否设置便捷程序接收侵权通知并及时对侵权通知作出合理的反应；

（6）网络服务提供者是否针对同一网络用户的重复侵权行为采取了相应的合理措施；

（7）其他相关因素。

就本案而言，作者及其作品的知名度、侵权行为的可预见性以及网络服务提供者的状况都是需要考虑的因素。韩寒已有十余年的图书出版经历，他的作品深受大众的欢迎，其中的一些作品已累计销售超过200万册。另外，此前在百度文库上已经发生过侵犯韩寒其他作品著作权的行为。在此前的侵权事件中，韩寒作为作家代表之一就百度文库侵权一事与百度公司协商谈判损害赔偿事宜，百度公司理应预见新的侵权行为可能发生。

鉴于这些情况，百度公司对涉及韩寒作品的事宜应当承担较高的注意义务。尽管百度公司并不承担对上传文档内容的事先审查义务，但这并不能说明百度公司就可以只是在被动地接收到侵权行为告知后才采取紧急措施。相反，百度公司有义务定期检查上传的文档是否是侵犯著作权的文档，并保证其反盗版系统的正常运行。

百度公司并没有实施上述行为，存在过错。因此，百度公司没有履行其应尽的注意义务。

5. 中间结论

综上所述，依据《规定》第7条第1款第2种情况、第3款并结合《著作权法》第48条第1项百度公司应承担法律责任。

Ⅲ. 赔偿数额

赔偿数额需要按照《著作权法》第49条第1款第1句的规定进行计算。根据这一条款，赔偿数额需要按照韩寒实际遭受的损失或者（在实际损失难以计算时）侵权人的违法所得进行计算。根据案件事实，韩寒遭受实际经济损失39,800元。

此外，《著作权法》第49条第1款第2句规定，赔偿数额还应当包括权利人为制止侵权行为所支付的合理开支。根据案件事实，韩寒为制止侵权行为支付了4,000元，这笔费用可以被认定为合理开支。

因此，韩寒有权要求百度公司支付43,800元。

Ⅳ. 结论

综上所述，韩寒有权要求百度公司支付损害赔偿金43,800元。韩寒的诉讼请求会得到法院支持。

六、著作权法案例 S2

福建卫星电视有限公司（以下简称“F 公司”）在中国运营一家广播电视电台。该公司的办公地址注册在福州市。自 2005 年，F 公司开始在每周四晚间 20:15至 21:45 播放一个电视节目。这是一档名为“七十胜”的益智答题类节目。在此之前，X 先生于 2004 年开发了这一益智答题节目的编写概念，X 先生不是 F 公司的员工。X 先生就其编写概念与好几家电视台进行接洽，最终选择与 F 公司订立作品许可使用合同。在该合同中，X 先生授予 F 公司使用其作品的专有使用权（包括广播、复制、发行该电视节目或该电视节目之一部分)，并规定了 F 公司应当支付给 X 先生的报酬标准。

根据“七十胜”益智答题节目的编写概念，参赛选手需要回答涉及不同领域知识的问题。这些问题采用每轮问答难度逐渐提升的方式进行编辑。因此在一开始，参赛选手需要回答的问题较为简单，但是随着节目中问答环节的增加，选手们将需要面对越来越难的问题。根据编写概念，这一节目需要汇编 2000 多个问题。参赛选手可以自己控制比赛输赢的机会。在答题节目一开始，每个参赛选手都会获得 20, 000 元的“种子资金”。在每个问题提问开始前，每一位参赛选手需要选择其本次提问“种子资金”的数额。如果回答正确，选择的数额会计入参赛者的账户。但是，如果回答错误，选择的数额就会从参赛者账户扣除。账户中首先累计达到 70, 000 元的参赛者将赢得本场比赛。

F 公司的益智答题节目在每个细节上都严格遵循编写概念，包括比赛规则和问题目录。在节目放送中，F 公司设计了一个拥有特定外形和色彩组合的电视节目演播室，并聘请了一位著名益智问答节目主持人，该主持人因在这一问答节目中特有的主持方式而迅速出名。这些因素使该益智答题电视节目在公众中产生了特定的可识别性。因此，该益智答题电视节目广受欢迎，并且好评不断。该节目收视率在 15% 左右。总之，有一半的中国电视观众知道 F 公司这一节目的名字和该节目是由 F 公司播放的。

在这一节目播放了几年后，桌上游戏公司南京新月新彩色包装有限公司（以下简称“N 公司”）向市场推出了一款桌上游戏。未经 F 公司授权，该桌上游戏在发行时采用了与 F 公司益智问答节目相同的名称（“七十胜”)。在设计理念上，该桌上游戏也与 F 公司电视节目的编写概念完全一致。N 公司更是采用了 F

公司电视节目编写概念中所采用的问题目录。此外，该桌上游戏没有使用F公司电视节目中的任何可识别性视觉元素，只是由廉价原料组合而成，因此外观形状不良。

F公司希望停止发行标有“七十胜”名称的桌上游戏。因此，F公司向人民法院提起诉讼。法院受理了此案。

F公司的诉讼请求能够得到法院支持吗？

结 构

Ⅰ. 著作权法

1. 请求停止侵权

a. 诉讼请求的法律基础

b. 诉讼请求的前提条件

aa. 受保护的作品

（1）两种可能的保护客体

（2）益智问答的编写概念本身

（3）益智问答电视节目“七十胜”

（4）中间结论

bb. F公司作为著作权人或拥有个人权利的权利人

（1）成为著作权人的资格

（2）益智问答节目编写概念的著作权归属

i. 《著作权法》第11条第1款下的著作权归属

ii. 《著作权法》第11条第3款下的著作权归属

iii. 《著作权法》第16条第2款下的著作权归属

iv. 使用权归属

v. 中间结论

（3）电视节目“七十胜”的著作权归属

（4）中间结论

cc. N公司侵犯著作权的行为

（1）侵犯益智问答编写概念的著作权

（2）侵犯电视节目“七十胜”的著作权

i. 《著作权法》第47条第5项的侵权行为

ii. 《著作权法》第47条第6项的侵权行为

（3）中间结论

dd. 诉讼请求没有被排除

c. 中间结论

2. 结论

Ⅱ. 商标法

1. 请求停止侵权

a. 诉讼请求的法律基础

aa. 在《商标法》中该诉讼请求没有明确的法律基础

bb. 中间结论

b. 诉讼请求的前提条件

aa. 受保护的商标

bb. 中间结论

2. 结论

解决方案

Ⅰ. 著作权法

1. 请求停止侵权

如果F公司有权要求N公司停止发行桌上游戏，则该诉讼请求就能够获得法院支持。如果该诉讼请求有法律基础，并且该法律基础规定的所有前提条件均获得满足，则F公司对于要求N公司停止发行桌上游戏就有请求权。

a. 诉讼请求的法律基础

根据《著作权法》第47条，有侵犯著作权行为的，侵权人应当承担停止侵害等民事责任。因此，该诉讼请求的法律基础是《著作权法》第47条。

注解

《民法通则》第118条和《侵权责任法》第2条第1款和第2款也规定，著作权受到侵害，被侵权人可以要求侵权人停止侵害。因此，《民法通则》第118条和/或《侵权责任法》第2条第1款和第2款或许也可以作为该诉讼请求的法律基础。但是，中国法下的一般规则是，特别法优于普通法。由于《民法通则》是针对整个民法领域的一般性规则，而《侵权责任法》则是专门针对侵害他人民事权益而产生的民事责任的规则。《著作权法》第47条属于知识产权法，它是民法特别法，专门针对著作权侵权行为，即侵犯当事人特别内容的民事权益的行为。

综上，相比《侵权责任法》和《民法通则》而言，《著作权法》是特别法。因此，《著作权法》第47条优先于《民法通则》第118条和《侵权责任法》第2条第1款和第2款予以适用。

b. 诉讼请求的前提条件

该诉讼请求必须满足的前提条件是，F公司是受保护作品的著作权人，并且N公司侵犯了F公司的著作权。

aa. 受保护的作品

根据《著作权法》第47条，“七十胜”必须被认定为受到著作权保护的作品。

（1）两种可能的保护客体

首先需要考查的问题是，“七十胜”作品应当被认定为哪种形式的智力创作，因此有资格获得著作权保护。在本案中，需要考虑著作权保护的两种可能的客体。一方面，是“七十胜”益智问答的编写概念，即问题汇编以及竞赛规则

（该游戏规则适用于不同参赛选手之间的竞猜比赛，参赛选手需要自己谋划能够确保有效积累资金从而赢得比赛的竞赛策略）。这一概念本身可能是一个受保护的作品。另外一方面，是具体的益智问答电视节目版式“七十胜”，这是对于问答竞赛概念和问题汇编的具体实施，这也可能是一个受保护的作品。问题是，这两种智力创作是否是著作权保护的客体取决于它们是否应被认定为《著作权法》第2条和第3条意义上的“作品”。

（2）益智问答的编写概念本身

由问题汇编和竞赛规则组成的益智问答编写概念，可能被认定为《著作权法》第2条和第3条意义上受著作权保护的作品。

根据《著作权法实施条例》第2条，著作权法所称作品，是指文学、艺术和科学领域内具有独创性并能以某种有形形式复制的智力成果。因此，具有独创性是作品的重要构成要件。但是，著作权法并没有清楚界定具有独创性所必须满足的条件。一般而言，在认定作品具有独创性上，法院需要采用较高的标准。存在疑问的是，这一益智问答的编写概念是否具有独创性。益智问答编写概念的核心思想是参赛者需要回答不同问题，这些问题随竞赛过程的深入而难度逐渐提升。因此，汇编了很多不同问题，并且采用了问题难度逐渐提升的设计，都是编写概念的一部分。尽管每一道问题既不特殊，也不个别，因此不应该被认定为智力创作，但是这些问题是被精心设计并汇编在一起的，而且其在汇编中遵循了特定规则（例如问题的难度逐渐提升并且考虑到主题的平衡）。此外，问题目录是被嵌入到整个游戏竞赛体系中的，而且若干问答游戏竞赛参赛者之间的竞争是这一竞赛体系的基础。游戏竞赛的具体规则（例如参赛选手可以累积资金，并且还设定了获胜者必须满足的金额要求）也存在独特性，从而使其编写概念区别于其他益智问答节目。对问题进行汇编，并且依循特定规则将这些问题嵌入到游戏竞赛中，足以说明益智问答的编写概念具有独创性，应当被认定为智力创作，因此构成《著作权法》第3条和《著作权法实施条例》第2条意义上的作品。从编写概念的构成要素来看，它包含一定的娱乐性内容，因此可以被认定为《著作权法》第3条和《著作权法实施条例》第2条所规定的艺术作品。

其次，《著作权法实施条例》第2条要求作品必须能够以某种有形形式复制。根据《著作权法》第3条第1项，文字作品受著作权法保护。《著作权法实施条例》第4条第1项规定，文字作品，是指小说等以文字形式表现的作品。益智问答游戏“七十胜”的具体编写概念已经写成剧本，这一剧本包括问题以及具体的游戏情节设计。因此，文字版的益智问答游戏编写概念应当被认定为《著作权法》第2条和第3条所规定的作品。

注解

请注意包括具体问题以及游戏规则的书面剧本也应当受著作权保护，因为它满足《著作权法实施条例》第2条要求的能够以某种有形形式复制的要求。不同于已经写成书面形式的剧本，有关益智问答的抽象想法不能够以有形形式予以复制，因此不受著作权保护。

再次，根据《著作权法》第2条第1款，中国公民、法人的作品，依照本法享有著作权。创作了编写概念的X先生是中国公民，同时F公司是一个有限责任公司，根据《公司法》第2条和第3条第1句，F公司是中国法人。因此，无须回答谁是作品的著作权人的问题，因为无论如何该作品都应当受到著作权保护。

(3) 益智问答电视节目“七十胜”

电视上播放的益智问答节目“七十胜”也可能依据《著作权法》第3条享有著作权保护。根据《著作权法实施条例》第2条，著作权法所称作品，是指文学、艺术和科学领域内具有独创性并能以某种有形形式复制的智力成果。因此，具有独创性是作品的重要构成要件。存在疑问的是，益智问答节目“七十胜”是否具有独创性，还是它只能被视为节目编写概念的复制品。一方面，电视节目不经更改地完全采用了问题目录以及参赛者的竞赛规则。另外一方面，为了制作并播放该电视节目，F公司设计了一个拥有特定外形和色彩组合的电视节目演播室，从而使该电视节目具有可识别性。此外，节目主持人采用了特殊的主持风格，这也是该电视节目的一个特点。因此，电视播放采用特别方式呈现益智问答的编写概念，这使得电视节目“七十胜”本身具有足够的独创性，可以独立于原始作品而被认定为智力创作。

其次，《著作权法实施条例》第2条要求作品必须能够以某种有形形式复制。根据《著作权法》第3条第6项，电影作品和以类似摄制电影的方法创作的作品，受到著作权保护。《著作权法实施条例》第4条第11项将“电影作品和以类似摄制电影的方法创作的作品”界定为摄制在一定介质上，由一系列有伴音或者无伴音的画面组成，并且借助适当装置放映或者以其他方式传播的作品。因此，像“七十胜”这样的电视节目和电视游戏属于《著作权法》第3条第6项规定的电影作品。

再次，根据《著作权法》第2条第1款，中国公民、法人的作品，依照本法享有著作权。如前所述，《著作权法》第2条第1款所规定的前提条件均已获得满足。因此，根据《著作权法》第2条第1款，电视益智问答节目“七十胜”受著作权保护。

（4）中间结论

综上，作为文字作品的节目编写概念和以节目编写概念为基础的，作为电影作品的益智问答电视节目“七十胜”，都是受著作权保护的作品。

bb. F公司作为著作权人或拥有个人权利的权利人

只有当F公司是益智问答编写概念和/或电视节目“七十胜”的著作权人，或者是拥有著作权相关个人权利的权利人时，F公司才可以在著作权受到侵害后提出诉讼请求。因此问题是，F公司是否是上述著作权人或权利人呢？

> **注解**
>
> 由于益智问答编写概念和电视节目“七十胜”是两个独立的作品，对于谁是作品著作权人的问题需要针对两个作品分别回答。

（1）成为著作权人的资格

只有当F公司有成为著作权人的资格时，F公司才能拥有著作权。根据《著作权法》第9条第1款第1项，著作权人包括作者。根据《著作权法》第11条第2款，创作作品的公民是作者。但是F公司显然不是公民。

根据《著作权法》第9条第1款第2项，著作权人也包括其他依照著作权法享有著作权的公民、法人或者其他组织。F公司是以有限责任公司形式成立的公司。根据《公司法》第3条第1句，有限责任公司是公司法人。由于F公司的注册办公地为北京（参见《公司法》第2条），其符合中国法人实体的要求，因此有资格成为著作权人。

（2）益智问答节目编写概念的著作权归属

存在问题的是，对于益智问答编写概念而言，F公司是否是其著作权人或对其拥有著作权相关个人权利的权利人。

i.《著作权法》第11条第1款下的著作权归属

根据《著作权法》第11条第1款，F公司或许是著作权人。《著作权法》第11条规定，著作权属于作者，本法另有规定的除外。《著作权法》第11条第2款特别规定，创作作品的公民是作者。因此，X先生应当被认定为作者。益智问答节目的编写概念来自于X先生。因此，如果《著作权法》第11条第1款适用的话，那么X先生应当被认定为作者，也应当被认定为著作权人。

ii.《著作权法》第 11 条第 3 款下的著作权归属

但是，《著作权法》第 11 条第 3 款的规定构成了第 11 条第 1 款规则的一个例外。根据《著作权法》第 11 条第 3 款，由法人或者其他组织主持，代表法人或者其他组织意志创作，并由法人或者其他组织承担责任的作品，法人或者其他组织视为作者。但是在本案中，在与几家电视台进行接洽并最终与 F 公司订立作品许可使用合同之前，X 先生就开发了这一益智答题节目的编写概念。因此，X 先生不是代表 F 公司的意志进行创作的。因此，《著作权法》第 11 条第 3 款的前提条件并未获得满足，不能适用《著作权法》第 11 条第 3 款来排除第 11 条第 1 款的适用。

iii.《著作权法》第 16 条第 2 款下的著作权归属

《著作权法》第 16 条第 2 款也可能成为第 11 条第 1 款的一个例外。根据《著作权法》第 16 条第 2 款，履行职务过程中创作的作品，著作权由雇主法人享有（作者享有署名权）。但是，要构成这一例外，《著作权法》第 16 条第 2 款必须可以适用于本案。如前所述，X 先生不是 F 公司的工作人员，因此，《著作权法》第 16 条第 2 款不适用于本案。综上，X 先生是作品的著作权人。

iv. 使用权归属

但是，F 公司或许从 X 先生那里获得了益智问答编写概念的使用权。作者可以通过订立许可使用合同（参见《著作权法》第 24 条）或者著作权转让合同（参见《著作权法》第 25 条）授权第三人使用其作品。根据案件事实，X 先生已经与 F 公司订立了许可使用合同，授权 F 公司对于其作品的专有使用权。在该合同中，X 先生授予 F 公司使用其益智问答编写概念的专有使用权。因此，F 公司获得了可以专有使用益智问答编写概念的个人权利。

v. 中间结论

综上，F 公司并不是益智问答编写概念的著作权人，却是对该作品拥有专有使用权的权利人。N 公司的行为可能会侵害 F 公司对于该作品的专有使用权。

（3）电视节目“七十胜”的著作权归属

存在问题的是，对于电视节目“七十胜”而言，F 公司是否是其著作权人或对其拥有著作权相关个人权利的权利人。根据《著作权法》第 11 条第 1 款规定，著作权属于作者，本法另有规定的除外。尽管案件事实没有清楚说明谁开发制作了这一电视节目，但是 F 公司显然是一个法人，而不是公民。因此，按照《著作权法》第 11 条第 2 款的规定，F 公司不可能构成作品的创作人。

但是，《著作权法》第11条第3款的规定构成了第11条第2款规则的一个例外。根据《著作权法》第11条第3款，由法人或者其他组织主持，代表法人或者其他组织意志创作，并由法人或者其他组织承担责任的作品，法人或者其他组织视为作者。尽管案件事实没有清楚说明谁开发制作了这一电视节目，但是可以假定这一电视节目是受到F公司资助并按照F公司的指导制作的。此外，制作这一电视节目的意向也来自于F公司。因此，根据《著作权法》第11条第3款，F公司是这一电视节目的作者，因此是该作品的著作权人。

问题是，《著作权法》第15条第1款的规定是否会改变这一结论。根据《著作权法》第15条第1款，电影作品的著作权由制片者享有。由于F公司是一家电视节目制作公司，是电视节目制作人员的用人单位，也是节目制作材料的所有人，因此F公司应当被认定为该电视节目的制作人。因此，即使根据《著作权法》第15条第1款，F公司也是该电视节目的著作权人。

（4）中间结论

综上，F公司是电视节目“七十胜”的著作权人，也是对作为该电视节目基础的益智问答编写概念拥有专有使用权的权利人。

cc. N公司侵犯著作权的行为

《著作权法》第47条要求N公司必须存在侵犯著作权的行为。

> **注解**
>
> 由于益智问答编写概念和电视节目“七十胜”是两个不同的作品，对于是否存在侵犯著作权的行为的问题，需要针对两个作品分别回答。

（1）侵犯益智问答编写概念的著作权

首先，作为对益智问答编写概念拥有专有使用权的权利人，F公司的权利可能受到侵害。由于F公司并不享有益智问答编写概念的全部著作权，只拥有使用该作品的权利，因此侵权行为只存在于《著作权法》第47条第6项所规定的行为之中。根据《著作权法》第47条第6项，侵权人必须未经著作权人许可，以改编等方式使用了著作权人的作品。因此问题在于，N公司的行为是否构成以改编方式使用了F公司的作品。《著作权法》第10条第14项对“改编”进行了界定，改编是指改变作品，创作出具有独创性的新作品的行为。因此，《著作权法》第47条第6项表明，只有当侵权人改变作品，创作出具有独创性的新作品时，才构成本条款所说的使用作品的行为。N公司借鉴了“七十胜”节目的基本构想，并将其基本构想应用到桌上游戏中，因此与电视节目“七十胜”一样，N公司的桌上游戏也以益智问答编写概念中的问题目录和游戏规则为基础。通过这种方法，N 公司创作出了新作品。因此，N 公司的行为构成以改编方式使用益智问答编写概念的行为。

其次，N 公司必须未经著作权人许可，使用了该作品。如前所述，X 先生是益智问答编写概念的著作权人。但是在本案中还需要考虑的是，X 先生已经将其作品的专有使用权授权给 F 公司。《著作权法实施条例》第 24 条规定，被许可人有权排除包括著作权人在内的任何人以同样的方式使用作品。从该条款可以得出结论，F 公司对于作品拥有专有使用权，因此使用该作品必须取得 F 公司的同意而不是著作权人的同意。由于 F 公司并未同意 N 公司使用益智问答编写概念，N 公司的使用行为未获得权利人允许。

因此，N 公司的行为构成《著作权法》第 47 条第 6 项的侵权行为。

（2）侵犯电视节目“七十胜”的著作权

此外，N 公司的行为还可能侵害了 F 公司对于电视节目“七十胜”的著作权。N 公司必须未经著作权人许可，使用了该作品。如前所述，X 先生是益智问答编写概念的著作权人。但是在本案中还需要考虑的是，X 先生已经将其作品的专有使用权授权给 F 公司。《著作权法实施条例》第 24 条规定，被许可人有权排除包括著作权人在内的任何人以同样的方式使用作品。从该条款可以得出结论，F 公司对于作品拥有专有使用权，因此使用该作品必须取得 F 公司的同意而不是著作权人的同意。由于 F 公司并未同意 N 公司使用益智问答编写概念，N 公司的使用行为未获得权利人允许。

i.《著作权法》第 47 条第 5 项的侵权行为

因为将电视节目的构想使用在桌上游戏上，N 公司的行为可能已经构成《著作权法》第 47 条第 5 项所规定的剽窃他人作品的行为。从《著作权法》第 47 条第 5 项和第 6 项的不同规定来看，剽窃行为不同于使用作品的行为。如前所述，改变作品，创作出具有独创性的新作品的行为属于使用作品的行为。由此可知，剽窃行为的显著特征在于，不作任何改变地使用他人作品，并且不说明作品是他人所创作的。在本案中，N 公司并非不作任何改变地使用该电视节目。只有当 N 公司播放了电视节目“七十胜”的任何一期，并且假装是该电视节目的制作人时，N 公司的行为才构成侵犯著作权的行为。然而，N 公司仅仅使用了电视节目“七十胜”的编写概念来创作桌上游戏。因此，N 公司的行为并没有剽窃电视节目“七十胜”，不构成《著作权法》第 47 条第 5 项规定的侵权行为。

ii.《著作权法》第 47 条第 6 项的侵权行为

N 公司的行为可能构成《著作权法》第 47 条第 6 项所规定的使用电视节目“七十胜”的行为。如前所述，只有当 N 公司未经允许使用该电视节目，并且创作出具有独创性的新作品时，才构成本条款所说的使用作品的行为。N 公司借鉴了“七十胜”节目的基本构想，并将其基本构想应用到桌上游戏中，因此与电视节目“七十胜”一样，N 公司的桌上游戏也以益智问答编写概念中的问题目录和游戏规则为基础。如前所述，作为电视节目之基础的益智问答编写概念，应当被认定为不同于电视节目的独立作品。N 公司使用了该编写概念。N 公司仅仅使用了该编写概念来创作其桌上游戏，却并没有使用电视节目作品的特别要素（例如，演播室的设计等）。因此，N 公司只使用了益智问答编写概念来创作桌上游戏，而并没有使用电视节目来创作其桌上游戏。综上，就电视节目“七十胜”而言，N 公司的行为并不构成《著作权法》第 47 条第 6 项所规定的侵权行为。

（3）中间结论

因此，N 公司的行为侵犯了 F 公司对于作为电视节目“七十胜”基础的益智问答编写概念的专有使用权。

dd. 诉讼请求没有被排除

该诉讼请求必须没有被排除。根据《最高人民法院关于审理著作权民事纠纷案件适用法律若干问题的解释》第 28 条第 1 句，侵犯著作权的诉讼时效为两年，自著作权人知道或者应当知道侵权行为之日起计算。

但是，《最高人民法院关于审理著作权民事纠纷案件适用法律若干问题的解释》第 28 条第 2 句规定，上述两年的诉讼时效并不适用于侵权行为在起诉时仍在继续的情况。由于 N 公司至今一直在发行桌上游戏，因此两年的诉讼时效不适用于本案。因此，没有必要判断 F 公司是否在两年内提起了诉讼，因为无论如何 F 公司的起诉都没有超过诉讼时效，其诉讼请求没有被排除。

c. 中间结论

综上，该诉讼请求的前提条件均已获得满足。

2. 结论

F 公司有权要求 N 公司停止发行桌上游戏。因此，F 公司的诉讼请求能够得到法院支持。

Ⅱ. 商标法

1. 请求停止侵权

如果F公司对于要求N公司停止发行名为“七十胜”的桌上游戏拥有请求权，则F公司的诉讼请求就能够得到法院支持。如果该诉讼请求有法律基础，并且该法律基础规定的所有前提条件均获得满足，则F公司对于要求N公司停止发行桌上游戏就有请求权。

a. 诉讼请求的法律基础

aa. 在《商标法》中该诉讼请求没有明确的法律基础

《商标法》中没有明确的法律条文可以作为要求停止侵权的诉讼请求的法律基础。要求停止侵权的诉讼请求的法律基础只能在民法通则和侵权法中寻找。根据《侵权责任法》第2条第1款，侵害民事权益，应当依照本法承担侵权责任。《侵权责任法》第2条第2款特别规定，注册商标专用权属于《侵权责任法》第2条第1款所说的民事权益。但是《侵权责任法》第2条第1款只是一般性地规定侵权人应当承担民事责任，并未具体说明被侵权人可供选择的救济方式。《侵权责任法》第15条第1项规定，承担侵权责任的方式包括停止侵害。

因此，《侵权责任法》第2条第1款和第2款，以及《侵权责任法》第15条第1项是原告要求停止商标侵权行为的诉讼请求的法律基础。

bb. 中间结论

该项要求停止商标侵权的诉讼请求的法律基础为，《侵权责任法》第2条第1款和第2款，以及《侵权责任法》第15条第1项。

b. 诉讼请求的前提条件

该诉讼请求的前提条件是，F公司对于商标享有专有使用权，并且该商标专用权被N公司的行为所侵害。

aa. 受保护的商标

首先，电视节目“七十胜”的名称必须构成《商标法》第3条第1款第1句意义上的商标。根据这一条款，商标包括商品商标、服务商标、集体商标、证明商标。电视节目名称属于服务商标。存在的问题是，这一商标的专有使用权是否受法律保护。

根据《商标法》第3条第1款第2句，只有商标注册人享有商标专用权，受法律保护。根据案件事实，电视节目名称“七十胜”并未在商标局注册，也并未被核准专有使用在F公司的益智问答电视节目上。因此，电视节目名称“七十胜”不是注册商标。从《商标法》第13条第2款可知（根据《商标法实施条例》第2条，该条款也适用于服务商标），只有当未经注册的商标为驰名商标时，才受到法律保护。并且，只有当商标被使用在相同或相似的服务上时才受到法律保护。

在本案中，可以假定电视节目名称“七十胜”是驰名商标，但无论它是不是驰名商标都不会改变判决结果，因为N公司没有将这一名称使用在相同或相似的商品上。F公司将这一名称使用在电视节目上，但是N公司将这一名称使用在桌上游戏上。因为二者属于不同商品类别，《商标法》第13条第2款所规定的前提条件没有获得满足。因此，未经商标注册的名称“七十胜”不受《商标法》保护。

bb. 中间结论

综上，该诉讼请求的前提条件没有获得满足。

2. 结论

F公司不能依据《商标法》主张对于名称“七十胜”的商标专有使用权，无权要求N公司停止发行名为“七十胜”的桌上游戏。因此，基于商标法，该诉讼请求不能获得法院支持。

注解

此外，存在的问题是，F公司是否在商标法意义上使用了名称“七十胜”。使用名称意在将一部作品与其他作品区分开来，作品名称往往并不包含任何涉及制片人或作者的信息。因此，只有当名称不仅描述了要播放的作品本身，而且基于经济效用和商业目的也指明了F公司作为该节目的幕后播放公司时，才会考虑名称“七十胜”的商标专用权保护问题。但是，根据案件事实，有一半的中国电视观众知道F公司这一节目的名字和该节目是由F公司播放的，因此N公司在桌上游戏上使用该名称可能给公众带来误导。这样的论证假设F公司使用了《商标法》意义上的名称。

七、著作权法案例 S3[①]

胡进庆和吴云初（原告）自 1981 年起就是上海电影集团有限公司（被告）的雇员。他们之间没有书面的雇佣合同，就原告创作的电影和人物的著作权问题也没有相应的合同约定。20 世纪 80 年代被告委托原告创作动画片电视连续剧“葫芦兄弟”的人物形象，题目和动画片中的情节都是被告确定的，被告还设定了设计主要人物的几个标准要求原告必须遵守。两位原告共同创造了“葫芦兄弟”卡通人物的形象，最初的形式只是图画。这些卡通人物是该动画片的特色，是与其他动画片的区别之处。工作完成后，被告全面享有将其用于制作动画片的权利，动画片播出后，主要提到了被告作为制作公司的名字，而原告只是制作团队的成员，并未具体提到名字。

近期，被告向原告称，自己作为“葫芦兄弟”的著作权人考虑对这些卡通人物采取新的市场措施。于是原告向人民法院提起诉讼，要求法院确认他们才是动画片“葫芦兄弟”中人物形象的著作权人。

问题：

原告会胜诉吗？

---

① 由真实案例改编，参见上海第二中级人民法院〔2011〕民五庭（著作权）第 62 号民事判决书。

结 构

Ⅰ. 诉讼的合法客体

Ⅱ. 原告作为著作权的所有权人

1. 受保护的作品

a. 法律适用的时间范围

b. 法律适用的实质范围

c. 中间结论

2. 原告作为著作权人

a. 《著作权法》第 11 条第 1 款

b. 《著作权法》第 11 条第 3 款

c. 《著作权法》第 16 条第 2 款

aa. 《著作权法》第 16 条第 2 款情形（一）

bb. 《著作权法》第 16 条第 2 款情形（二）

i. 《著作权法》第 16 条第 2 款情形（二）的可适用性

ii. 《著作权法》第 16 条第 2 款情形（二）的前提条件

cc. 中间结论

d. 《著作权法》第 15 条第 1 款

e. 中间结论

3. 中间结论

Ⅲ. 结论

解决方案

如果胡进庆和吴云初要求确认著作权的请求可以作为诉的客体，并且他们确实是卡通人物“葫芦兄弟”的著作权人，那么他们就可以胜诉。

Ⅰ. 诉讼的合法客体

首先，原告要求确认自己著作权的请求必须是法律之诉的合法客体。本案中原告提出的并不是一项实质的诉求，而只是要求法院确认自己才是“葫芦兄弟”的著作权人，因此，需要考虑这样一种确认之诉是否可行。

对于确认之诉，《民事诉讼法》和《著作权法》都没有明确的规定。《著作权法》第 47、48 条只规定了著作权受到侵犯时可提起的诉讼请求，这些诉讼请求的唯一前提是原告必须是作品的著作权人，因此也是需要首先解决的问题。但是《最高人民法院关于审理著作权民事纠纷案件适用法律若干问题的解释》第 1 条列举了人民法院可受理的与著作权有关的纠纷。该解释第 1 条第 1 项将著作权权属与著作权侵权进行了区分，从该区分可以得到如下结论：即使侵权尚未发生，仍可提起诉讼，这种诉讼的客体可以只是确认著作权的所有人。因此，《最高人民法院关于审理著作权民事纠纷案件适用法律若干问题的解释》第 1 条第 1 款表明可以存在确认之诉（确认著作权的所有人）。

上述结论也有《著作权法》的立法宗旨作为支持。根据《著作权法》第 1 条，该法的目的是有效地保护著作权。不仅可以对已发生的侵权行为要求赔偿，还能够避免可能发生的侵权行为，这样的保护才是最有效的。而可行的途径就是通过确认之诉澄清著作权的所有权人。另外《著作权法》第 50 条还允许对可能发生的侵权行为采取法律措施，这表明《著作权法》的立法宗旨涵盖了在著作权侵权行为发生之前就提供法律保护的情况，因此如果权利人的合法权益可能受到侵犯，就可以提起诉讼。本案中被告向原告称自己将是著作权人，这一行为涉及原告的合法权益，因此有权要求澄清著作权的归属。

结论，原告要求通过法院的确认判决确定自己的著作权可以构成法律上诉讼的合法客体。

Ⅱ. 原告作为著作权的所有权人

只有原告是卡通人物“葫芦兄弟”的著作权所有权人，原告才可能胜诉。前提是“葫芦兄弟”是受《著作权法》保护，并且依据该法第11～19条著作权属于原告。

1. 受保护的作品

首先，“葫芦兄弟”里的卡通人物必须是受《著作权法》保护的作品。

a. 法律适用的时间范围

本案中的动画片即卡通人物在80年代就已被创作，而《著作权法》1991年6月1日才生效，因此需要考虑该法适用的时间范围。根据《著作权法》第60条第1款规定，1991年6月1日之前创作的作品，在该法施行之日尚未超过该法规定的保护期的，依照该法予以保护。

著作权的保护期规定在《著作权法》第20、21条中，第20条规定作者的署名权、修改权、保护作品完整权的保护期不受限制。第21条第1款规定著作权的其他权利的保护期为作者终生及其死亡后五十年，截止于最后死亡的作者死亡后第五十年的12月31日。该条第2款规定，如果著作权属于法人，那么保护期为五十年，截止于作品首次发表后第五十年的12月31日。

两位作者1991年时还健在，自作品首次发表也还不到五十年，因此在这个阶段尚不必考虑是作为自然人的原告享有著作权还是作为法人的被告享有著作权，因为无论是何种情况，《著作权法》生效时作品的著作权尚未失效。

因此，根据《著作权法》第60条第1款，该法提供的保护适用于本案。

b. 法律适用的实质范围

为得到《著作权法》的保护，“葫芦兄弟”卡通人物应当是《著作权法》意义上的作品。《著作权法实施条例》第2条对此解释道，著作权法所称作品，是指文学、艺术和科学领域内具有独创性并能以某种有形形式复制的智力成果。无论是录制电视动画片还是设计动画片中的“葫芦兄弟”，都是需要想象和创新的脑力创作行为，二者都可以被归类为有形的艺术作品，这里不需要考虑的是只有动画片享有著作权还是“葫芦兄弟”才是这里著作权的基础，因为二者都符合《著作权法实施条例》第2条对作品的定义。

另外，根据《著作权法》第2条第1款，只有中国公民、法人或其他组织的作品才享有著作权，本案中卡通人物的创作者是中国公民，上海电影集团作为一家有限责任公司根据《公司法》第2条、第3条第1句也是中国的法人，因此该作品受著作权法的保护。

c. 中间结论

根据《著作权法》，该作品享有著作权。

2. 原告作为著作权人

需要考虑的问题是，原告是否是《著作权法》第 11 条及其后几条中规定的著作权人，即作者。

a. 《著作权法》第 11 条第 1 款

《著作权法》第 11 条第 1 款规定著作权属于作者，本法另有规定的除外。该条第 2 款接着明确，创作作品的公民是作者。“葫芦兄弟”的人物形象是有原告创作的，因此原告是作品的作者。

因此，除非《著作权法》另有规定，原告是作品的作者，根据《著作权法》第 13 条第 1 款，作为合作作者共同享有作品的著作权。

b. 《著作权法》第 11 条第 3 款

除了《著作权法》第 11 条第 1 款的基本规则，该条第 3 款还规定了另外一种不同的情况：由法人或者其他组织主持，代表法人或者其他组织意志创作，并由法人或者其他组织承担责任的作品，法人或者其他组织视为作者。问题是该第 3 款是否应当适用于本案，动画片的题目和情节是由上海电影集团确定的，制作该动画片电视剧的人员也是该公司协调的，由于创作动画人物是制作该电视剧的一部分，《著作权法》第 11 条第 3 款的前提要件满足。

不过，该款也可能不适用，因为《著作权法》第 16 条作为更具体的规定有可能比第 11 条第 3 款优先适用。第 16 条是关于雇佣期间创作的作品的规定。雇佣关系是指雇员不能自己作决定，而是要遵照雇用人的指示，因此雇佣期间创作的每一部作品也要被视为《著作权法》第 11 条第 3 款中的作品。所以适用《著作权法》第 16 条的也适用第 11 条第 3 款，后者从属于前者，并且该结论还有另一个支持理由，即第 16 条的前提要件比第 11 条第 3 款更详细，如果后者不能适用，前者自然也不适用。

因此，如果作品的责任和组织情况是依据《著作权法》第 16 条中的雇佣关系而确定的，那么《著作权法》第 11 条第 3 款就不适用。本案中，原告是被告雇佣的插画家和漫画家，受被告明确的指派为动画片创作卡通人物，至于是否订立了明确的雇佣合同在这里无须考虑，因为两位原告与被告之间存在事实上的雇佣关系，足可以适用《著作权法》第 16 条，因此他们创作的作品是职务作品。

因此可以得出结论，《著作权法》第 11 条第 3 款从属于该法第 16 条，因此不适用于本案。

c.《著作权法》第 16 条第 2 款

最后，根据《著作权法》第 11 条第 1 款得出的结论可能会因第 16 条第 2 款而改变。根据该规定，雇佣期间创作的作品在特定情况下属于单位（署名权仍然属于作者）。因此，必须分析《著作权法》第 16 条第 2 款。前面已经分析过，卡通人物是在雇佣期间创作的，因此，本案中适用第 16 条第 2 款，并且其中的两种情形的前提要件还要满足。

aa.《著作权法》第 16 条第 2 款情形（一）

依据《著作权法》第 16 条第 2 款第一种情形，作品的著作权可能由被告作为原告的雇佣单位而享有，前提是作品主要是利用被告的物质技术条件创作的。卡通人物本身只是图画，（前面已经分析过）需要与动画片分割开来。动画片主要利用了上海电影集团公司的节目和技术设施，但卡通人物的绘制主要是脑力创造的过程，这一过程中，物质技术条件不是必要的。因此，《著作权法》第 16 条第 2 款第一种情形没有满足。

bb.《著作权法》第 16 条第 2 款情形（二）

《著作权法》第 16 条第 2 款情形（二）可以满足，如果有法律、行政法规规定或者合同约定"葫芦兄弟"的著作权由雇佣单位享有的职务作品。

i.《著作权法》第 16 条第 2 款情形（二）的可适用性

《著作权法》第 16 条第 2 款情形（二）适用的前提是，有法律、行政法规规定或者合同约定雇佣期间创作的作品的著作权归属。本案中，不能存在这样的规定或约定。但是，该情形有可能通过类比的方式适用。类比的要求是存在法律漏洞，该漏洞不是故意留下的，并且有规定的和未规定的事实和法律之间需要具备可比性。

要判断法律中是否存在漏洞，需要考虑到本案中存在争议的作品创作于 20 世纪 80 年代的计划经济时期。当时没有著作权或劳动合同的规定，也没有对著作权的明确约定。著作权法是在市场经济时期制定的，因此，就计划经济时期创作的作品而言的确存在漏洞。

漏洞不能是故意留下的，没有资料表明立法者在通过《著作权法》时考虑到了计划经济时期也可能出现争议，也没有资料表明立法期间出现了计划经济时期的作品争议，因此该法律漏洞不是有意留下的，相反，只有市场经济时期被纳入了立法考虑。

然而，计划经济时期也有雇佣期间创作的作品，也同样会出现著作权争议，因此，事实情况存在可比性。

因此，存在一个非故意留下的法律漏洞，并且未规定的法律情形与有法律规定的法律情形具有可比性，另外由于没有合同约定，只能通过当事人的行为来判断其意志，所以《著作权法》第16条第2款第二种情形可以类比适用，同时还要考虑当时公众的想法和认知来确定著作权归属。

ii.《著作权法》第16条第2款情形（二）的前提条件

需要考虑的是，探讨这些标准是否可以认定卡通人物的著作权由原告的雇佣单位——被告享有。必须考虑卡通人物"葫芦兄弟"必须是明确受到被告的指派，为其制作的动画片而设计。动画片的名字和情节是由被告确定的，制作动画片的人员也是被告负责协调的，因此原告在设计"葫芦兄弟"卡通人物时没有享有很大程度的自由，并且无法按照自己的想法设计人物的形象或者决定会有哪些具体的人物。恰恰相反，他们必须遵照被告的指令。

因此，"葫芦兄弟"不是原告受雇于被告期间随便创作的"普通作品"，虽然也经过了创作的过程，但是执行雇佣单位的具体任务而创作的"职务作品"，设计的初衷是仅供雇佣单位使用。由于"葫芦兄弟"是雇佣期间创作的职务作品，因此《著作权法》第16条第2款第二种情形适用。

另外，上述结论也有事实支持，双方当事人都承认作品完成后，被告一直享有作品的全部权利，包括将其用于动画片的制作。根据诚实信用原则，原告现在仍然需要承认这一点而不能进行相反的陈述。并且，公众只知道被告的名称是与动画片有关系的，因为被告的名字是动画片的一部分，而不是创作卡通人物的原告。因此，公众的认知也是作品只属于制作工作而不是实际的创作者。

cc. 中间结论

因此，根据《著作权法》第16条第2款第（二）种情形，只有一小部分著作权，也就是《著作权法》第10条第1款第2项中的署名权属于原告，第10条中其他的著作权都属于原告的雇佣单位——被告。

d.《著作权法》第15条第1款

除了《著作权法》第11条第1款的基本规定之外，该法第15条第1款也规定了另外一种情况：电影作品的著作权由制片者享有。因此本案中产生争议的作品必须是电影作品，这样就只能将动画片视为相关的作品（而其中的卡通人物只能作为动画片中的组成因素）。这样，本案中争议的作品应当归属于哪一类取决于本案中的动画片应当作为唯一一部相关的作品（其中的卡通人物只能作为动画片中的组成因素），还是其中的卡通人物也被视为独立的作品。

注解

一方面，第 15 条第 1 款有可能适用于本案，因为动画片中包含了一系列可以通过适当的设备进行放映的图像，因此属于《著作权法实施条例》第 4 条第 11 项中的电影作品。否则，如果把卡通人物视为独立的作品（不同于动画片），那么这两个人物就是《著作权法实施条例》第 4 条第 8 项中由线条、色彩构成的平面艺术作品，而非电影作品。因此如果卡通人物本身可以作为独立的作品，那么《著作权法》第 15 条第 1 款将不适用，对于这种情况，第 15 条第 2 款规定通常是作者享有其著作权。

为确定这些卡通人物是否是独立的作品，关键是看它们是只为动画片创作的（或者相关），还是可以（从概念上看）与动画片分割开单独使用。尽管这些人物是为动画片创作的，但它们并没有像其他因素一样仅仅成为动画片的背景，而是能将其与其他动画片区别开的重要标志。因它们并不只能依赖于动画片而存在，可以单独开展市场活动，也可以脱离动画片继续加以完善。因此，这些卡通人物可以脱离动画片，作为独立的作品享有著作权。

因此可以得出结论，考虑到卡通人物本身的情况，《著作权法》第 15 条第 1 款不适用。

e. 中间结论

因此，作为《著作权法》第 11 条第 1 款基本规定的例外，被告作为原告的雇佣单位享有作品的著作权（署名权除外）。

3. 中间结论

原告声称自己享有“葫芦兄弟”的全部著作权的观点不准确。

Ⅲ. 结论

根据《著作权法》第 16 条第 2 款情形（二），原告并不享有作品的全部著作权，而只是根据《著作权法》第 10 条第 1 款第 2 项享有署名权。因此，原告无法胜诉。

八、专利法案例 S1

Z 公司和 S 公司是生产轨道车辆车轮轴承的公司。到目前为止，Z 公司和 S 公司一直未能生产出在极度低温下仍能可靠使用的车轮轴承，主要问题是车轮轴承在零下 25℃的温度下可能破裂。因此多年来，Z 公司和 S 公司一直在尝试生产能够承受这种环境的车轮轴承。

2007 年，Z 公司生产出了符合质量要求的车轮轴承。但是称其为新的构造并不恰当，因为 Z 公司发现，达到质量要求只需要改变零件的排列顺序。之前许多人试图找到这个方法，但是没有人成功过。

2007 年的 6 月，S 公司雇佣的工程师 X 也发现为了达到所需的质量，只需要将以前的车轮轴承的零件重新排列一下就可以了，X 工程师反复配置车轮轴承的不同部分，直至达到所需的质量要求。为了发现不同零部件的合理配置方法，X 工程师使用的是 S 公司的材料和技术。

2007 年的 7 月 5 日举行了一个技术会议。在此次会议上，S 公司第一次发布了这个新的车轮轴承。这个车轮轴承是一个巨大的成功，为此，S 公司在 2007 年 7 月 8 日申请了专利。在 2008 年 7 月 1 日，这个专利被授予和公布在专利公报上。

2009 年 2 月，Z 公司得知了这个专利。由于 Z 公司对该专利的授予不服，所以向人民法院提起诉讼。

问题：

该诉讼会成功吗？

请假设 Z 公司要求专利复审委员会根据《专利法》第 45 条宣布该专利权无效的请求失败。

结　构

Ⅰ. 诉讼请求的法律基础

Ⅱ. 诉讼请求的前提要件

1. 违反《专利法》第 6 条第 2 款

2. 违反《专利法》第 22 条

a. 创造性

b. 新颖性

aa. 不是现有技术

（1）首先被 Z 公司发现

（2）首次展示

（3）中间结论

bb. 没有提出过申请

c. 创造性

d. 实用性

e. 中间结论

3. 结论

Ⅲ. 结论

解决方案

如果专利失效，那么原告就可以胜诉。前提是这个主张必须有法律基础，并且其中的前提要件都必须满足。

Ⅰ. 诉讼请求的法律基础

首先需要考虑该诉讼请求的法律基础。Z 公司诉求的正确法律基础必须涵盖其期待的法律结果。Z 公司要求人民法院强制专利局宣告专利无效，因为尽管 Z 公司请求专利申请委员会宣告专利无效，但专利申请委员会并没有这样做。《专利法》第 46 条第 2 款规定，对专利复审宣告维持专利权的决定不服的，一方可以向人民法院提起诉讼以强制专利局宣告专利无效。这是 Z 公司期待的法律结果，因此《专利法》第 46 条第 2 款是其诉求的正确法律依据。

Ⅱ. 诉讼请求的前提要件

诉讼请求的前提要件必须得到满足。本案中的前提要件是授予 S 公司专利权不符合《专利法》的有关规定，见《专利法》第 45 条。

1. 违反《专利法》第 6 条第 2 款

《专利法》第 6 条第 2 款可能被违反。根据该条规定，发明者有权申请专利。工程师 X 发现了车轮轴承需要重新排列不同的零件，显然，他是发明者。所以，他有权利申请专利。

然而，由《专利法》第 6 条第 1 款可能会引起一个不同的法律后果。《专利法》第 6 条第 1 款规定被雇佣者在执行任务中完成或者主要是利用雇佣者的物质技术条件所完成的发明创造被认为是职务发明创造。对于一个职务发明创造，雇佣者有权利应用专利。根据本案事实，X 工程师的发明并不是在执行 S 公司的任务中完成的，然而他利用了 S 公司的材料和技术。所以，《专利法》第 6 条第 1 款的前提要件被满足了。因此，S 公司而不是 X 工程师有权就车轮轴承申请专利，《专利法》第 6 条第 2 款没有被违反。

注解

即使违反了《专利法》第6条，Z公司也不会因专利的授予而受到损失，只有X工程师可能受到损失。因为如果《专利法》第6条被违反，X工程师将有权申请专利。所以Z公司能否在法庭上成功主张对方违反了《专利法》第6条第1款是不确定的。《专利法实施细则》第65条规定，依照《专利法》第45条的规定，请求宣告专利权无效，应该具体说明无效宣告请求的理由，并指明每项理由所依据的证据。《专利法实施细则》第65条第2款进一步规定基于无效宣告请求的理由，是指被授予专利的发明创造不符合《专利法》第2条、第20条第1款、第22条、第23条、第26条第3款、第4款、第27条第2款、第33条或者本细则第20条第2款、第43条第1款的规定，或者属于《专利法》第5条、第25条的规定，或者依照《专利法》第9条规定不能取得专利权。《专利法》第6条不在此列中。因此，Z公司不能在法庭上援引违反《专利法》第6条第1款作为证据。

2. 违反《专利法》第22条

此专利权的授予可能违反了《专利法》第22条。前提是此车轮轴承的结构不是一项发明，不具有创造性、新颖性、实用性。

a. 创造性

依据《专利法》第22条第1款，该车轮轴承必须是一项新发明。根据《专利法》第2条第2款，发明，是指对产品、方法或者其改进所提出的新的技术方案。而该车轮轴承究竟应该属于《专利法》第2条第2款中的发明还是属第25条第1款中的科学发现仍不确定。根据《专利法》第25条第1款，科学发现不能被授予专利权。这是因为该新型车轮轴承并不是在车轮轴承存在之前被发明的，并且它们由相同的部件组成，仅仅排列方式不同，尽管这种新的排列方式此前并不存在。此外，对单独部件的排列必须反复地以一种有创造性的、有章法的方式改变，直到它们以积极的方式相互作用，才能达到所希望的质量要求。若这种新的排列方式未被发现，车轮轴承就不会产生，因此该车轮轴承才可以成为一项新发明。

b. 新颖性

该车轮轴承必须具有新颖性。根据《专利法》第22条第2款，新颖性是指该发明不属于现有技术；也没有被提出过申请。

aa. 不是现有技术

授予专利权的发明不应是现有技术。根据《专利法》第22条第5款，现有技术是指所有在国内外为公众所知的技术。

（1）首先被Z公司发现

需要考虑Z公司是否首先发现了这种排列方式并制造出单独的车轮轴承，意味着该项技术已经存在了。根据《专利法》第22条第5款的定义，由第三者发现的技术并不足以被认为是已有技术。除非该技术是广为人知的。《专利法》第22条第2款规定，如果有第三者已经提交了某项技术的专利申请，未被公布的该技术的首次发现可排除其被授予专利。本案中没有事实表明Z公司已经公布了该技术，因此该技术未被公众所知，因此不属于《专利法》第22条第5款中的现有技术。

(2) 首次展示

需要考虑在技术研讨会上展示过能否导致该技术成为已有技术，并使其丧失新颖性。《专利法》第24条第2项规定，一项被申请专利的发明在申请日前的六个月内第一次在学术会议或技术会议上发表并不会失去其新颖性。技术会议在2007年7月5日举行，S公司在2007年9月8日申请专利，会议和申请之间的时间只有两个月多一点。因此根据《专利法》第24条第2项，车轮轴承没有因为在会议上的公布而失去新颖性。

(3) 中间结论

本案中的车轮轴承不是现有技术。

bb. 没有提出过申请

由于之前没有单位和个人就相同的发明提交申请，因此该发明仍然具有新颖性。

c. 创造性

《专利法》第22条第1款要求发明一定要有创造性。根据《专利法》第22条第3款，创造性是指与现有技术相比，该发明具有突出的实质性特点和显著的进步。在Z公司和S公司做出发明前，已有的车轮轴承在零下25℃可能发生破裂。将零部件重新排列后，消除了这一风险。因此，这一发明是一个重要和显著的进步，因此具有创造性。

d. 实用性

最后，发明必须有实用性。根据《专利法》第22条第4款，实用性是指该发明或者实用新型能够制造或者使用，并且能够产生积极效果。通过这一特别先决条件，发明应排除无法实现或不被用于任何目的的专利性。前面提到Z公司为了以后的生产已经做了准备用于生产的车轮轴承。此外，车轮轴承提供了一个实用功能。因此，车轮轴承有实用性。

e. 中间结论

此车轮轴承有发明性、创造性、新颖性和实用性。所以，并没有违反《专利法》第22条。

3. 结论

《专利法》第6条第2款和第22条并没有被违反。《专利法》的其他相关法条也没有被违反。因此，该专利的授予符合《专利法》的有关规定。

Ⅲ. 结论

原告将不会胜诉。

第四部分

关系分析法案例分析方法(R)

一、商标法案例 R1

说　明

1. 请运用德国案例分析方法解决所给案例，并书写判决书。请仅适用《商标法》来讨论案例解决方案，无需考虑《反不正当竞争法》。

2. 假设本案中所有形式要件方面的要求均已获得满足。

3. 如果认为解决该案例还需要更多的调查，请假定调查已进行但未得到结果。

案件卷宗

荣辉律师事务所

长沙分所

湖南省长沙市华阳路 3 号

起诉书

原告：三一重工有限公司，长沙市汇新路 16 号远大公司大厦 8 层。

法定代表人：该公司董事长。

委托代理人：宁荣辉，湖南省长沙市华阳路 3 号。

被告：马鞍山市永合重工机械制造有限公司，长沙市中信路第 135 号阳光大楼。

法定代表人：该公司董事长。

就三一重工有限公司与马鞍山市永合重工机械制造有限公司之间的法律纠纷，我们代表原告，请求法院判决：

1. 责令被告停止在其生产的机床产品上使用“三一”标识。

2. 判决被告向原告支付损害赔偿金 400,000 元人民币。

原被告双方均是机床产品生产企业。

1995 年 8 月，原告向商标局申请将“三一”文字注册为商标。此后，“三一”文字获准注册为第 1550869 号商标，原告拥有在其生产的机床产品上专有使用该商标的权利。

证据：商标注册证书。①

自商标获准注册之日起，原告一直生产土木工程所用的机床产品，例如泵车、铺路机、滚转机、平路机和挖掘机。原告拥有14万亿元人民币的公司市值，入选全球工程机械企业50强排行榜，名列中国全球工程机械行业第五名。原告在中国运营5大技术园区，在中国所有省份和自治区均销售其机械产品。因此，标示在其产品上的“三一”商标目前在中国已为机械零售商和土木工程企业广为知晓。

证据：公司企业和产品清单，销售收入余额，客户参考文件。②

2013年10月，被告在其生产的机械产品上使用“三一”标识，并将这些产品在中国境内销售。直至今日，被告尚在销售这些产品。

在此期间，原告因被告使用“三一”商标的行为导致遭受400, 000元人民币的财产损失。

证据：被告的财务账簿。

由于这些财务账簿由被告持有，法庭可以要求被告提供这些财务账簿。

因此，被告的行为持续侵犯了原告对于其所拥有的驰名“三一”商标的专有使用权。此外，被告的行为也构成了不正当竞争行为。因此，被告有权要求原告停止侵权并赔偿因侵权行为而给原告带来的损失。

此致

长沙市中级人民法院

宁荣辉

2014年1月5日

① 此处未打印该商标注册证书。请假设商标注册证书附在起诉书之中，该商标注册证书可以证明如原告所称，“三一”商标已经在商标局获准注册。

② 此处未打印这些文书。

信阳律师事务所

湖南省长沙市安立路47号远洋大楼第15层

答辩书

就三一重工有限公司与马鞍山市永合重工机械制造有限公司之间的法律纠纷，我们代表被告，请求法院驳回原告的诉讼请求。答辩如下：

我方认可被告和原告都生产机床产品。事实上正如原告所称，被告从2013年10月才开始使用“三一”文字。但是原告主要生产用于土木工程机械所用的机床，而被告主要生产起重机，原被告双方生产的产品不同。因此，被告不可能侵犯原告的权利。

此外，被告质疑原告是否已经将“三一”商标进行注册。即使原告已经将“三一”商标进行注册，该商标也不能被认定为驰名商标。或许该商标已为机械零售商和土木工程企业广为知晓，但是存在疑问的是，更广泛意义上的社会公众（特别是个体消费者）是否知悉“三一”商标。

即使原告已经将“三一”商标进行注册，但是被告使用其商标的行为既非故意，也非过失，因为被告的市场营销主管曾经向商标局咨询过“三一”商标是否已经注册的问题，但商标局否认了“三一”已获准注册。

最后，虽然原告因被告使用“三一”商标的行为导致遭受400,000元人民币的财产损失，但是原告不能要求被告赔偿这些损失，因为被告的行为不存在过错（参见上文）。

因此，原告的诉讼请求不能成立。

此致

长沙市中级人民法院

郭信阳

2014年2月6日

荣辉律师事务所

长沙分所

湖南省长沙市华阳路 3 号

就三一重工有限公司与马鞍山市永合重工机械制造有限公司之间的法律纠纷，被告在答辩中指出其行为既非故意，也非过失。早在 2013 年 7 月，被告的市场营销主管就获悉原告已经注册了“三一”商标的事实，因为他出席了原告的产品展示会。在展示会上，原告明确说明了商标已经在 1995 年注册的事实。

证人：张辉先生，住址为长沙市复兴路 8 号（机械设备销售代表）。

此致

长沙市中级人民法院

宁荣辉

2014 年 3 月 9 日

庭审记录：

当事人双方均委托了律师出庭，并且陈述内容与案件卷宗的记载一致。当事人双方都在庭审过程中提出其各自的法律意见并进行了充分的辩论。

案件事实分类表

原告	被告	诉讼过程（如果相关）
请求责令被告 • 停止在其生产的机床产品上使用“三一”标识 • 向原告支付400,000元人民币	请求驳回原告的诉讼请求	
原被告双方均是机床产品生产企业。	原被告双方均生产机床产品，却是不同种类的机床产品： • 原告：土木工程机床产品 • 被告：起重机	
1995年原告注册了使用于机床产品的“三一”商标	“三一”商标从未注册	
从1995年至今，原告一直生产机床产品并在这些产品上使用“三一”商标		
原告拥有14万亿元人民币的公司市值，入选全球工程机械企业50强排行榜，名列中国全球工程机械行业第五名。原告在中国所有省份和自治区均销售其机械产品		
原告的“三一”产品在中国已为机械零售商和土木工程企业广为知晓	对个体消费者而言，“三一”商标并不广为人知	
2013年10月至今：被告在其生产的机床产品和企业名称上使用“三一”文字		
在这段期间：被告因使用“三一”商标获利400,000元人民币		

被告的行为侵害了原告的商标专用权，并且构成不正当竞争 “三一”为驰名商标 早在2013年7月，被告就获悉“三一”商标已经注册	被告的行为不构成商标侵权 “三一”不是驰名商标 被告并不知道原告已经注册了“三一”商标	
	原告不能向被告主张损害赔偿，因为被告的行为不存在过错	

图例说明：

__________ =有争议事实

无下划线的 =无争议事实

.... =法律意见

解决方案

A. 事实分类

建议使用一个案件事实分类表以清楚地列出问题的要点。请参见案件事实分类表。

B. 充足性阶段

Ⅰ. 请求停止在产品上使用“三一”标识

原告有两个不同的诉讼请求（要求停止侵权和要求对因侵权行为导致的损害进行赔偿）。因为每个诉讼请求有不同的法律基础，而不同的法律基础又包含各自特殊的前提条件，因此需要对不同的诉讼请求分别进行分析。

1. 法律基础

“谁以什么为法律基础向谁请求什么?”

原告要求永合公司停止在其生产的产品上使用“三一”标识。

a. 在《商标法》中没有明确的法律基础

《商标法》中没有明确的法律条文可以作为要求停止侵权的诉讼请求的法律基础。要求停止侵权的诉讼请求的法律基础只能在民法通则和侵权法中寻找。根据《侵权责任法》第2条第1款，侵害民事权益，应当依照本法承担侵权责任。《侵权责任法》第2条第2款特别规定，注册商标专用权属于《侵权责任法》第2条第1款所说的民事权益。但是《侵权责任法》第2条第1款只是一般性地规定侵权人应当承担民事责任，并未具体说明被侵权人可供选择的救济方式。《侵权责任法》第15条第1项规定，承担侵权责任的方式包括停止侵害。

找到法律基础后，法官需要进行充足性阶段的分析，考查原告所提出的事实和主张是否能够证明其诉讼请求。这里法官需要假定原告所提出的事实都是真实的，然后判断原告是否能够胜诉。

因此，《侵权责任法》第2条第1款和第2款，以及《侵权责任法》第15条第1项是原告要求停止商标侵权行为的诉讼请求的法律基础。

b. 中间结论

该项要求停止商标侵权的诉讼请求的法律基础为，《侵权责任法》第2条第1款和第2款，以及《侵权责任法》第15条第1项。

2. 诉讼请求的前提条件

a. 侵犯商标专用权

《商标法》第60条第1款要求永合公司必须存在《商标法》第57条规定的侵犯三一重工公司“三一”商标专用权的行为。

aa. “三一”商标为依法受到保护的商标（+）

第一，首先要求“三一”商标必须是一项注册商标，因为只有注册商标才能获得《商标法》第56条及以下条款的保护。根据案件事实可知，“三一”商标已经在商标局依法注册，获得第1550869号商标注册号，三一重工公司可以在其机床产品上专有使用该商标。因此，“三一”商标获得《商标法》第57条的法律保护。

bb. 侵犯商标专用权

第二，未经三一重工公司授权，永合公司在其机床产品上使用“三一”标识，依据《商标法》第57条构成侵犯三一重工公司“三一”商标专用权的行为。

（1）违反《商标法》第57条第1项和第2项（－）

永合公司的行为可能构成违反《商标法》第57条第1项和第2项的行为。因此，要构成这样的行为，永合公司必须未经三一重工公司许可，在与三一重工公司生产的同一种商品（第1项）或者在类似商品（第2项）上使用其商标。

尽管原被告双方都生产机床产品，但是原告并没有主张双方生产的是相同的或者相类似的产品。因此，《商标法》第57条第1项和第2项在此处并不适用。

（2）违反《商标法》第57条第3项（－）

永合公司的行为可能构成违反《商标法》第57条第3项的行为。要构成这样的行为，永合公司必须销售侵犯三一重工公司注册商标专用权的商品。

《商标法》第57条第3项并没有明确说明“销售侵犯注册商标专用权的商品”的含义。但是，这一问题可以通过对《商标法》第57条进行体系解释来回答：第3项的顺序位于第1项和第2项之后，而第1项和第2项都界定了某些行为应当被视为侵犯商标专用权的行为。在第1项和第2项中，是使用商标的行为构成侵犯商标权的行为；而在第3项中，是销售产品的行为构成侵犯商标权的行为。因此，解释《商标法》第57条第3项可以得出结论：

“销售”一词所指的必须是有别于“使用商标”行为的一种行为，否则《商标法》第57条第3项的规定就会没有必要，因为这样的规定已经包括在第57条第1项和第2项所规定的行为之中了。因此，第1项和第2项是指生产商在所生产的商品上使用商标的行为，而第3项则是指其他人（生产商以外的人）在商品已经以第 57 条第 1 项或第 2 项的侵权方式生产出来之后销售商品的行为。

因此，《商标法》第 57 条第 3 项并不适用，因为永合公司所生产的产品没有通过生产商之外的第三人销售，并且这些产品与三一重工公司的产品既不相同也不相似。

（3）违反《商标法》第 57 条第 4 项（－）

永合公司的行为可能构成违反《商标法》第 57 条第 4 项的行为。从这一条文的语词来判断，并不清楚哪种行为应当被认定为构成未经许可“伪造、擅自制造”他人注册商标。在更广义的理解上，这一语词可以指任何使用注册商标的行为，例如在生产商品时将商标标示在商品上。但是，通过将第 57 条第 4 项与第 1～3项进行比较可以发现，第 4 项并不涉及商品被销售或者生产的内容（区别于第 1～3 项）。因此通过比较可以推知，第 57 条第 4 项所说的侵权行为的实质并不是针对商品而实施的有关侵权行为，而是针对生产商标这一事实本身而实施的有关侵权行为（比如伪造商标）。该行为的社会危害性在于伪造者或者其他当事方可以将伪造的商标使用于其商品，从而掩盖、混淆其商品的生产者来源。

综上，《商标法》第 57 条第 4 项仅在这样的情况下才予以适用：侵权人生产商标本身（不涉及任何商品生产问题），目的是之后使用该商标（例如将伪造的商标出售给商品生产者）。相反，如果生产或销售商品是侵权行为的核心内容，只是在商品生产或销售的过程中侵权人将商标标示于商品之上，在这样的情况下，要适用《商标法》第 57 条第 1 项、第 2 项或者第 3 项。

体系解释的方法也支持了上述观点：如果“伪造商标”也包括那些在商品生产的过程中将商标标示于商品的行为，那么第 57 条第 1 项和第 2 项中所规定的其他前提条件就会被绕开并规避掉。根据这些条文，只有当在生产相同或类似的商品时，在商品上使用注册商标的行为才构成侵犯注册商标专用权的行为。对《商标法》第 57 条第 4 项的扩大解释不仅将使《商标法》第 57 条第 1 项和第 2 项变得多余且没有必要，还将不适当地将侵权人的法律责任扩张到超出第 57 条第 1 项和第 2 项的限制。这是因为在不相类似的商品上使用注册商标应当适用《商标法》第 57 条第 4 项之规定。

因为永合公司不仅伪造了“三一”商标，还在其生产的产品上使用该商标，《商标法》第 57 条第 4 项之规定并不适用于此处的情况。

（4）违反《商标法》第 57 条第 5 项（－）

因为很明显永合公司并不存在更换商品注册商标的行为，《商标法》第 57 条第 5 项之规定并不适用。

（5）违反《商标法》第57条第6项（-）

永合公司的行为可能构成违反《商标法》第57条第6项的行为。该项规定只存在一个前提条件，即“为侵犯他人商标专用权行为提供便利条件”，或“帮助他人实施侵犯商标专用权行为的”。但是与《商标法》第57条第3项一样，第6项也并没有说明“侵犯注册商标专用权”的含义。与第3项一样，第6项中的这一问题也可以通过对《商标法》第57条进行体系解释来回答。《商标法》第57条第1~5项列举了一些侵犯注册商标专用权的行为。因此，与第1~5项一样，第6项所规定的也是侵犯注册商标专用权的行为。然而，《商标法》第57条第1~5项所指的侵犯注册商标专用权的行为应当是由侵权者自己所实施的行为，但是第6项所指的侵犯注册商标专用权的行为则包括为某个实施了《商标法》第57条第1~5项所指的侵犯注册商标专用权的行为的第三人提供帮助的行为。

因此，由于永合公司并未对任何实施了商标侵权的第三人提供帮助，《商标法》第57条第6项所规定的前提条件并未获得满足。

（6）违反《商标法》第57条第7项

永合公司的行为可能构成违反《商标法》第57条第7项的行为。作为兜底条款，《商标法》第57条第7项是一个内容涵盖范围宽泛的全面性条文，因此需要法律解释予以澄清。由于侵权人的法律责任不宜无限扩张，第57条第7项所指的侵权行为应当仅包括那些在强度和相关性上与第57条第1~6项所指的侵犯注册商标专用权的行为相近似的侵权行为。

i. 回到《商标法》第57条第1项和第2项（-）

回到《商标法》第57条第1项和第2项可以得出结论，在既不相同也不相类似的商品上使用与注册商标相同或相似的商标，在一般情况下并不足以构成违反《商标法》第57条第7项的行为。《商标法》第56条也支持了这一结论。这一条款仅给予注册商标专用权人要求侵权人停止侵权使用其注册商标的权利。如果将在既不相同也不相类似的商品上使用注册商标的行为解释为构成《商标法》第57条第7项的侵权行为，则会导致突破了《商标法》第56条设定的保护限度。

ii. 因使用驰名商标而违反《商标法》第57条第7项，第13条第3款（+）

不过永合公司仍然可能侵犯了三一重工公司的注册商标专用权，因为“三一”商标可能是驰名商标因而享有更高程度的法律保护。因此需要考虑的问题是，在核定使用的商品范围外的商品上使用了驰名商标，是否构成违反《商标法》第57条第7项的侵权行为。

根据《商标法》第13条第3款，禁止在不相同或者不相类似的商品上使用驰名商标。因此，如果某一商标是依法注册的驰名商标，即便是使用在不相同或者不相类似商品上，仍然构成违反《商标法》第57条第7项，第13条第3款的行为。

这样的解释也可以通过《最高人民法院关于审理商标民事纠纷案件适用法律若干问题的解释》第1条第2项推断出来。根据该条文，在不相同或者不相类似商品上作为商标使用了他人注册的驰名商标，属于2001年《商标法》第52条第5项（现行《商标法》第57条第7项）规定的给他人注册商标专用权造成损害的行为。

因此综上可以得出结论，如果“三一”商标属于驰名商标，则永合公司的行为违反《商标法》第57条第7项，第13条第3款。

iii. “三一”商标作为驰名商标（+）

因此需要考虑的问题是，“三一”商标是否满足被认定为驰名商标的所有前提条件。根据《商标法》第14条第1款第2句，认定驰名商标应当考虑下列因素：相关公众对该商标的知晓程度（第1项）；该商标使用的持续时间（第2项）；该商标的任何宣传工作的持续时间、程度和地理范围（第3项）；该商标作为驰名商标受保护的记录（第4项）；该商标驰名的其他因素（第5项）。

为了证明“三一”是驰名商标，三一重工公司可以提出以下理由：三一重工公司已多年在其机床产品上使用该商标，且该商标的机床产品拥有很大市场占有率（三一重工公司名列中国领先机械产品生产企业第五名）。三一重工公司的产品在中国几乎所有地区均有销售，因此其商标为广大地区的公众所知晓。此外，标示着“三一”商标的产品已获得机械零售商和土木工程企业的广为认可。根据《驰名商标认定和保护规定》第2条，相关公众包括与使用商标所标示的某类商品或者服务有关的消费者，生产前述商品或者提供服务的其他经营者以及经销渠道中所涉及的销售者和相关人员等。在本案中，相关公众应当被认为包括机械零售商和土木工程企业，因为这些企业和人员销售、购买三一重工公司的产品。因此，“三一”商标是为相关公众所广为知晓的驰名商标。

iv. 误导公众（+）

永合公司在其产品上使用“三一”商标的行为还必须足以对公众产生误导，并因此致使三一重工公司的利益受到损害。因为“三一”商标作为三一重工公司所生产的土木工程产品品牌商标而在业界广为人知，将该商标使用在永合公司的起重机上而不予任何解释说明，很容易给公众带来误导，使公众误认为这些起重机也是三一重工公司生产的产品。因此，这样的商标使用行为足以使公众产生误解。

此外，如果“三一”商标也使用在起重机上，这一商标就不会被视为土木工程产品的专用商标。三一重工公司是该驰名商标的注册持有人，该商标独特性的丧失也会为三一重工公司带来利益损害。

v. 中间结论

因此，永合公司将该驰名商标使用于其产品，即便其产品与三一重工公司的产品并不相类似，永合公司的行为也违反了《商标法》第 57 条第 7 项之规定。

因此永合公司侵犯了三一重工公司对于注册“三一”商标的专有使用权。三一重工公司有权要求永合公司停止侵权。

cc. 中间结论

因此永合公司侵犯了三一重工公司对于注册“三一”商标的专有使用权。三一重工公司有权要求永合公司停止侵权。

b. 没有例外排除诉讼请求（+）

三一重工公司的请求权必须没有被例外情况排除。根据《最高人民法院关于审理商标民事纠纷案件适用法律若干问题的解释》第 18 条第 1 句，侵犯注册商标专用权的诉讼时效为二年，自商标注册人或者利害权利人知道或者应当知道侵权行为之日起计算。

但是，根据《最高人民法院关于审理商标民事纠纷案件适用法律若干问题的解释》第 18 条第 2 句，二年的诉讼时效并不适用于如果侵权行为在起诉时仍在持续的情况。由于永合公司直到诉讼之日一直持续在其产品上使用“三一”商标，二年的诉讼时效限制并不适用于本案的情况。因此，由于本案当事人的起诉日期在诉讼时效之内，就没有必要考虑三一重工公司是否在二年之内提起诉讼的问题了。

3. 结论

因此，三一重工公司诉讼请求的前提条件均获得了满足。

Ⅱ. 请求损害赔偿

1. 法律基础

原告向被告请求损害赔偿 400,000 元人民币。

a. 在《商标法》中没有明确的法律基础

首先，依据《商标法》的各项条款，三一重工公司要求损害赔偿的诉讼请求没有明确的法律基础。因此，需要通过对法律条文进行解释来找到该诉讼请求的法律基础。由《商标法》第 60 条第 1 款和第 3 款可以推知，有《商标法》第 57

条所列侵犯注册商标专用权的行为时，当事人可以以诉讼形式解决纠纷并获得损害赔偿。《商标法》第 60 条第 1 款并未明确说明哪一个法律机构有权处理相关争议。《商标法》第 60 条第 3 款进一步规定，对侵犯商标专用权的赔偿数额的争议，当事人可以请求进行处理的工商行政管理部门调解。另外一方面，通过《商标法》第 64 条第 1 款可以推知，人民法院也有权处理侵犯商标专用权的赔偿数额的争议。当然，上述条文只有在注册商标权利人对于请求损害赔偿有一项法律可以执行的请求权时才有意义。《最高人民法院关于审理商标民事纠纷案件适用法律若干问题的解释》第 13 条及其以下条文也支持了这一结论。《最高人民法院关于审理商标民事纠纷案件适用法律若干问题的解释》规定了人民法院审理商标侵权损害赔偿案件时计算损害赔偿数额的具体条款。

b. 中间结论

综上，要求损害赔偿这一诉讼请求的法律基础是《商标法》第 60 条第 1 款和第 3 款，第 64 条，以及《最高人民法院关于审理商标民事纠纷案件适用法律若干问题的解释》第 13 条及其以下条文。

2. 法律基础的前提条件

a. 侵犯商标专用权（+）

存在《商标法》第 57 条所列侵犯三一重工公司注册商标专用权行为，是该诉讼请求的一个关键性前提条件。如上所述，永合公司的行为已经构成违反《商标法》第 57 条第 7 项的行为。

b. 没有例外排除诉讼请求（+）

三一重工公司的请求权必须没有被例外情况排除。根据《最高人民法院关于审理商标民事纠纷案件适用法律若干问题的解释》第 18 条第 1 句，侵犯注册商标专用权的诉讼时效为二年，自商标注册人或者利害权利人知道或者应当知道侵权行为之日起计算。在本案中，三一重工公司在 2014 年 4 月发现侵权行为。因此，三一重工公司的起诉并没有超过诉讼时效。

c. 赔偿数额

损害赔偿的具体数额要根据《商标法》第 63 条进行计算。因此，根据《商标法》第 63 条第 1 款第 1 句，侵犯商标专用权的赔偿数额，按照权利人因被侵权所受到的实际损失确定；实际损失难以确定的，可以按照侵权人因侵权所获得的利益确定；权利人的损失或者侵权人获得的利益难以确定的，参照该商标许可使用费的倍数合理确定。

根据本案事实，三一重工公司因永合公司使用其“三一”商标而遭受实际损失400,000元人民币。因此，三一重工公司所主张的400,000元人民币的赔偿数额是正确的。

3. 结论

三一重工公司有权向永合公司请求损害赔偿400,000元人民币。

C. 相关性阶段

还需要考查被告所提出的事实与主张是否与原告的诉讼请求具有相关性。

> 在充足性阶段，原告的诉讼请求能够获得法院支持。因此，法官需要接下来分析相关性阶段。

Ⅰ. 请求停止在产品上使用“三一”标识

1. 生产不同产品（－）

第一，被告主张其所生产的产品与原告的产品为不同商品。需要考查的问题是，假定被告的这一主张是真实的事实，这是否会导致原告的诉讼请求不能成立。因此，此处就要假设原告从未提出过原被告公司的产品是相同的或者相类似的这一事实。相应地，原告诉讼请求的法律基础也就不再是《商标法》第57条第1项或第2项（这两项条文要求是相同或者相类似的商品），而是《商标法》第57条第7项和第13条。

> 正如在法律分析方法导论部分所介绍的那样，在相关性阶段法官需要转换分析视角，要依据被告所主张事实分析原告诉讼请求的法律基础中所有的前提条件是否均获得满足。
> 正如你们在事实分类阶段所看到的，本案中存在四个有争议事实：
> • 生产不同产品
> • “三一”商标已经在商标局获准注册
> • “三一”商标为个体消费者所知
> • 不知道“三一”商标已经注册

因为“三一”商标可能被认定为驰名商标，因而享有更高程度的法律保护。因此，《商标法》第13条第3款明确规定，如果某一商标是依法注册的驰名商标，即便是使用在不相同或者不相类似商品上，仍然构成违反《商标法》的行为。

因此，永合公司所主张的原被告双方所生产的产品不同这一事实并不能导致原告的诉讼请求不成立。因此，这一事实与判决结果不具有相关性。

2. 商标未注册（＋）

第二，被告主张“三一”商标从未在商标局注册。

《商标法》第13条第3款禁止在商品上使用他人已经注册的驰名商标。根据《商标法》第13条第2款，对于未注册的商标（即使是未注册的驰名商标），只有当在被他人在相同或者类似商品上使用时才会获得法律保护。

因此，如果被告所主张的事实是真实的，法律将不会禁止永合公司在其生产的产品上使用“三一”商标。因此，如果“三一”商标未经注册，永合公司的行为就不会违反《商标法》第57条第7项和第13条之规定。

综上，“三一”商标未经注册的事实将导致原告的诉讼请求不能成立，因此这一事实与原告的诉讼请求具有相关性。

3. “三一”商标为个体消费者所知晓（－）

第三，被告主张“三一”商标并不为个体消费者所知晓。

如果被告所主张的这一事实是真实的，就会得出“三一”商标不是驰名商标，因此不受《商标法》第57条第7项和第13条保护的结论。

根据《商标法》第14条，只有当某一商标为相关公众所知晓时，这一商标才能被认定为驰名商标。根据《驰名商标认定和保护规定》第2条，相关公众包括与使用商标所标示的某类商品或者服务有关的消费者，生产前述商品或者提供服务的其他经营者以及经销渠道中所涉及的销售者和相关人员等。因为“三一”商标标示于土木工程机械产品上，这些产品主要面向于机械产品零售商和土木工程企业，而不是个体消费者。“三一”产品是否为个体消费者所知晓与原告的诉讼请求并不具有相关性。

因此，判断相关公众的问题时不应当将个体消费者考虑进来。即使“三一”商标不为个体消费者所知，该商标也应当被认定为驰名商标。因此，“三一”商标不为个体消费者所知晓的事实并不会导致原告的诉讼请求无法获得法院支持。所以这一事实与判决结果不具有相关性。

> 因为在充足性阶段我们对两个诉讼请求分别进行分析，在相关性阶段也针对两个诉讼请求分别进行分析，是较为明智的做法。

Ⅱ. 请求损害赔偿400,000元人民币

1. 被告针对原告要求停止侵权诉讼请求所提出的抗辩主张

因为损害赔偿的诉讼请求也以侵犯商标专用权为前提条

件，被告针对原告要求停止侵权诉讼请求所提出的抗辩主张因此也适用于损害赔偿的诉讼请求。因此，上文分析的结论也适用于此处：只有“三一”商标未经商标局注册的事实与判决结果具有相关性，因为只有这一个事实会导致得出被告的行为不侵犯商标专用权的结论。

2. 不知道“三一”商标已经注册（-）

被告主张其曾经向商标局咨询过“三一”商标是否已经获准注册的问题，但是商标局否认了“三一”商标已获准注册。

如果这一主张是真实的，被告就可以证明自己并不知道“三一”商标已获准注册，因此不可能故意侵犯原告的商标专用权。因为被告有理由相信商标局给出的答复，被告对于侵犯商标专用权的行为也没有过失。

需要考查的问题是，被告所主张的这一事实是否足以排除原告要求损害赔偿的诉讼请求。根据《商标法》第 64 条第 2 款，善意销售者不对侵犯注册商标专用权的行为承担赔偿责任。这一条款所明确针对的是销售者，而《商标法》第 64 条第 1 款则针对侵权人。因此从条文表述中可以得出结论，只有在针对商品销售者提出的诉讼请求中，商品销售者的善意行为才能够排除该诉讼请求。而在针对商品生产者提出的诉讼请求中，生产者的善意行为也不能排除该诉讼请求。因为永合公司是生产侵权产品的生产者，即便永合公司的行为是善意行为，《商标法》第 64 条第 2 款的规定也不能适用。

因此，被告所主张的这一事实不具有相关性。

因为在这一存在争议的事实上，两个阶段的分析存在不同的结论，因此在证据阶段需要对这一与判决结论具有相关性的事实进行证据调查。

D. 证据

需要考查的问题是，当事方是否能够证明“三一”商标获准注册与否的事实。根据《最高人民法院关于诉前停止侵犯注册商标专用权行为和保全证据适用法律问题的解释》第 4 条，原告对于“三一”商标是否在商标局获准注册的事实承担举证责任。

Ⅰ. 形成证据问题的表述

原告是否能够证明“三一”商标已经在商标局获准注册？

Ⅱ. 承担举证责任的当事方所提供的证据形式？

原告承担举证责任。原告已经提供了第1550869号商标的注册证书复印件作为证据。

Ⅲ. 评估证据

原告提供了商标注册证书作为书证。因为这一证据由行政机关出具，证据不存在真实性方面的问题。同时，被告没有提供合格的反证证明其所提出的“三一”商标未经注册的主张。

Ⅳ. 结论

该份证据证明了原告的主张。因此，前述证据问题可以作出肯定的回答“是”。

> 证据问题应当可以通过“是”或者“不是”来回答。“不是”的回答意味着承担举证责任的一方将承担举证不能的不利后果。在本案中，原告对于商标已经获准注册承担举证责任。

E. 解决方案

法官会按照原告的请求作出判决。

根据《诉讼费用交纳办法》第29条，诉讼费用应当由被告承担。

判决书

原告：三一重工有限公司，长沙市汇新路16号远大公司大厦。

法定代表人：蒋毅，该公司董事长，地址同上。

委托代理人：宁荣辉，湖南省长沙市华阳路3号。

被告：马鞍山市永合重工机械制造有限公司，长沙市中信路第135号阳光大楼。

法定代表人：张大伟，该公司董事长，地址同上。

委托代理人：信阳律师事务所，长沙市安立路43号。

就三一重工有限公司与马鞍山市永合重工机械制造有限公司之间的法律纠纷，长沙市中级人民法院卢德芳法官在2014年6月6日开庭审理之后，作出如下判决：

一、责令被告停止在其机床产品上使用“三一”标识。

二、责令被告向原告支付400,000元人民币。

三、被告承担所有的诉讼费用。

事实陈述

原被告双方的法律纠纷在于对侵犯商标专用权存在争议。

原被告双方均是机床产品生产企业。原告生产的是土木工程所用的机床产品，例如泵车、铺路机、滚转机、平路机和挖掘机。被告生产的是结构工程机械产品，主要是起重机。

原告十余年一直生产和销售标有“三一”商标的机床产品。原告拥有14万亿元人民币的公司市值，入选全球工程机械企业50强排行榜，名列中国全球工程机械行业第五名。原告在中国所有区域均销售其机械产品。因此，标示在其产品上的“三一”商标目前在中国已为机械零售商和土木工程企业广为知晓。不过原告的“三一”标识产品并不为个体消费者广为知晓。

2013年10月至今，被告在其生产的机床产品上使用“三一”标识，并将这些产品在中国境内销售。在此期间，原告因被告使用“三一”商标的行为导致遭受400,000元人民币的财产损失。

原告主张其于1995年注册了“三一”商标，并获准在原告的机床产品上专有使用该商标。

原告主张"三一"商标是驰名商标。被告未经原告授权而使用"三一"商标，侵犯了原告对于该商标的专有使用权。

基于此，原告请求法院判决：

一、责令被告停止在其生产的机床产品上使用"三一"标识。

二、判决被告向原告支付损害赔偿金 400,000 元人民币。

而被告则请求法院判决：

驳回原告的诉讼请求。

被告主张，在其使用"三一"标识之前，其市场营销主管曾经向商标局咨询过"三一"商标是否已经注册的问题，但商标局否认了"三一"已获准注册。

被告主张，其使用"三一"标识的行为不构成任何商标侵权的行为。即便被告的行为构成商标侵权，原告也无权向被告主张损害赔偿，因为被告使用其商标的行为既非故意，也非过失，因此被告不存在任何过错。

判决理由

该案件可以受理。

1. 原告有权要求被告停止在其生产的机床产品上使用"三一"标识。

原告诉讼请求的法律基础为《侵权责任法》第 2 条第 1 款和第 2 款，以及《侵权责任法》第 15 条第 1 项。

被告在其生产的机床产品上使用"三一"标识，构成《商标法》第 57 条规定的侵犯商标专用权的行为，侵犯了原告对于"三一"商标的专有使用权。

《商标法》第 57 条适用于本案，因为"三一"商标是注册商标。尽管被告主张"三一"商标未获准注册，但是法院在调取证据之后确定原告已于 1995 年注册了"三一"商标。对此，原告提交了商标注册证书作为证据证明"三一"商标已获准注册。根据该证书记载，在 1995 年"三一"文字被商标局获准注册为第 1550869 号商标，原告拥有在其生产的机床产品上专有使用该商标的权利。因为该文书是商标局出具的，商标局是国家行政机关，法院有理由相信该文书的真实性和有效性。

被告在其机床产品上使用"三一"商标违反了《商标法》第 57 条之规定。

被告的行为不构成违反《商标法》第 57 条第 1 项和第 2 项的行为，因为被告所生产的产品与原告生产的产品既不相同也不相类似。尽管双方公司均生产机床产品，但是原告生产的是土木工程所用的机床产品，例如泵车、铺路机、滚转机、平路机和挖掘机，但被告生产的是结构工程机械产品，主要是起重机。考虑到产品的使用目的和所面向的消费者范围，这些产品彼此之间不具有可替代性，因此原被告生产的产品既不相同也不相似。

但是，被告的行为构成违反《商标法》第 57 条第 7 项的行为。作为兜底条款，《商标法》第 57 条第 7 项是一个内容涵盖范围宽泛的全面性条文，需要作限缩性法律解释而不至于使侵权人的责任被无限扩张。因此，《商标法》第 57 条第 7 项所指的侵权行为应当仅包括那些在强度和相关性上与第 57 条第 1 ~ 6 项所指的侵犯注册商标专用权的行为相近似的侵权行为。按照这种解释，回到《商标法》第 57 条第 1 项和第 2 项的分析可以得出结论，在既不相同也不相类似的商品上使用与注册商标相同或相似的商标，在一般情况下并不足以构成违反《商标法》第 57 条第 7 项的行为。

但是，在本案中被告对于《商标法》第 57 条的违反源自于“三一”商标应当被认定为《商标法》第 14 条所说的驰名商标这一事实。《商标法》第 13 条第 3 款规定，未经授权而使用他人驰名商标，即使使用于与核定使用的商品不相似的商品上，也侵犯了权利人的商标专用权，会误导公众，损害商标注册人的利益。

“三一”商标是驰名商标，因为《商标法》第 14 条第 1 款第 1 ~ 5 项所规定的前提条件均已获得满足。原告已多年在其机床产品上使用该商标，且该商标的机床产品拥有很大市场占有率（原告名列中国领先机械产品生产企业第五名）。原告的产品在中国几乎所有地区均有销售，因此其商标为广大地区的公众所知晓。此外，标示着“三一”商标的产品已获得机械零售商和土木工程企业的广泛认可，因此对相关公众而言属于驰名商标。

原告的产品并不为个体消费者所知晓这一事实对于判决结果没有影响。根据《驰名商标认定和保护规定》第 2 条，相关公众包括与使用商标所标示的某类商品或者服务有关的消费者，生产前述商品或者提供服务的其他经营者以及经销渠道中所涉及的销售者和相关人员等。在本案中，相关公众不是由个体消费者构成的群体，而应当被认为包括机械零售商和土木工程企业，因为只有这些企业和人员销售、购买原告的产品。

此外，被告在其生产的产品上使用“三一”商标会使公众产生误认。因为“三一”商标作为原告所生产的土木工程产品品牌商标而在业界广为人知，将该商标使用在被告的起重机上而不予任何解释说明，很容易给公众带来误导，使公众误认为这些起重机也是原告所生产的产品。再者，如果“三一”商标也使用在起重机上，这一商标就不会被视为土木工程产品的专用商标。原告是该驰名商标的注册持有人，该商标独特性的丧失也会为原告带来利益损害。

不存在例外情况排除原告的诉讼请求，因为被告至今一直持续从事侵犯原告商标专用权的行为。

2. 原告有权要求向其支付损害赔偿400,000元人民币。

原告诉讼请求的法律基础为《侵权责任法》第2条第1款和第2款，以及《侵权责任法》第15条第6项。

根据《商标法》第57条，被告在其生产的机床产品上使用“三一”标识，这一行为违反了《商标法》第57条第7项之规定，因此被告侵犯了原告对于“三一”商标的专有使用权。

不存在例外情况排除原告的诉讼请求。原告的起诉未超过《最高人民法院关于审理商标民事纠纷案件适用法律若干问题的解释》第18条第1句所规定的诉讼时效，因为被告的侵权行为始于2013年10月，而仅仅3个月之后原告就提起了诉讼。

此外，被告主张即使被告的确侵犯了原告的注册商标专用权，被告的侵权行为却既非故意，也非过失。但是原告的诉讼请求并不会因为这一点而根据《商标法》第64条第2款的规定被排除，因为《商标法》第64条第2款在此处并不适用。《商标法》第64条第2款很明确地规定，只有当侵权行为是商品销售者所为时，销售者才能适用这一条款排除权利人的诉讼请求。这一条款所明确针对的是销售者，而《商标法》第64条第1款则针对任何侵权人。因此从条文表述中可以得出结论，只有在针对商品销售者提出的诉讼请求中，商品销售者的善意行为才能够排除该诉讼请求。而在针对商品生产者提出的诉讼请求中，生产者（本案中的被告）的善意行为也不能排除该诉讼请求。

根据《商标法》第63条第1款第1句，原告有权向被告主张损害赔偿400,000元人民币，因为对于原告因被告使用“三一”商标而遭受的实际损失数额这一问题，原被告双方不存在争议。

根据《诉讼费用交纳办法》第29条，诉讼费用应当由被告承担。

法官签字

二、商标法案例 R2

说 明

1. 请运用德国法律适用方法进行下面的练习。请尝试按照课堂上讲授的方法对案件事实进行分类。法庭是否必须进行证据的听证？

- 如果是：写出证据上存在的问题。
- 如果不是：原告能否胜诉？

2. 只有当案件事实表明案件的可受理性存在问题时，才分析诉讼请求可受理性的问题。

3. 请假设工商行政管理部门在对张清作出罚款处罚时符合所有形式要件方面的要求。

4. 请假设法庭会给双方当事人所有法律要求的意见和建议。

案件卷宗

新阳律师事务所

城关分所

南阳市城关镇宗新路 78 号

起诉书

原告：张清，方城县城关镇。

委托代理人：新阳律师事务所律师。

被告：方城县城关镇工商行政管理局（SAIC）。

就张清与方城县城关镇之间的法律争议

代表原告，我们请求法院：

撤销城关镇工商行政管理局作出的人民币 20000 元和 30000 元的行政罚款。

理由：

第一，原告生产并销售食用油及其他商品。2014 年 8 月 22 日，被告检查了原告的仓库。并发现 400 箱食用油。被告认为其包装箱模仿了著名商标“金龙鱼”。2014 年 8 月 28 日，被告对原告处以 20000 元的罚款，并禁止原告销售这 400 箱食用油以及继续制造类似包装箱。该处罚行为进行了听证。原告于 2014 年 8 月 29 日收到了处理通知。包装箱并没有被没收或销毁。

该罚款应该撤销。这些食用油的包装箱并没有模仿“金龙鱼”商标。首先，这些包装箱上并没有标上“金龙鱼”商标，而是“金花鱼”商标。其次，两者的设计并不相似。再次，被告并没有证明“金龙鱼”商标已经在中国商标局登记。

第二，2014 年 9 月 8 日，被告再次检查了原告的仓库。因为技术上的原因，这些包装箱此时还没有被销毁。再一次进行听证后，被告在 2014 年 9 月 12 日又对原告处以 30000 元的罚款。这次被告没收了这 400 个包装箱。原告于罚款当日收到了处理通知。

我方当事人并没有违反相关法律。其产品与竞争者的产品有显著不同。此外，我们不明白为什么我方当事人会因为同一行为被处罚两次。

因此，我方请求法庭撤销两次罚款。

此致

方城县人民法院

袁月

2015 年 3 月 2 日

方城县城关镇工商行政管理局

城关镇流芳路 19 号

答辩书

就张清与方城县城关镇之间的法律争议

我方请求法院：

驳回原告诉讼请求。

理由：在对原告仓库的检查过程中我们发现了 400 箱食用油，上面有“金花鱼”的商标。这些产品模仿了“金龙鱼”商标。这是违反《商标法》规定的行为。因此罚款是合法的。

“金龙鱼”商标自 1985 年起已经在商标局登记注册。

证据：摘自商标登记机关的记录。

原告违反了《商标法》。其产品仿造了注册商标“金龙鱼”。显然，原告试图通过使用相似的名称和一样的外观设计来仿造著名商标“金龙鱼”。消费者无法分辨原告的产品和真品。

证据：对没收的包装箱的检查记录。

我方请求法庭驳回原告的诉讼请求。

附件：相关的规范性文件（因案例教学目的省略）

此致

方城县人民法院

林琳

2015 年 3 月 18 日

新阳律师事务所

城关分所

南阳市城关镇宗新路 78 号

就张清与方城县城关镇之间的法律争议

我方强烈反对产品的外观设计是一样的观点。至多只有小部分相似。这还不够。

证据：对没收的包装箱的检查记录。

除此以外，我方当事人已经停止生产“金花鱼”牌食用油，并且没有尝试出售原有的包装箱。只是因为技术上的原因，这些包装箱还没有被销毁。

证据：张清先生的证言。

此致

方城县人民法院

袁月

2015 年 4 月 22 日

方城县城关镇工商行政管理局

城关镇流芳路 19 号

就张清与方城县城关镇之间的法律争议

我们并不否认，原告已经停止生产并且没有尝试销售 400 个包装箱。虽然如此，原告依旧两次违反了《商标法》。

此致

方城县人民法院

林琳

2015 年 4 月 28 日

案件事实分类表

原告	被告	诉讼过程（如果相关）
撤销城关镇工商行政管理局处以的人民币20000元和30000元的行政罚款	驳回原告诉讼请求	
原告生产并销售食用油		
2014年8月22日，被告检查了原告的仓库，查出400箱食用油		
这些箱子上标有“金花鱼”的商标		
	“金龙鱼”是一个自1985年于工商局依法注册的食用油著名商标 （证据：商标登记记录）	
产品之间只有很小的地方相似	两种产品商标标识的图形设计是一样的 （证据：没收的包装箱）	
2014年8月28日，被告对原告进行了20,000元的罚款，并禁止原告销售这400箱食用油以及继续生产这种箱子的油		
这400箱油并没有被没收或销毁。原告于2014年8月29日收到了处理通知		
2014年9月8日，被告再次检查了原告的仓库，并又一次发现了这400箱食用油（因此，原告当时因为技术原因并没有销毁这些箱子）		

2014 年 9 月 12 日，被告又对原告进行了 30,000 元的罚款。这一次，这些油被没收。原告于 2014 年 9 月 12 日收到了处理通知 原告在第一次罚款之后已经停止生产，并且未曾尝试销售这 400 箱食用油		原告于 2015 年 3 月 2 日提起诉讼

图例说明：

________ = 有争议事实

无下划线的 = 无争议事实

-------- = 法律意见

解决方案

结　构

A. 事实分类——重要的事实

Ⅰ. 无争议的事实

Ⅱ. 被告提出但原告有异议的事实

Ⅲ. 原告提出但被告有异议的事实

B. 法庭是否需要举行证据听证会？

Ⅰ. 按照被告的辩解和无争议的事实，被告能否胜诉？

1. 原告的诉讼请求

2. 可受理性

a. 第一次罚款 20, 000 元

b. 第二次罚款 30, 000 元

c. 中间结论

3. 合理性

a. 罚款的违法性

aa. 法律基础

bb. 形式合法性

cc. 实质合法性

（1）法律基础的前提条件

i. 商标侵权

ii. 罚款处罚没有法律阻碍

iii. 中间结论

（2）结论

b. 个人权利

4. 结论

Ⅱ. 原告基于自己的主张是否可能胜诉？

1. 原告的诉讼请求

2. 可受理性

3. 合理性（针对第二次罚款的诉讼请求）

4. 结论

Ⅲ. 结论

C. 结论

A. 事实分类——重要的事实

（表面上）对于法律纠纷没有重要意义的事实在进行事实分类时可以跳过。对于更复杂的案件而言，这是十分必要的，否则就不能得出一个有意义的概览。

Ⅰ. 无争议的事实

- 原告生产并销售食用油。
- 2014 年 8 月 22 日，被告检查了原告的仓库，查出 400 箱食用油。
- 这些箱子上标有“金花鱼”的商标。
- “金龙鱼”是一个中国知名的食用油商标。
- 2014 年 8 月 28 日，被告对原告处以 20,000 元的罚款，并禁止原告销售这 400 箱食用油以及继续生产这种箱子的油。这 400 箱油并没有被没收或销毁。原告于 2014 年 8 月 29 日收到了处理通知。
- 2014 年 9 月 8 日，被告再次检查了原告的仓库，并又一次发现了这 400 箱食用油（因此，原告当时并没有销毁这些箱子）。
- 2014 年 9 月 12 日，被告又对原告处以 30,000 元的罚款。这一次，这些油被没收。原告于 2014 年 9 月 12 日收到了处理通知。
- 原告在第一次罚款之后已经停止生产，并且没有尝试销售这 400 箱食用油。
- 原告于 2015 年 3 月 2 日提起诉讼。

原告并没有明确表示，被查出的箱子都是一样的。这种情况经常出现，即原告或被告的诉讼请求并不清晰。尝试着通过解释来获得信息。你也可以从被告的诉讼请求中找到这一信息。

Ⅱ. 被告提出但原告有异议的事实

- “金龙鱼”的商标 1985 年已经在商标局进行了注册。
- 两种产品商标标识的图形设计是一样的。

这是一个独立的主张。原告不仅仅对被告所述提出异议，同时还提出了其他事实（很小的相似）。

Ⅲ. 原告提出但被告有异议的事实

- 两种产品商标标识的图形设计至多只有很小的相似性。

B. 法庭是否需要举行证据听证会?

首先要研究的问题是这个诉讼请求是否是可受理的，接下来的问题是争议事实对于法院的判决是否具有重要性。如果争议事实与判决的作出无关的话，就不需要对其进行证据的听审了。

> 在大多数情况下，只有双方有异议的事实才是未确定的，但可能有例外情况。

如果满足下列条件，法庭应举行听证会：

- 有未确定的事实（例如，有异议的事实）。
- 该事实与作出判决有直接相关性。

未确定的事实有（见上文）：

- 设计是否一致?
- “金龙鱼”的商标是否已经在中国商标局进行了注册?

> 这一方法帮助法官避免了不需要的工作，而集中于核心的问题。当然，法官并不一定要写下如下的步骤。请将这一方法理解为“思考的方式”，它对于复杂的案件尤其有帮助意义。

如果判决依赖于这些事实，那么这些事实与判决有直接联系。

为弄清楚这一点，应当退一步分别假设被告和原告的主张是真实的，并看看他们是否能够依据自己的主张获得胜诉。如果两种情况下的判决结果没有不同，则未确定的事实就与判决结果没有联系。如果两种情况下的判决结果不同，那么你就找到了可以影响判决结果的未确定事实。

> 在行政案件中，更适宜从被告方开始分析。被告必须证明自己的行为正当，并承担举证责任。如果基于无争议的事实和被告的辩解，原告的诉讼请求是可以受理或者是正当的，原告将胜诉，无论其自己的主张是怎样的。

Ⅰ. 按照被告的辩解和无争议的事实，被告能否胜诉?

如果原告的起诉不被受理或不合法，被告可以基于无争议的事实和他的抗辩取得胜诉。

1. 原告的诉讼请求

原告请求法院撤销两次行政罚款（人民币 20,000 元和 30,000 元）。必须区分这两个请求。这两个诉讼请求都属于对行政行为不服的诉讼。

> 随后你将会看到作这种区分的重要意义。

2. 可受理性

首先，需要考查的问题是该诉讼请求是否可以受理。在本案中，原告的诉讼请求可能会因为超过诉讼时效而存在问题。

> 只有当案件事实表明案件的可受理性存在问题时，才分析诉讼请求可受理性的问题（见案卷说明）。

可受理性问题一般包括下列方面：
- 管辖权
- 无其他有约束力的判决
- 行政行为的性质
- 提起诉讼的人的性质
- 提起诉讼的法律权限
- 适格的被告
- 行政复议的必要性

a. 第一次罚款 20,000 元

存在问题的是，对于要求撤销第一次罚款 20,000 元的诉讼请求是否在诉讼时效之内。《行政诉讼法》第 46 条第 1 款规定，诉讼时效为六个月，法律另有规定的除外。在本案中，因为不存在另有规定的特殊法律条文，原告应当在知道或者应当知道作出行政行为之日起六个月内提出诉讼。

《民事诉讼法》第 82 条规定了计算时效期间的方法。尽管这一条文仅仅针对民事审判，而不能直接适用于本案，《最高人民法院关于执行〈中华人民共和国行政诉讼法〉若干问题的解释》第 97 条规定，人民法院审理行政案件，可以参照民事诉讼的有关规定。因此，《民事诉讼法》第 82 条的规定可以适用于本案。原告在 2014 年 8 月 29 日收到第一次罚款的处罚通知书。因此，根据《行政诉讼法》第 46 条第 1 款，他应当在这一天之后的六个月内提起诉讼。但是，《民事诉讼法》第 82 条第 2 款第 2 句规定，期间开始的时和日，不计算在期间内。期间计算应当从收到罚款通知书的第二天，也就是 2014 年 8 月 30 日开始计算。《行政诉讼法》第 46 条第 1 款规定，诉讼时效的存续期间为 6 个月。根据《最高人民法院关于贯彻执行〈中华人民共和国民法通则〉若干问题的意见》第 198 条第 1 款的规定，每个月按 30 天计算。因此，该诉讼时效期间共计 180 天。这一诉讼时效会在 2015 年 2 月 25 日超期。原告在 2015 年 3 月 2 日向法院提出诉讼。因此，原告的诉讼超过诉讼时效。

b. 第二次罚款 30,000 元

存在问题的是，对于要求撤销第二次罚款 30,000 元的诉讼请求是否在诉讼时效之内。原告在 2014 年 9 月 12 日收到第二次罚款的处罚通知书。因此，根据《行政诉讼法》第 46 条第 1 款，他应当在这一天之后的六个月内提起诉讼。但是，《民事诉讼法》第 82 条第 2 款第 2 句规定，期间开始的时和日，不计算在期间内。期间计算应当从收到罚款通知书的第二天，也就是 2014 年 9 月 13 日开始计算。《行政诉讼法》第 46 条第 1 款规定，诉讼时效的存续期间为 6 个月。根据《最高人民法院关于贯彻执行〈中华人民共和国民法通则〉若干问题的意见》第 198 条第 1 款的规定，每个月按 30 天计算。因此，该诉讼时效期间共计 180 天。这一诉讼时效会在 2015 年 3 月 11 日超期。原告在 2015 年 3 月 2 日向法院提出诉讼。因此，原告的诉讼没有超过诉讼时效。

c. 中间结论

综上，请求撤销第一次罚款的诉讼请求因为超过诉讼时效而不可受理。请求撤销第二次罚款的诉讼请求可以受理。

3. 合理性

如果该行政罚款（30, 000 元）不合法并且侵害了原告的权利，该诉讼请求就能成立。

> 因为针对第一次罚款的起诉不可受理，你只需要讨论针对第二次罚款的起诉的合理性。

a. 罚款的违法性

首先需要考查的问题是，罚款是否是违法的。如果罚款没有法律依据或者罚款形式违法或者实质违法，那么罚款就是违法的。

aa. 法律基础

需要考查的问题是，哪个法律条文是罚款的法律基础。《商标法》第 61 条规定，对侵犯注册商标专用权的行为，工商行政管理部门有权依法查处。这一条文仅仅抽象地赋予工商行政管理部门进行依法查处的权力，但是并未具体规定应当施以什么样的处罚，因此《商标法》第 61 条不是罚款的充分的法律基础。《商标法》第 60 条第 2 款规定了工商行政管理部门处理时，认定侵权行为成立的，可以采取的处罚措施。根据这一条文，工商行政管理部门有权对侵权人作出罚款处罚。因此，《商标法》第 61 条结合《商标法》第 60 条第 2 款是这一罚款的法律基础。

bb. 形式合法性

作出罚款处罚可能是形式违法的。如果罚款不满足法律规定的形式要求，那么罚款就是形式违法的。根据本案事实，罚款是形式合法的（参见卷宗说明）。

cc. 实质合法性

问题是，对原告作出的30,000元的罚款处罚可能是实质违法的。如果法律基础的前提条件没有获得满足，或者工商行政管理机关在法律后果中选取了不适当的处罚方式，那么罚款就是实质违法的。

（1）法律基础的前提条件

需要考查的问题是，《商标法》第61条结合《商标法》第60条第2款所规定的前提条件是否均已获得满足。

i. 商标侵权

根据《商标法》第61条，被告必须实施了《商标法》第57条所规定的侵犯商标专用权的行为。

（i）“金龙鱼”为依法受到保护的商标

只有注册商标才能获得《商标法》第56条及以下条款的保护。因此，“金龙鱼”商标必须是一项注册商标才能获得法律保护。根据被告所主张的事实，“金龙鱼”商标已经于1985年在商标局依法注册，该商标专门使用于食用油。因此，“金龙鱼”商标获得《商标法》第57条的法律保护。

（ii）《商标法》第57条第1项

第1步

原告在其食用油箱子上使用“金花鱼”商标的行为可能构成违反《商标法》第57条第1项的行为。

第2步

如果原告所使用的商标与注册商标“金龙鱼”相同，而且原告在同一种商品上使用该商标，那么就构成商标侵权行为。问题是，“金龙鱼”商标和“金花鱼”商标是否相同。

第3步

尽管《商标法》和《商标法实施条例》都没有规定

认定商标相同的标准和方式，《最高人民法院关于审理商标民事纠纷案件适用法律若干问题的解释》第9条第1款规定，商标相同，是指被控侵权的商标与原告的注册商标相比较，二者在视觉上基本无差别或者无读音差别。认定商标相同时，必须结合《最高人民法院关于审理商标民事纠纷案件适用法律若干问题的解释》第10条的规定。因此，需要比较两个商标的总体设计以及它们的重要构成要素特征。

两个商标均由三个汉字构成。尽管第一个字和最后一个字是一样的，第二个字却是不同的。由于其中一个汉字存在不同，可以认为两个商标在视觉上是显著不同的。因此，两个商标不相同，原告的行为不构成《商标法》第57条第1项所规定的侵权行为。 结论

(iii)《商标法》第57条第2项

此外，原告的行为或许构成《商标法》第57条第2项的侵权行为。如果原告所使用的“金花鱼”商标与注册商标“金龙鱼”近似，而且原告在类似商品上使用该商标，那么就构成商标侵权行为。如前所述，可以根据《最高人民法院关于审理商标民事纠纷案件适用法律若干问题的解释》第9条和第10条判断商标是否相似。尽管商标包括三个汉字，其中一个汉字完全不同，这意味着两个商标只有2/3的文字相似性，但是需要考虑的是（根据被告的诉讼主张及其提出的事实），两个商标的图形设计是相同的。2/3的文字相似性以及相同的图形设计会使消费者在第一眼看到商标时无法区分两个商标的不同。只有当消费者仔细辨识之后，才能发现两个商标所使用的汉字差别。这种视觉上的相似性已经足以认定两个商标是近似的。 第1步 第2步 第3步

此外，商标必须使用在相同或者相似的商品上。根据本案无争议事实，两个商标都使用在食用油箱子上。因此，两个商标使用于相同商品。

最后，原告使用近似商标必须是容易导致混淆的。两个商标极其近似。因此，消费者很容易认为原告所生产的食用 结论

油是注册商标“金龙鱼”商标权人所生产的商品。因此，使用“金花鱼”商标很容易使消费者产生混淆。综上，原告的行为构成《商标法》第57条第2项所规定的侵权行为。

（iv）中间结论

根据被告所主张的事实，原告的行为构成《商标法》第57条第2项所规定的侵犯“金龙鱼”注册商标专用权的行为。

ii. 罚款处罚没有法律阻碍

此外，罚款处罚必须不存在法律阻碍。尽管《商标法》第61条和第60条第2款没有规定任何不得罚款的情况，但根据一般法律规则，只有当行政行为符合法律规定的积极构成要件并且不存在作出行政行为的法律阻碍时，行政行为才是合法的。其他法律条文中可能规定了这种法律阻碍的事由。在本案中需要考查的问题是，《行政处罚法》第24条是否禁止工商行政管理局实施第二次罚款30,000元。

第1步

根据这一条文，对当事人的同一个违法行为，不得给予两次以上罚款的行政处罚。

第2步

被告主张2014年9月8日所发现的箱子就是2014年8月22日发现的箱子。根据被告的主张，原告生产400箱食用油的行为已经侵犯了“金龙鱼”商标的商标专用权。

原告已经因此行为被处以了20,000元的罚款。因为原告已经停止生产且没有尝试销售这些食用油的事实已经确定，第二次侵权行为并没有发生。

第3步

原告是否销毁包装箱不具有相关性。被告只是禁止原告销售这400箱以及继续制造类似包装箱，但并没有要求原告销毁包装箱。所以他并没有触犯另一个法律。

结论

因此，《行政处罚法》第24条的前提条件都得到了满足，第二次罚款是不合法的。

iii. 中间结论

综上，法律基础的前提条件没有获得满足。罚款不具有实质合法性。后续的问题，即罚款的方式是否符合法律基础所规定的法律后果，就无须分析了。

（2）结论

根据被告的请求和双方无争议的事实，第二次的罚款是不合法的。

b. 个人权利

因为该行政行为不合法，并且给原告带来了损害，所以原告的个人权利受到了侵害。

4. 结论

根据没有争议的事实和被告的主张，对第一次罚款的起诉不可受理。对第二次罚款的起诉请求将得到支持。

Ⅱ. 原告基于自己的主张是否可能胜诉？

如果其诉讼请求是可受理的并且是正当的，原告就能胜诉。

1. 原告的诉讼请求

原告请求法庭撤销两次行政罚款（20,000 元和 30,000 元）。

2. 可受理性

因为对于案件是否可以受理的相关事实没有争议，结论不会有什么不同：对第一次罚款的起诉不可受理；对第二次罚款的起诉可以受理。

3. 合理性（针对第二次罚款的诉讼请求）

因为基于被告的主张和无争议的事实，对第二次罚款的诉讼请求已经是正当成立的，原告将胜诉，无论他自己的主张如何。不需要进行其他考察。

> 否则应该考察原告的主张。

4. 结论

针对第一次罚款的起诉不可受理。原告的第二个诉讼请求会胜诉。

Ⅲ. 结论

有争议事实

- 设计是否相同？
- “金龙鱼”商标是否已经在中国商标局注册？

与判决没有直接联系。判决并不依赖于这些事实。

C. 结论

法庭不需要对证据进行听证。

原告对第二次罚款的诉讼请求将得到法院支持。对第一次罚款的诉讼请求不会得到法院支持。

判决书

原告：张清，方城县城关镇。

委托代理人：新阳律师事务所律师，南阳市城关镇宗新路78号。

被告：方城县城关镇工商行政管理局。

就张清与方城县城关镇工商行政管理局之间的法律争议，

人民法院法官陆德方代表方城县人民法院，判决如下：

一、被告撤销其于2014年9月12日向原告作出的第二次人民币30,000元的行政罚款。

二、驳回原告其他诉讼请求。

三、由原告承担诉讼费用的五分之二，被告承担其余五分之三。

事实陈述

原告请求法院撤销被告因原告违反《商标法》的规定而向其作出的两次行政罚款处罚。

原告生产并销售食用油。2014年8月22日，被告在检查原告仓库时发现400箱标有“金花鱼”标志的食用油。

“金龙鱼”是中国食用油驰名商标。2014年8月28日，被告向原告处以人民币20,000元的罚款，同时禁止原告销售该400箱食用油，并责令其停止类似包装箱的生产。该等包装箱并未被没收或销毁。原告于2014年8月29日收到了此次处理通知。

2014年9月5日，被告再次对原告仓库进行检查。检查中发现原告并未销毁之前查处的400箱食用油。2014年9月8日，被告又对原告处以了人民币30,000元的罚款，同时没收了这400箱食用油。原告于2014年9月12日收到了此次处理通知。

经过第一次罚款处理后，原告停止了该食用油的生产，并未曾尝试出售之前查处的400箱食用油。原告于2015年3月2日向法院起诉。

原告认为，“金花鱼”与“金龙鱼”商标标识的图形设计仅存在较小相似。原告同时认为，被告针对其一个行为作出了两次行政处罚。据此，原告请求法院：

撤销被告对原告作出的金额为20,000元和30,000元的两次行政罚款。

应原告起诉，被告请求法院：

驳回原告诉讼请求。

被告认为，“金龙鱼”乃自1985年起于商标局依法注册的商标，而两个商标标识的图形设计是相同的。

此外，被告认为，原告的行为两次违反了《商标法》的规定。

本次庭审过程可见于2015年6月2日的庭审记录之中。

判决理由

原告的诉讼请求部分可以受理。对于符合起诉条件的诉讼请求，事实、理由充足，能够得到法院支持。

1. 根据《行政诉讼法》第46条第1款，原告要求撤销第一次罚款的诉讼请求不可受理，因为原告没有在知道或者应当知道作出行政行为之日起六个月内提起诉讼。原告在2014年8月29日收到第一次罚款的处罚通知书，根据《民法通则》第154条第2句，6个月的诉讼时效期间计算应当从2014年8月30日开始计算。根据《民法通则意见》第198条第1款的规定，每个月按30天计算。因此，该诉讼时效期间共计180天。这一诉讼时效会在2015年2月25日超期。原告在2015年3月2日向法院提出诉讼。因此，原告的诉讼超过诉讼时效。

原告要求撤销第二次罚款的诉讼请求可以受理，因为原告在知道或者应当知道作出行政行为之日起六个月内提起诉讼。原告在2014年9月12日收到第二次罚款的处罚通知书。6个月的诉讼时效期间计算应当从2014年9月13日开始计算。这一诉讼时效会在2015年3月11日超期。原告在2015年3月2日向法院提出诉讼。因此，原告的诉讼没有超过诉讼时效。

2. 原告要求撤销第二次罚款的诉讼请求事实、理由充足，能够得到法院支持。第二次罚款30,000元人民币是违法罚款，因为实施第二次罚款的实质前提条件没有获得满足。尽管根据《商标法》第57条第2项，原告在其生产的食用油上使用“金花鱼”商标的行为侵犯了商标权人对于“金龙鱼”注册商标的专用权，但是《行政处罚法》第24条禁止工商行政管理局实施第二次罚款。根据《行政处罚法》第24条，对当事人的同一个违法行为，不得给予两次以上罚款的行政处罚。在原告收到第一次罚款通知之后，原告已经停止生产这些可能属于违法的产品，并且原告也没有尝试销售这些食用油箱子。第二次侵权行为并没有发生，因为被告只是禁止原告销售这400箱以及继续制造类似包装箱，但并没有要求原告销毁包装箱。

此外，被告对原告无故处以人民币 30,000 元罚款的行为，侵害了原告个人权利。

根据《诉讼费用交纳办法》第 29 条，由原告承担全部诉讼费用的五分之二，被告承担其余五分之三。

法官签字

三、著作权法案例 R1

说　明

1. 请运用德国案例分析方法解决所给案例，并书写判决书。

2. 假设本案中所有形式要件方面的要求均已获得满足。

3. 如果认为解决该案例还需要更多的调查，请假定调查已进行但未得到结果。

案件卷宗

荣辉律师事务所

北京办事处

北京市花园路 3 号

起诉状

关于以下两方当事人之间的纠纷：

原告：韩天谷女士①，北京市东直门外大街 16 号。

律师：宁荣辉，北京市花园路 3 号。

以及

被告：张奇先生，北京市海淀区东北旺路 10 号。

我们代表原告请求法院作出如下判决：

1. 被告从其数码相机“Sony MX 500”上删除原告画作“月球风景”的照片。

2. 被告删除上传到其网站 www. qi-zhang-beijing. cn 上的原告画作“月球风景”的照片文件。

3. 被告向原告支付人民币 50, 000 元。

原告是中国一位有名的艺术家，过去几年曾在一些私人展览以及博物馆中展

---

① 请注意本案中艺术家和作品的名字均为虚构。

出过自己的很多画作，在 2014 年 12 月 10 日 798 艺术区的一次私人展览中，原告展示了自己最著名的画作“月球风景”及其他作品。

被告是一位自然人，2014 年 12 月 10 日傍晚他就在展会上，趁人不注意的时候他用自己的数码相机拍了“月球风景”一张照片。

证据：搜查相机得到的记录。

被告必须删除照片，因为这一行为侵犯了著作权。

几天后，2014 年 12 月 15 日，被告又实施了另一个侵犯著作权的行为：他把照片上传到自己的个人网站 www. qi-zhang-beijing. cn 上以供下载，每下载一次收费 200 元人民币。

证据：被告网站的屏幕打印。①

2015 年 3 月 12 日，原告发现自己的作品“月球风景”的照片被上传到网站，并且可以下载。2015 年 3 月 21 日，原告给被告写信要求其停止侵犯自己的著作权，被告没有回应，因此原告只能提起法律诉讼。

自照片被上传到网站之日起，总共被下载了 200 次，但是原告的实际经济损失高于 40, 000 元人民币，因为由于文件的上传，参加私人展会及其他展览来参观原告最有名的作品的人数减少了。通常展会上的收益可以达到每个月 20, 000 元人民币，2014 年 12 月之后参展人数减少，收益减少到每个月只有 10, 000 元人民币，乘以 5（12 月，1 月，2 月，3 月，4 月）之后，总数为 50, 000 元人民币。

被告两次侵犯了原告画作“月球风景”的著作权。该侵权行为造成了原告 50, 000 元人民币的经济损失，因此原告有权要求被告停止侵权，并赔偿给原告造成的损失。

此致

北京市海淀区人民法院

宁荣辉

2015 年 5 月 1 日

---

① 这里没有提供。

信阳律师事务所

北京市安里路47号远洋大厦15楼

答辩状

关于以下当事人之间的纠纷：

韩天谷女士/张奇先生

我们代表被告，请求法院：

驳回原告的诉讼请求。

理由说明

被告的确参加了原告2015年1月10日在798艺术区举行的私人展会，也确实拍了一幅画作的照片，但不是如原告所声称的在“趁人不注意”的时候拍了“月球风景”的照片，而是在该展会的前几天，在展示该画作的一幅复制品的一个公共场所，拍下了该复制品的照片。

被告拍下照片是为了自己在家里也可以欣赏，而不必一定要在展会上才能看到，他并没有想要侵犯任何人的著作权。

因此，原告无权要求被告从其数码相机上删除该照片。

由于上传的照片是在公共场所拍摄的，因此被告可以将其上传到网站，供他人下载。

因此，原告无权要求被告删除上传到网站的照片，也无权要求被告赔偿。

被告认为，即使被告不允许将照片上传到网站，参加原告展会的人数并未减少；即使人数确实减少了，该经济损失也不是因为上传的照片导致的。原告收入减少并不是因为照片的原因，而是因为原告的一次电视采访引起了争议，使她越来越不受大家欢迎。

因此，原告的诉讼请求无法成立。

因此，其诉讼请求应当被驳回。

此致

北京市海淀区人民法院

郭信阳

2015年6月6日

荣辉律师事务所

北京办事处

北京市花园路3号

关于以下当事人之间的法律纠纷：

韩天谷女士/张奇先生

原告不同意被告的主张，原告的确受到了50,000元人民币的损失，并且有证据支持：

证据：参观者人数统计。

被告认为自己可以上传照片的猜想是错误的。并且从数码相机中找到的照片来看，被告是在那次私人展会上拍摄的照片。

此致

北京市海淀区人民法院

宁荣辉

2015年7月7日

2015年7月7日起诉状的第1号附件

EE传媒

上海市上地街12号

参观者人数统计

关于艺术家：韩天谷

2014年9月至2015年4月期间，参观该展会的人数统计如下：

时间：	参观者人数：
2014年9月	556
2014年10月	489
2014年11月	612
2014年12月	375

2015 年 1 月　　267

2015 年 2 月　　234

2015 年 3 月　　251

2015 年 4 月　　211

致礼

李霞

市场经理

庭审记录：

双方当事人都由其律师代表，重复了以上陈述，他们各自阐明了自己的法律观点并进行了讨论。

案件事实分类表

原告	被告	诉讼过程（如果相关）
1. 被告从其数码相机“Sony MX 500”上删除原告画作“月球风景”的照片 2. 被告删除上传到其网站 www.qi-zhang-beijing.cn 上的原告画作“月球风景”的文件 3. 被告向原告支付人民币 50,000 元	驳回原告的诉讼请求	
原告是中国一位有名的艺术家，过去几年曾在一些私人展览以及博物馆中展出过自己的很多画作 原告最著名的画作是“月球风景” 在 2014 年 12 月 10 日 798 艺术区的一次私人展览中，原告展示了“月球风景” 展会上，被告用自己的数码相机拍了“月球风景”一张照片 发生了著作权侵权 2014 年 12 月 15 日，被告把照片上传到自己的个人网站，每下载一次收费 200 元人民币 上传照片是另一个侵犯著作权的行为 2015 年 3 月 12 日，原告发现了这些情况 截至目前，照片总共被下载了 200 次 12 月以来，参加原告展会的人数减少了一半	被告是在一个公共场所拍下的照片 没有侵犯著作权 上传照片没有侵犯著作权 参加原告展会的人数并未减少	

由于照片的上传，导致原告经济损失 50,000 人民币	导致经济损失的是电视采访	

图例说明：

__________ =有争议事实

无下划线的 =无争议事实

\- - - - - - - - - - =法律意见

解决方案

A. 事实分类

为了清楚地梳理案件主要事实，建议使用案件事实表，见附件。

B. 充足性阶段

首先需要明确原告提出了三个诉讼请求：第一，被告从其数码相机上删除照片；第二，删除网站上的照片；第三，赔偿人民币 50,000 元。这里建议将这三个诉讼请求分别进行分析。

Ⅰ. 要求被告从其数码相机上删除照片的诉讼请求

原告请求法院责令被告从其数码相机上删除照片，如果该诉讼请求具有法律基础且法律基础的前提要件都满足，那么法院就会作出这样的判决。

1. 法律基础

“谁向谁请求什么，以什么为法律基础？”

原告要求删除数码相机上的照片，正确的法律基础必须规定了被告的侵权行为是法律禁止的，该侵权行为的法律结果也是原告想要的。因此需要考虑哪个法条可能成为该诉讼请求的依据。《著作权法》第 47、48 条可能作为法律基础。

a. 《著作权法》第 47 条第 7 项

如果被告的行为属于《著作权法》第 47 条第 7 项中的“使用他人作品，应当支付报酬而未支付的”情形，那么该项可能会适用。问题是这里的“应当支付报酬而未支付的”应当如何理解。

从《著作权法》第 24 条第 1 款可以看出，可以与著作权人订立许可使用合同，该条第 2 款第 4 项规定许可使用合同应当包含的内容之一是付酬标准和办法，因此只有存在许

> **注解**
> 《民法通则》第 118 条以及《侵权责任法》第 2 条第 1 款、第 2 款也同样规定了著作权受到侵犯的可以要求停止侵权行为，因此《民法通则》第 118 条以及《侵权责任法》第 2 条第 1 款、第 2 款也可以作为该诉讼请求的法律基础。但是中国法上有一条原则，即特别法优于一般法，《民法通则》第 118 条属于一般的民法，而《侵权责任法》规定的是一般权利受到侵犯所应承担的民事责任。

可使用合同的情况下才可能出现待付报酬的问题。也就是说《著作权法》第47条第7项间接要求著作权许可使用合同的存在，因为其中规定了支付报酬的义务。而本案中原告与被告之间并没有签订许可使用合同，因此《著作权法》第47条第7项不能适用。

> 《著作权法》第47、48条属于知识产权法，是民法中一个特殊的领域，处理的是著作权侵权行为，即一种特殊的个人权利受侵犯的情形。
>
> 但是，《立法法》第92条规定当存在不同的法律条件和法律结果时，特别法优于一般法。本案中，《著作权法》第47、48条必须在审查《民法通则》第118条以及《侵权责任法》第2条第1款、第2款的过程中进行审查。因此，《民法通则》第118条、《侵权责任法》第2条第1款、第2款，以及《著作权法》第47、48条的前提要件和法律结果都是一样的，因此，相比而言，《著作权法》第47、48条也不是特别法。因此，《民法通则》第118条以及《侵权责任法》第2条第1款、第2款也同样可以作为这里的法律基础。

b.《著作权法》第47条第（6）项

《著作权法》第47条第6项有可能适用。根据该条，侵权人必须未经著作权人许可，以改编的方式使用了著作权人的作品。这就需要考虑被告是否以改编的方式使用了原告的作品，《著作权法》第10条第14项对“改编”进行了定义，即改变作品，创作出具有独创性的新作品，其特点是运用他人的作品创造出了一个新作品。本案中被告只是拍了一张照片，没有再进一步使用，因此不符合改编的情况，《著作权法》第47条第6项不适用。

c.《著作权法》第48条第1项

《著作权法》第48条第1项可能会是正确的法律基础，这样就要求被告必须复制了原告的作品。《著作权法》第10条第5项对复制进行了定义，其中规定复制权，即以印刷、复印、拓印、录音、录像、翻录、翻拍等方式将作品制作一份或者多份的权利。而本案中被告只是拍了画作的照片，没有录像，不属于该项中列举的情形。

然而用数码相机拍照会导致在相机屏幕上出现一张数码照片，另外拍照会产生一张照片，而录像会产生动态的数张照片，因此拍照与录像是两个很相似的行为，拍照只是录像的一部分，这样解释拍照就包含在了《著作权法》第10条第5项中。这一结论还可以从《著作权法》第22条第10项中得到支持，因为该条中即使摄影也可能被视为侵权。

另外法律基础还应当包含原告所要求的禁止侵权的

法律结果。原告希望责令被告从其数码相机上删除照片，《著作权法》第48条要求侵权人停止侵权，本案中的侵权行为是复制画作，这样停止侵权就意味着删除该照片，因此符合原告所期望的法律结果。

因此，《著作权法》第48条既将被告的侵权行为视为法律禁止的行为，也包含了要求被告停止侵权的法律结果。

d. 中间结论

《著作权法》第48条第1项是原告要求被告删除照片的诉讼请求的法律基础。

找到法律基础之后，法官需要在充足性阶段审查原告的主张是否支持了自己的诉讼请求，即假设如果原告主张的事实真实，原告能否胜诉。

2. 法律基础的前提要件

要求删除相机上照片的诉讼请求的前提要件必须得到满足。

a. 受保护的作品

根据《著作权法》第48条第1项，画作“月球风景”必须是一部受著作权保护的作品。《著作权法实施条例》第2条规定，著作权法所称作品，是指文学、艺术和科学领域内具有独创性并能以某种有形形式复制的智力成果。《著作权法》第3条第4项又具体列举出美术作品是受该法保护的作品，“月球风景”是韩天谷女士创作的一幅美术图画，可以以有形的方式被复制，因此，依据《著作权法实施条例》第2条以及《著作权法》第3条第4项，画作“月球风景”是著作权法意义上的作品。

《著作权法》第2条还包含了另一个前提要件，该条规定只有中国公民、法人或其他组织的作品享有著作权。本案中的画作是中国公民韩天谷女士创作的，因此根据《著作权法》第2条第1款应当受到著作权的保护。

b. 侵犯著作权

《著作权法》第48条要求有侵犯原告著作权的行为，前面已经分析过，被告用自己的数码相机拍了画作的照片，产生了一份电子复制品，因此侵犯了原告的著作权。

c. 依据《著作权法》第 22 条得出的其他结论

依据《著作权法》第 22 条可能会产生一个不同的结论，该条规定有些情况下可以不经著作权人允许使用作品，这样就不构成侵犯著作权。这样《著作权法》第 22 条至少有一种情形适用于本案。

aa.《著作权法》第 22 条第 10 项

首先，《著作权法》第 22 条第 10 项可能会导致一个不同的结论，这就要求画作必须陈列在室外公共场所。根据原告提出的事实，被告是在私人展会上拍摄的原告的照片，而私人展会是一个私人场合不对公众开放，因此不属于公共场所，也就不能适用《著作权法》第 22 条第 10 项。

bb.《著作权法》第 22 条第 8 项

另外，《著作权法》第 22 条第 8 项也可能会导致一个不同的结论，这就要求作品是被图书馆、档案馆、纪念馆、博物馆、美术馆等为陈列或者保存版本的需要而复制本馆收藏的作品，而从前面分析可以看出被告是一个自然人，不同于该项中提到的追求公共利益的机构，因此这一前提要件不能满足，《著作权法》第 22 条第 8 项不能适用。

cc.《著作权法》第 22 条第 1 项

最后，《著作权法》第 22 条第 1 项可能符合，这就要求被告必须为了个人欣赏而使用原告已经发表的作品。这就要求被告仅将照片限于自己使用，根据原告提出的事实，张奇先生用他的数码相机仅对画作拍了一张照片，首先根据无争议的事实，张奇先生拍下照片这样他在家也可以欣赏，他并未打算将其多次复制或展示给其他人，也未打算给将该画作的复制品提供给公众，因此他是为了个人欣赏的目的使用该画作的复制品，因此《著作权法》第 22 条第 1 项适用。

《著作权法》第 22 条还规定，虽然特定情况下可以不经著作权人许可，不向其支付报酬，但应当指明作者姓名、作品名称，本案中被告没有指明原告的姓名以及作品的名称，因此可以假定《著作权法》第 22 条的法律结果不适用于本案。然而，应当考虑到该条的目的：该条的目的是如果有人将著作权人的作品向公众公开了，公众应当知道谁是真正的作者。本案中被告仅将照片作为个人欣赏的目的使用，由于开始时他没有将照片向公众公开，因此就不必指明作者姓名和作品名称，因此《著作权法》第 22 条第 1 项的前提要件满足。

d. 中间结论

根据《著作权法》第 22 条第 10 项，该作品有可能不经著作权人许可而使用。

3. 结论

诉讼请求的前提要件没有满足，原告无权要求被告从其数码相机上删除画作的照片。

Ⅱ. 删除上传的照片的诉讼请求

1. 法律基础

如前面所分析的，法律基础必须规定了被告的侵权行为是法律禁止的，并且包含原告想要的法律结果。

《著作权法》第 48 条第 7 项可能会成为正确的法律基础，这样被告必须通过信息平台将作品公布于众，也就是通过网络或其他媒介将作品提供给多个使用者。本案中被告将文件上传到了网站，不过该文件不是画作本身而只是画作的照片，因此需要考虑“向公众公开”仅限于原作品还是也包括复制品。从字面来看应该仅指原作品本身，但是运用体系解释的方法整体来看画作的复制品——用数码相机拍摄的照片——也属于侵犯著作权的行为（见前面分析）。将照片上传到网站增加了原告的损失，因为有更多的人可以看到该照片，并且很多情况下原作品——跟本案一样——不能通过信息平台获得。

总结一下，有足够的理由可以相信“将作品向公众公开”也包含画作的复制品，因此被告上传照片的侵权行为属于《著作权法》第 48 条第 1 款第 7 项的范围。

另外，正确的法律基础还必须包含原告想要的法律结果，原告希望法院责令被告删除上传到其个人网站上的照片，《著作权法》第 48 条要求侵权人停止侵权，本案中照片是向公众公开的，构成了侵权。因此停止侵权意味着删除该照片，这是原告所要求的法律结果。

因此，《著作权法》第 48 条第 1 项包含了被告侵权行为的法律结果，因此是该诉讼请求正确的法律基础。

2. 诉讼请求的前提要件

诉讼请求的前提要件必须都得到满足。

a. 受保护的作品

前面已经分析过，“月球风景”是受法律保护的作品。

b. 侵犯了著作权

前面已经分析过，根据《著作权法》第 48 条第 1 款第 7 项，上传照片的行为侵犯了原告的著作权。

c. 依据《著作权法》第 22 条第 10 项得出的其他结论

需要考虑《著作权法》第 22 条第 10 项能否适用，这就要求被告为个人欣赏的目的而使用原告的作品，被告拍完照片后将其上传到网站，这样就导致几乎所有人都可以看到，这一行为不同于只是将照片存在相机上，因为这样使用者就不仅限于被告自己了。因此被告并非仅为个人目的欣赏原告作品，因此《著作权法》第 22 条第 10 项不能适用，也不会根据该项产生不同的结果。

3. 结论

原告有权要求被告删除上传到网站上的照片，停止侵权。

Ⅲ. 要求赔偿的诉讼请求

最后，被告可能有获得赔偿的请求权。

1. 法律基础

如前面分析的，正确的法律基础必须包含因被告的侵权行为所期望产生的法律结果。

《著作权法》第 48 条第 1 项可能会是正确的法律基础。

这就要求被告必须通过信息平台使作品向公众公开。本案中，被告已经将照片上传到网络，当然并不是作品本身而是作品的照片。这里还是需要考虑“向公众公开”的意思仅指原作品还是也可以包含复制品，从字面来看应该仅指原作品本身，但是运用体系解释的方法整体来看画作的复制品——用数码相机拍摄的照片——也属于侵犯著作权的行为（见前面分析）。将照片上传到网站增加了原告的损失，因为有更多的人可以看到该照片，并且很多情况下原作品——跟本案一样——不能通过信息平台获得。因此，有足够的理由可以相信“将作品向公众公开”也包含画作的复制品，因此被告上传照片的侵权行为属于《著作权法》第 48 条第 1 款第 1 项的范围。

另外，正确的法律基础还必须包含原告想要的法律结果，原告希望法院责令被告删除上传到其个人网站上的照片，《著作权法》第 48 条要求侵权人停止侵权，因此这是原告所要求的法律结果。

因此，《著作权法》第 48 条第 1 项包含了被告侵权行为的法律结果，因此是该诉讼请求正确的法律基础。

2. 诉讼请求的前提要件

诉讼请求的前提要件必须都得到满足。

a. 受保护的作品

前面已经分析过，“月球风景”是受法律保护的作品。

b. 侵犯了著作权

前面已经分析过，根据《著作权法》第48条第1款第7项，上传照片的行为侵犯了原告的著作权。

c. 依据《著作权法》第22条第10项得出的其他结论

需要考虑《著作权法》第22条第10项能否适用，这就要求被告为个人欣赏的目的而使用原告的作品，被告拍完照片后将其上传到网站，这样就导致几乎所有人都可以看到，这一行为不同于只是将照片存在相机上，因为这样使用者就不仅限于被告自己了。因此被告并非仅为个人目的欣赏原告作品，因此《著作权法》第22条第10项不能适用，也不会根据该项产生不同的结果。

3. 中间结论

原告有权要求被告删除上传到网站上的照片，停止侵权。

Ⅳ. 赔偿的数额

赔偿数额的计算需要依据《著作权法》第49条第1款第1句。该条规定侵犯著作权或者与著作权有关的权利的，侵权人应当按照权利人的实际损失给予赔偿；实际损失难以计算的，可以按照侵权人的违法所得给予赔偿。《最高人民法院关于审理著作权民事纠纷案件适用法律若干问题的解释》第24、25条具体规定了应当计算实际损失。原告主张自己的损失是50,000元人民币，因此她可以要求50,000元人民币的损害赔偿。

Ⅴ. 结论

原告可以要求赔偿损失50,000元人民币，因此原告可以胜诉。

C. 相关性阶段

需要审查被告的主张是否与原告的诉讼请求具有相关性。

在介绍部分已经指出，在相关性阶段法官需要转换视角，审查被告提供的事实能否满足法律基础的前提要件。

从事实梳理部分可以看出，有以下三个存在争议的事实：
- 照片拍摄的地点
- 参观者的人数
- 上传照片与参观者人数减少之间的因果关系

Ⅰ. 拍摄照片的地点

首先，被告主张自己拍摄照片是在一个公共场所而不是私人展会上。

根据《著作权法》第22条第10项，对设置或陈列在户外公共场所的作品拍照不违反《著作权法》。

假设被告确实是在公共场所拍摄的照片，那么就满足《著作权法》第22条第10项的前提要件，拍摄照片就不构成侵犯著作权。

但是，根据《著作权法》第22条第10项拍摄照片不构成侵犯著作权，但是对于上传照片，并不考虑拍摄地点，因为《著作权法》第22条第10项只规定了摄影的例外，而不包括将其公布于众。

因此，被告主张照片拍摄于公共场所的说法没有相关性。

Ⅱ. 参观者人数并未减少

其次，被告主张参加展览和私人展会的人数并没有减少。

《著作权法》第49条第1款第1句规定，赔偿损失以著作权人的实际损失计算，如果实际损失难以计算的，以侵权人的非法收入为准。

如果参观者的人数并未减少，那么原告的实际损失就不是50,000元人民币，这样损失的数额就必须以侵权人的非法收入为准，即40,000元人民币（200次乘以200元人民币）。

因此，被告提出参观者人数并未减少的主张具有相关性。

Ⅲ. 上传照片与参观者人数减少之间的因果关系

另外，被告提出即使参观者的人数减少了，也与其上传照片的行为没有关系，而是因为原告在照片上传之后接受了一个有争议的电视采访，越来越不受公众欢迎了。

中国法上有一个基本原则就是被告的行为与原告的损失之间要存在因果关系。

假设被告的主张属实，那么被告上传照片（被告的行为）与参观者人数减少（原告遭受的损失）之间就没有因果关系，被告也就不必对人数减少及由此产生的经济损失承担责任。

因此，被告提出上传照片与参观者人数减少之间没有因果关系的主张具有相关性。

D. 证据

需要考虑能否证明存在争议的事实。

Ⅰ. 参观者人数减少

1. 举证责任

需要考虑哪一方当事人承担举证责任。由于《著作权法》没有具体的规定，因此必须适用《最高人民法院关于民事诉讼证据的若干规定》第 2 条第 1 款的基本规定，即谁主张谁举证。

根据《著作权法》第 49 条，经济损失是确定（更高）赔偿数额的前提，因此必须是原告主张参观者的人数减少了，根据《最高人民法院关于民事诉讼证据的若干规定》第 2 条第 1 款，原告承担举证责任。

2. 证据问题的归纳

能否证明参观者的人数减少了？

3. 承担举证责任的一方当事人提供证据了吗？

原告承担举证责任，她提供了市场经理出具的一份参观者统计数据。

4. 证据的评估

原告向法庭提供了市场经理出具的一份参观者统计数据，该数据表明了 2014 年 9 月至 2015 年 4 月期间参观展会的人数。可以看出通常每月有 500 位左右的参观者，但是在照片可以通过网络看到的五个月期间，每个月只有大概 250 位参观者，即通常人数的一半。没有理由怀疑该数据的准确性。

5. 结论

证据问题的答案是“是”，参观者的人数确实减少了。

Ⅱ. 上传照片与参观者人数减少的因果关系

1. 举证责任

需要考虑对于上传照片与参观者人数减少之间的因果关系，哪一方当事人承担举证责任。前面已经提到过《著作权法》对该问题没有明确的规定，因此只能适用《最高人民法院关于民事诉讼证据的若干规定》第 2 条第 1 款的基本规定，即谁主张谁举证。

中国法上有一个基本原则就是被告的行为与原告的损失之间要存在因果关系，没有因果关系就不能要求赔偿损失。因此行为与损失之间的因果关系需要由原告来证明，因为是原告主张二者之间存在因果关系，因此根据《最高人民法院关于民事诉讼证据的若干规定》第 2 条第 1 款，原告应当承担举证责任。

假设被告的主张属实，那么被告上传照片（被告的行为）与参观者人数减少（原告遭受的损失）之间就没有因果关系，被告也就不必对人数减少及由此产生的经济损失承担责任。

因此，被告提出上传照片与参观者人数减少之间没有因果关系的主张具有相关性。

2. 证据问题的归纳

能否证明上传照片与参观者人数减少之间存在因果关系？

3. 承担举证责任的一方当事人提供证据了吗？

原告称上传照片与参观者人数减少之间存在因果关系，然而这一点受到了被告的强烈反对，因此原告要承担举证责任，但是原告没有提供任何证据，因此该主张不能被证明。

4. 结论

证据问题的答案是“否”。不能证明原告受到了 50,000 元人民币的经济损失，因此只能根据侵权人的非法收入（无争议的事实）来确定原告的经济损失，即人民币 40,000 元。

E. 解决方案

法官会作出判决，责令被告删除上传到网站上的照片，并且向原告支付人民币 40,000 元。对于其他诉讼请求，法院将予以驳回。

根据《诉讼费用交纳办法》第 29 条第 2 款，诉讼费用由原告承担 30%，被告承担 70%。

判决书

就以下双方当事人之间的法律纠纷

原告：韩天谷女士，北京市东直门外大街16号。

律师：宁荣辉，北京市花园路3号。

以及

被告：张奇先生，北京市海淀区东北旺路10号。

律师：信阳律师事务所，北京市安里路43号。

北京市海淀区人民法院以卢德芳法官为代表在庭审之后，于2015年12月1日作出判决如下：

一、被告删除上传到其网站www. qi-zhang-beijing. cn上的原告画作“月球风景”的照片文件。

二、被告向原告支付人民币40,000元。

三、驳回原告其他的诉讼请求。

四、被告支付70%的诉讼费用，原告支付30%。

事实陈述

双方当事人的争议产生于侵犯原告的著作权而引起的诉讼请求。

原告是中国一位有名的艺术家，过去几年曾在一些私人展览以及博物馆中展出过自己的很多画作，平均每次展会每月的参观者人数大约有500位。其中的一次私人展会是在2014年12月10日798艺术区，那次展会上，原告展示了自己最著名的画作“月球风景”。

被告是一位自然人，2014年12月10日傍晚他就在上面提到的那次私人展会上。

几天后，2014年12月15日，被告把照片上传到自己的个人网站www. qi-zhang-beijing. cn上以供下载，每下载一次收费200元人民币。自照片被上传到网站之日起，总共被下载了200次。

2015年3月12日，原告发现自己的作品“月球风景”的照片被上传到网站，并且可以下载。2015年3月21日，原告给被告写信要求其停止侵犯自己的著作权，被告没有回应。

原告称被告是在那次私人展会上拍摄了画作的照片，并称照片上传到网站上之后每月参观自己展会的只有大约250人，这都可以归因于被告将照片上传到了网站。原告还称，由于参观者的人数减少，给自己造成了50,000元人民币的经济损失。

原告请求法院作出判决如下：

1. 被告从其数码相机“Sony MX 500”上删除原告画作“月球风景”的照片。

2. 被告删除上传到其网站 www.qi-zhang-beijing.cn 上的原告画作“月球风景”的照片文件。

3. 被告向原告支付人民币50,000元。

而被告则要求法院驳回原告的诉讼请求。

被告主张自己的照片不是在私人展会上拍摄的，而是在展会的前几天在一个公共场所拍摄的，那里展示着原告画作的一份复制品。被告还称参观原告展会的人数并未减少，自己上传照片的行为与参观者人数减少之间不存在因果关系。

判决理由

该诉讼可以受理，并且可以部分成立。

1. 原告无权要求被告从其数码相机 Sony MX 500 上删除画作“月球风景”的照片。

《著作权法》第48条第1项不能成为请求权的基础。根据《著作权法》第48条第1项，画作“月球风景”必须是一部受著作权保护的作品，因此侵犯其著作权的要承担相应的民事责任，如停止侵犯，除非《著作权法》另有规定。《著作权法》第48条第1项的前提要件没有满足。

事实上，“月球风景”是著作权法意义上的一部作品，它是中国公民韩天谷女士创作的一幅美术图画，可以以有形的方式被复制（《著作权法》第2条第1款）。

被告的行为总体上侵犯了作品创作者的著作权，因为其行为符合《著作权法》第48条第1项中的复制作品。《著作权法》第10条第5项对复制进行了定义，其中规定复制权，即以印刷、复印、拓印、录音、录像、翻录、翻拍等方式将作品制作一份或者多份的权利。被告拍摄原告画作的行为构成这里的复制，因为用数码相机拍照会导致在相机屏幕上出现一张数码照片，而录像会产生动态的数张照片。

但是《著作权法》第 22 条第 1 项排除了该著作侵权行为的成立，该条规定为了个人欣赏的目的而使用原告已经发表的作品的，不构成侵犯著作权。为了个人欣赏的目的是指仅限自己使用，被告拍下照片这样他在家也可以欣赏，他并未打算将其多次复制或展示给其他人，也未打算给将该画作的复制品提供给公众。

但是还有一点，被告没有指明原告的姓名以及作品的名称，这里需要用到目的解释的方法：《著作权法》第 22 条旨在确保有人将著作权人的作品向公众公开时，公众应当知道谁是真正的作者。本案中被告最初并没有将照片向公众公开，因此就不必指明作者姓名和作品名称。

没有其他的法律基础可以支持原告要求删除数码相机中照片的诉讼请求。

2. 原告要求被告删除上传到其网站 www. qi-zhang-beijing. cn 上的照片文件。

《著作权法》第 48 条第 1 项可能会成为请求权的法律基础。根据该条，任何人未经著作权人允许将其作品通过信息平台公布于众的，都应当停止侵权行为。这些前提要件都满足。

首先，原告的作品是受著作权法保护的一部作品，因为它是中国公民韩天谷女士创作的一幅美术图画，可以以有形的方式被复制（《著作权法》第 2 条第 1 款）。

其次，被告通过信息平台将作品公布于众，符合《著作权法》第 48 条第 1 项的情形。其中“向公众公开”不限于原作品本身，还包括复制品——用数码相机拍摄的照片——也属于侵犯著作权的行为。将照片上传到网站增加了原告的损失，因为有更多的人可以看到该照片，并且很多情况下原作品——跟本案一样——不能通过信息平台获得。

最后，《著作权法》第 22 条第 10 项也不能导致不同的结果。该条规定为个人欣赏的目的而使用他人已公开的作品不构成侵犯著作权，其中为个人欣赏的目的表明仅限于个人使用，这一前提要件没有满足，被告并非仅为个人目的欣赏原告的作品，因为不同于只是将照片存在相机上，将照片上传到网站就会导致不特定的很多人都可以看到该照片。

3. 原告可以要求被告赔偿损失 40, 000 元人民币。

《著作权法》第 48 条第 1 项可能会成为请求权的法律基础。根据该条，任何人未经著作权人允许将其作品通过信息平台公布于众的，都应当停止侵权行为。这些前提要件都满足。

原告的作品是受著作权法保护的一部作品，因为它是中国公民韩天谷女士创作的一幅美术图画，可以以有形的方式被复制（《著作权法》第 2 条第 1 款）。

被告将照片上传到自己的网站侵犯了原告的著作权，因为他通过信息平台将作品公布于众了。

赔偿的数额是人民币 40, 000 元，法律依据是《著作权法》第 49 条第 1 款。该款规定赔偿数额应当按照侵权人的违法所得计算。被告通过将照片提供下载共收入人民币 40, 000 元，因为照片共被下载 200 次，每次收费 200 元。

但是原告不能要求被告赔偿损失 50, 000 元人民币，赔偿的数额不能按照实际经济损失来计算。依据《最高人民法院关于民事诉讼证据的若干规定》第 2 条第 1 款原告应当就自己的损失数额以及被告行为与自己损失之间存在因果关系承担举证责任，但是原告未能证明被告上传照片与自己展会上的参观者人数减少之间存在因果关系，被告对这一因果关系的存在表示了强烈的否认，但原告未能提供任何证据。

根据《诉讼费用交纳办法》第 29 条第 2 款，诉讼费用由原告承担 30%，被告承担 70%。

法官签字

四、著作权法案例 R2

说　明

1. 请运用德国案例分析方法解决所给案例，并书写判决书。

2. 假设本案中所有形式要件方面的要求均已获得满足。

3. 如果认为解决该案例还需要更多的调查，请假定调查已进行但未得到结果。

案件卷宗

荣辉律师事务所

北京分所

北京市华阳路 3 号

起诉书

原告：李华[①]，北京市汇新路 16 号。

委托代理人：宁荣辉，北京市华阳路 3 号。

被告：百度网络科技有限公司，北京市海淀区上地十街 10 号。

法定代表人：该公司董事长。

就李华与百度网络科技有限公司之间的法律纠纷，我们代表原告，请求法院判决：

被告向原告支付 52, 000 元人民币。

原告是中国著名歌唱家，自 1999 年开始录制并销售唱片。她为天娱传媒唱片公司录制的唱片“江晓”发行于 2003 年，并在发售当天销量超过一百万张。

被告运营百度音乐平台，该平台为一个免费登陆的音乐平台。只要用户在该平台注册，则可以向该平台上传任何歌曲或者唱片供大家（包括未注册用户）在网上免费播放收听。2013 年 1 月，用户名为“mandopop234”的用户将唱片“江

① 请注意本案中当事人姓名和称呼均属虚构。

晓”上传至百度音乐平台。

证据：百度音乐平台的网络截图。①

2013 年 6 月 12 日，原告注意到她的唱片“江晓”未经其允许被上传至百度音乐平台。

证据：原告商业代理人的证言。

胡航先生，住址为北京市东城区正义路 5 号

原告通过其商业代理人联系了律师，2013 年 9 月 1 日该律师向被告发出投诉信，告知被告存在违法上传唱片的行为并要求被告停止侵权行为。此后，被告于 2013 年 9 月 6 日从百度音乐平台上删除了该文档。

在唱片“江晓”被上传至百度音乐平台供大家下载的三个月时间内，原告因此遭受经济损失 45,000 元人民币。此外，原告为了制止被告的侵权行为付出了 7,000 元人民币的律师费。原告要求被告支付上述金额，但是被告对此予以拒绝。

被告侵犯了原告对于唱片“江晓”所拥有的著作权。因为著作权侵权行为，原告遭受经济损失共计 52,000 元人民币。因此，原告有权向被告主张损害赔偿。

此致

北京市海淀区人民法院

宁荣辉

2015 年 5 月 1 日

信阳律师事务所

北京市安立路 47 号远洋大楼第 15 层

答辩状

就李华与百度网络科技有限公司之间的法律纠纷，我们代表被告，请求法院判决：

驳回原告的诉讼请求。

原告所述其唱片“江晓”不幸被上传至百度音乐平台确属事实。尽管被告没

① 此处未印出。

有对上传至百度音乐平台的文件予以事前审查，但是被告采取了严格的著作权政策：原告的唱片已经被纳入被告反盗版系统的授权音乐资源库，该反盗版系统是被告为了预防未授权上传而专门设计制作的。不幸的是，因为技术问题该系统未能有效运行，从而导致唱片“江晓”被上传至网络平台。2013 年 9 月 6 日，上传的唱片已经从百度网络音乐平台删除。

证据：被告首席 IT 工程师的证言。

王很先生，住址为北京市东城区正宇路 8 号。

但是，原告无权向被告主张损害赔偿。

原告的著作权可能因唱片上传而受到侵害，但是这种侵害并不是被告造成的，因为被告自己没有将唱片上传至网络。被告只是为他人提供网络存储空间而已。被告此前并不知道他人将唱片上传至网络。原告声称已经向被告发出投诉信也非事实。

此外，被告对原告因唱片上传的行为而遭受经济损失也表示质疑。原告所主张的律师费数额也不可能是正确的。

即使原告对被告存在请求权，该诉讼请求也已经因为超过诉讼时效而消灭。与原告所声称的相反，原告在 2013 年 2 月 2 日已经知道了其唱片被上传至百度音乐平台的事情。因此，原告的诉讼已经超过法定诉讼时效。

因此，原告无权向被告提出其主张的诉讼请求。

此致

北京市海淀区人民法院

郭信阳

2015 年 6 月 3 日

荣辉律师事务所

北京分所

北京市华阳路 3 号

就李华与百度网络科技有限公司之间的法律纠纷

被告可能已经采取了其所声称的保护性措施。然而即便是被告已经采取了保护措施，被告仍然要对网络用户的著作权侵权行为负责。这是因为，在此之前，将音乐唱片（包括原告的一些唱片）上传至被告的网络平台导致著作权侵权的事情已经发生过。在著作权侵权事件发生后，原告作为被侵权人代表团成员之一，曾经在此前的侵权事件中与被告就著作权侵权损害赔偿的问题进行谈判。

证据：原告、原告商业代理人与被告法律顾问之间的往来信件。①

为了证明原告律师曾向被告发出过投诉信，法院可以参见以下所附原告投诉信复印件以及被告回执。

为了证明原告经济损失的数额，法院可以参见以下所附文件复印件：

2012 年 6 月至 2013 年 12 月唱片“江晓”的销售数据统计表。

原告与天娱传媒唱片公司之间的合同。②

原告与律师冯闯之间的合同以及律师费收据。③

从销售数据统计表可知，与其他时期相比，著作权侵权导致原告的唱片销量在这一时期减少 900 张。从合同可知，每张唱片销售将为原告带来 50 元人民币的收入。因此，45,000 元人民币的损失金额是正确的。

此致

北京市海淀区人民法院

宁荣辉

2015 年 7 月 7 日

2015 年 7 月 7 日律师函附件 1

冯闯

律师

北京市齐英路 47 号

---

① 此处未印出。

② 此处未印出。请假设原告和天娱传媒唱片公司董事长均在合同上签字，合同约定每售出一张“江晓”唱片天娱传媒唱片公司将支付原告 50 元人民币。

③ 此处未印出。请假设合同约定原告的代理人代表原告委托了律师，授权律师采取所有必要措施制止著作权侵权行为。从收据来看（有律师的个人签名），律师收取了 2,000 元人民币的律师费。

致百度网络科技有限公司

北京市海淀区上地十街10号

亲爱的女士或先生，

我要通知您，李华女士已经委托我代表其处理法律案件。请参见附件中的委托代理授权书。①从媒体报道中大众已熟知，李女士是唱片“江晓”的创作者，该唱片发行于2003年。

在2013年6月12日，李女士注意到其唱片被上传至百度音乐平台。

（参见以下网络链接：http：//music. baidu. com/album/13441346009）

该唱片的作者李女士是该唱片的著作权人。上传唱片的行为使大众未经李女士同意就可以下载收听李女士的唱片，因此上传唱片的行为侵犯了李女士的著作权。

我因此要求你方立即从百度音乐平台删除上述上传内容。我希望在2013年9月10日前收到你方的删除确认信。

否则李女士将立即对你方采取法律措施以维护自己的权益。

冯闯

2013年9月1日

2015年7月7日律师函附件2

中国邮政

送达回执

冯闯先生

北京市齐英路47号

您寄送至以下地址的信件：

百度网络科技有限公司

北京市海淀区上地十街10号

已经于2013年9月3日送达对方。

---

① 请假设委托代理授权书已正确出具。

中国邮政祝您生活愉快（邮票与邮递员签名）

2015 年 7 月 7 日律师函附件 3

天娱传媒

上海市上地街 12 号

销售统计

艺术家：李华

产品：音乐唱片“江晓”

从 2012 年 6 月至 2013 年 12 月，上述产品的销售数额如下：

时间：	销售数额：
2012 年 6 月	300
2012 年 7 月	300
2012 年 8 月	300
2012 年 9 月	300
2012 年 10 月	300
2012 年 11 月	300
2012 年 12 月	300
2013 年 1 月	200
2013 年 2 月	200
2013 年 3 月	200
2013 年 4 月	200
2013 年 5 月	200
2013 年 6 月	200
2013 年 7 月	200
2013 年 8 月	200
2013 年 9 月	200
2013 年 10 月	300
2013 年 11 月	300
2013 年 12 月	300
总数量	4800

李霞

销售经理

庭审记录：

当事人双方均委托了律师出庭，并且陈述内容与案件卷宗的记载一致。当事人双方都在庭审过程中提出其各自的法律意见并进行了充分的辩论。

案件事实分类表

原告	被告	诉讼过程（如果相关）
原告要求被告向其支付52,000元人民币	驳回原告诉讼请求	
原告是中国著名歌唱家，自1999年开始发行唱片 唱片“江晓”销量超过一百万张 被告运营大众可以免费接入的百度音乐平台 2013年1月，唱片“江晓”被上传至百度音乐平台 2013年6月12日，原告注意到其唱片被上传至百度音乐平台 2013年9月1日，原告的律师代表原告向被告发出投诉信 因侵权导致原告经济损失45,000元人民币： • 唱片比正常情况下销售减少900张 • 每销售一张唱片的利润是50元人民币 原告聘请律师制止著作权侵权→诉讼费用支出为7,000元人民币 被告侵犯了原告的著作权	原告在2013年2月2日就已经注意到其唱片被上传至百度音乐平台 2013年9月6日，被告已经将唱片从百度音乐平台上删除 被告并未侵犯原告的著作权 为了防止非法上传行为，被告已经将原告的唱片纳入被告的反盗版系统中	

以前曾经发生过因违法上传至百度音乐平台导致的著作权侵权行为（也涉及原告的唱片） 原告作为被侵权人代表团成员之一，曾经在此前的侵权事件中与被告就著作权侵权损害赔偿的问题进行谈判 尽管被告采取了其所声称的保护措施，但是被告仍然要对上传唱片的行为负责任	原告的请求权因超过诉讼时效而不予保护	

图例说明：

＿＿＿＿＿ ＝有争议事实

无下划线的 ＝无争议事实

－－－－－ ＝法律意见

解决方案

A. 事实分类

在此建议使用一个案件事实分类表，以清楚地列出问题的要点。请参见案件事实分类表。

B. 充足性阶段

Ⅰ. 诉讼请求的法律基础

“谁以什么为法律基础向谁请求什么?”

原告要求被告支付人民币52,000元。需要考查的是，哪个法律条文可能成为该诉讼请求的法律基础。

1. 《著作权法》第47条

《著作权法》第47条赋予了被侵权人损害赔偿请求权，这一条文或许可以成为适用于本案的请求权基础。

a. 《著作权法》第47条第1项

《著作权法》第47条第1项或许可以适用于本案。本案中，如果百度公司的行为构成发表作品的行为，《著作权法》第47条第1项或许可以在此适用。需要考虑的问题是，《著作权法》第47条第1项所指的“发表”是什么含义呢?

根据《著作权法》第58条，出版是指作品的复制、发行。尽管这一条款明确规定此处所指的是《著作权法》第2条所称的“出版”，但是从这一定义中我们可以推知，在一般意义上发表是指任何将作品在公众间或人数众多的范围内传播并使这些人可以获取该作品内容的行为。因此，将唱片“江晓”上传至供公众免费获取其内容的网络音乐平台，应当被认定为构成此处所指的发表行为。

但是，《著作权法》第47条第1项的规定可能并不适用于本案。在中国的法律制度中，特别法优于一般法，这是一项法律适用基本原则。本案中，《著作权法》第47条第1项的规定可能被《著作权法》第48条第1项的规定排除适用。如果第48条第1项是更为特别的法律规定，那么其就可以排除第47条第1项的适用。因此，第48条第1项具体规定了通过信息网络向公众传播著作权人的作品的行为。因此，第48条第1项规定了更为特殊的情况，其排除了第47条第1项的适用。

本案中，原告的作品被上传至网络音乐平台，该行为构成第 47 条第 1 项规定的发表行为，也满足第 48 条第 1 项规定的通过信息网络向公众传播作品的构成要件。由于相较于第 47 条第 1 项，第 48 条第 1 项是更为特别的法律规定，所以其排除了第 47 条第 1 项的适用。

b.《著作权法》第 47 条第 7 项

《著作权法》第 47 条第 7 项或许是适用于本案的法律基础。如果将唱片“江晓”上传至百度音乐平台的行为构成《著作权法》第 47 条第 7 项所规定的使用作品的行为，那么原告的著作权就可能因此受到侵害。因此，需要考查的是，在网络上发表作品（未做任何更改）是否能够被视为是使用作品的行为。“使用”一词的字面含义是包含了这样的行为的。全盘借鉴某一作品属于（极端地）使用、利用作品的行为。

然而，对《著作权法》第 47 条和第 48 条的体系解释否定了这种观点：《著作权法》第 47 条第 1 项和第 48 条第 1 项分别规定了发表作品的行为（发表为使用他人作品的一种特别形式），如果《著作权法》第 47 条第 7 项中的“使用”一词包含了发表他人作品的行为，那么对发表行为作出特别规定就没有必要了。此外，《著作权法》第 47 条第 6 项的规定（以某种方法使用作品）表明，某种行为要构成使用作品，必须是使用了他人的作品以产生新的作品。

综上所述，《著作权法》第 47 条第 7 项不适用于在网络音乐平台上发表唱片的行为。因此，《著作权法》第 47 条第 7 项不是本案诉讼请求的法律基础。

2.《著作权法》第 48 条第 1 项

《著作权法》第 48 条第 1 项或许是本案请求权的法律基础。如前所述，将唱片“江晓”上传到供公众免费使用的网络音乐平台，人们通过这一信息网络可以获取该唱片的内容。

但是，百度公司自己并没有将唱片上传，百度公司只是运营了一个网络音乐平台，第三人可以将唱片上传到该网络音乐平台上。需要考虑的问题是，只是运营一个供第三人上传文档的网络音乐平台，是否应当被视为将文档向社会公众传播的行为？

对该问题的否定回答可以基于以下理由：第 48 条第 1 ~ 8 项所规定的都是主动侵权行为，而不包括不作为，例如没有积极阻止第三人的侵权行为。这一观点也获得了《最高人民法院关于审理侵害信息网络传播权民事纠纷案件适用法律若干问题的规定》（以下简称“《规定》”）的支持。根据《规定》，当网络被用来实施侵犯著作权的行为时，在满足特定的前提条件下，网络服务提供者需要与侵权人共同承担侵权责任。如果《著作权法》第48条第1项规定的侵权行为包括了运营网络的行为本身，那么这些补充的前提条件就会被绕过。

因此，《著作权法》第48条第1项（这一个条款单独）不能作为适用于本案的请求权的法律基础。

3.《规定》第7条第1款结合《著作权法》第48条第1项

《规定》第7条第1款可能是本案诉讼请求的法律基础。根据《规定》第7条以及《著作权法》的相关规定，网络服务提供者可能因为第三人借助其提供的网络实施侵犯著作权的行为而承担法律责任。根据《规定》第7条第1款第2种情况、第3款结合《著作权法》第48条第1项，网络服务提供者在提供网络服务时帮助网络用户实施侵害信息网络传播权行为的，应承担相应的责任。帮助在此是指网络服务提供者明知或者应当知道网络用户利用网络服务侵害信息网络传播权，未采取删除、屏蔽、断开链接等必要措施，或者提供技术支持等帮助行为。本案可能就属于这种情况。百度公司运营的这个免费在线音乐平台是一个信息网络。因此，上述条款在此适用。

4. 中间结论

综上所述，《规定》第7条第1款第2种情况、第3款结合《著作权法》第48条第1项是李华的损害赔偿请求权的法律基础。

> 找到法律基础后，法官需要进行充足性阶段的分析：考查原告所提出的事实和主张是否能够充分支持其诉讼请求。这里法官需要假定原告所提出的事实都是真实的，然后判断原告是否能够胜诉。

Ⅱ. 请求权成立的前提条件

损害赔偿请求权的前提条件必须得到满足。

1. 受保护的作品

根据《著作权法》第48条第1项，唱片“江晓”必须是受到著作权保护的作品。《著作权法实施条例》第2条规定，著作权法所称作品，是指文学、艺术和科学领域内具有独创性并能以某种有形形式复制的智力成果。《著作权法》第3条第3项特别规定，本法所称的作品，包括音乐作品。唱片“江晓”是一个音乐唱片，因此是李华在艺术领域的智力创作成果。承载于CD的作品和以其他电子形式承载的作品都可以以某种有形形式复制。因此，根据《著作权法实施条例》第2条和《著作权法》第3条第3项，唱片“江晓”是《著作权法》意义上的作品。

《著作权法》第2条规定了谁的作品受到著作权保护。根据《著作权法》第2条第1款，中国公民和法人的作品，享有著作权。由于唱片“江晓”是李华创作的，李华又是中国公民，因此根据《著作权法》第2条第1款，唱片“江晓”受到著作权的保护。

2. 侵犯著作权

《规定》第7条要求必须存在侵犯李华著作权的行为。本案中，如果有人未经著作权人李华允许，将其作品通过公众信息网络向公众传播，就可能构成《著作权法》第48条第1项所列的侵权行为。

百度音乐是一个免费的互联网平台，各种信息都被上传到该平台上，因此其应当被认定为公众信息网络。唱片“江晓”的全部歌曲被上传至百度音乐平台后，任何人都可以畅通无阻地免费收听该唱片。因此，这种行为使公众可以获取唱片“江晓”的内容。

未经著作权人李华允许上传该唱片至网络的行为，已经构成《著作权法》第48条第1项所规定的侵权行为。综上所述，本案存在《规定》第7条第1款第2种情况、第3款所指的侵犯著作权的行为。

3. 网络服务提供者

根据《规定》第7条，百度公司必须是被用于实施侵犯著作权行为的网络的网络服务提供者。因为百度公司负责运营百度音乐，所以百度公司是《规定》第7条意义上的网络服务提供者。

4. 网络服务提供者知道或应当知道侵权行为

《规定》第7条第1款第2种情况、第3款要求百度公司知道或应当知道侵权行为。根据《规定》第8条，网络服务提供者的过错包括对于网络用户侵害信息网络传播权行为的明知或者应知。

a. 知道

李华在 2013 年 9 月 1 日曾向百度公司发过一封投诉信。在信中她指出她的唱片“江晓”的复制件已经被上传至百度音乐。李华作为唱片“江晓”的著作权人，通过这种确有证据的警告向百度公司告知了侵犯著作权的事实情况。如果百度公司没有采取诸如删除侵权内容等措施，则存在过错。

本案中，百度公司收到李华的投诉信后，立即删除了被上传的唱片复制件。在此之前，百度公司对侵权事实并不知情。

注解

《规定》第 13 条：网络服务提供者接到权利人以书信、传真、电子邮件等方式提交的通知，未及时采取删除、屏蔽、断开链接等必要措施的，人民法院应当认定其明知相关侵害信息网络传播权行为。

根据《规定》第 14 条，人民法院认定网络服务提供者采取的删除、屏蔽、断开链接等必要措施是否及时，应当根据权利人提交通知的形式，通知的准确程度，采取措施的难易程度，网络服务的性质，所涉作品、表演、录音录像制品的类型、知名度、数量等因素综合判断。

b. 百度公司的合理注意义务

百度公司最终是应当知道侵权事实的存在的。仍需要考虑的问题是，百度公司是否尽到了合理的注意义务以防止百度音乐的用户未经作者授权上传其唱片“江晓”。百度公司有义务在其管理能力范围内及其职责范围内采取必要的防止侵权行为的措施。这里的关键是，网络服务提供者须在多大程度上承担注意义务取决于具体的个案。作者及其作品的知名度、侵权行为的可预见性以及网络服务提供者的状况都是需要考虑的因素。

本案中，李华已有 15 年的唱片发行经历，她的唱片深受大众欢迎，其中的一些唱片已销售超过 100 万张。另外，此前在百度音乐上已经发生过侵犯李华其他唱片著作权的行为。在此前的侵权事件中，李华是维权代表之一。百度公司理应预见新的侵权行为可能发生，且李华不会授权百度音乐用户将其唱片上传至百度音乐。

鉴于这些情况，百度公司对涉及李华作品的事宜应当承担较高的注意义务。尽管百度公司并不承担对上传的内容进行事先审查的义务，但这并不能说明百度公司就可以只是在被动地接收到侵权行为告知后才采取紧急措施。相反，百度公司有义务定期检查上传的内容是否侵犯他人的著作权，并保证其反盗版系统的正常运行。

百度公司并没有实施上述行为。因此，百度公司没有履行其应尽的注意义务。

注解

根据《规定》第12条，有下列情形之一的，人民法院可以根据案件具体情况，认定提供信息存储空间服务的网络服务提供者应知网络用户侵害信息网络传播权：

（一）将热播影视作品等置于首页或者其他主要页面等能够为网络服务提供者明显感知的位置的；

（二）对热播影视作品等的主题、内容主动进行选择、编辑、整理、推荐，或者为其设立专门的排行榜的；

（三）其他可以明显感知相关作品、表演、录音录像制品为未经许可提供，仍未采取合理措施的情形。

c. 中间结论

综上所述，《规定》第7条第1款第2种情况、第3款要求的前提条件得到满足。

Ⅲ. 诉讼时效

请求权可能因为时效届满而无法被实现。《最高人民法院关于审理著作权民事纠纷案件适用法律若干问题的解释》第28条第1句规定，侵犯著作权的诉讼时效为二年，自著作权人知道或者应当知道侵权行为之日起计算。《民法通则》第154条规定了时效期间如何计算。

a. 时效期间的起算

2013年1月，唱片“江晓”被上传至网络。李华在2013年6月12日才得知她的唱片被上传至网络。没有案件事实说明李华有理由应当早于该时间点知悉唱片被上传至网络的行为。

因此，诉讼时效应当从2013年6月12日开始计算。但是，《民法通则》第154条第2款规定，开始的当天不计入时效期间。诉讼时效应当从下一天开始计算，在本案中是2013年6月13日。

b. 诉讼时效期间的存续和届满

《最高人民法院关于审理著作权民事纠纷案件适用法律若干问题的解释》第28条第1句规定，诉讼时效为两年。《民法通则意见》第198条第1款规定，一年为365日。因此，两年的诉讼时效期间应当为730天。因此，730天的诉讼时效会在2015年6月12日届满。

c. 中间结论

李华在2015年5月1日提起诉讼。因此，没有超出《最高人民法院关于审理著作权民事纠纷案件适用法律若干问题的解释》第28条第1句规定的诉讼时效。因此，该诉讼请求的胜诉可能性并没有因为超过诉讼时效而被排除。

Ⅳ. 赔偿数额

赔偿数额需要按照《著作权法》第49条第1款第1句的规定进行计算。根据这一条款，赔偿数额需要按照李华所遭受的实际损失或者（在实际损失难以计算时）侵权人的违法所得进行计算。《最高人民法院关于审理著作权民事纠纷案件适用法律若干问题的解释》第24条具体规定了权利人的实际损失如何计算。根据这一规定，权利人的实际损失，可以根据权利人因侵权行为所造成复制品发行减少量与权利人发行该复制品单位利润乘积计算。由于唱片被上传至百度音乐，导致唱片比平时少卖了900张。一张唱片可以获得50元人民币的利润，因此李华遭受实际经济损失45,000元。

此外，《著作权法》第49条第1款第2句规定，赔偿数额还应当包括权利人为制止侵权行为所支付的合理开支。《最高人民法院关于审理著作权民事纠纷案件适用法律若干问题的解释》第26条进一步规定了哪些支出可以被认定为制止侵权行为所支付的合理开支。根据李华所主张的事实，李华支付了7,000元聘请律师，代表其采取措施制止侵权行为。这笔费用可以被认定为《最高人民法院关于审理著作权民事纠纷案件适用法律若干问题的解释》第26条所规定的合理开支。因此，李华有权向百度公司主张赔偿损失人民币52,000元。

Ⅴ. 结论

综上所述，李华有权要求百度公司支付损害赔偿金52,000元。因此，李华的诉讼请求会得到法院支持。

C. 相关性阶段

在此，还需要考查被告所提出的事实与主张是否与原告的诉讼请求具有相关性。

Ⅰ. 没有发过投诉信（－）

第一，被告主张原告从未向其发过投诉信，告知被告她的唱片被上传至百度音乐。根据《规定》第7条，网络服务提供者在知道网络用户通过网络实施侵犯他人著作权的行为，或者经著作权人提出确有证据的警告，但仍不采取移除侵权内容等措施以消除侵权后果的情况下，承担责任；网络服务提供者应当知道侵权事实而存在过错时，也要承担责任。

即便李华没有向被告发出过投诉信，被告也应当知道存在侵犯著作权的行为。

综上所述，原告没有发出过投诉信的事实不能构成对原告诉讼请求的抗辩理由，该事实并不具有相关性。

> 正如在法律分析方法导论部分所介绍的那样，在相关性阶段法官需要转换分析视角。在相关性阶段，法官要依据被告所主张的事实分析原告诉讼请求的法律基础中的所有前提条件是否均获得满足。
>
> 正如你们在事实分类阶段所看到的，本案中存在四个有争议事实：
>
> - 获悉侵权行为的时间
> - 原告是否向被告发出了投诉信
> - 唱片销售数量的减少
> - 诉讼费用的数额

Ⅱ. 原告在更早的时候就知道了侵权行为（＋）

第二，被告主张原告在2013年2月2日就已经注意到她的唱片被上传至百度音乐。如果被告的这一主张是事实，那么原告应当在2013年2月2日就已经知晓存在侵权行为。诉讼时效从2013年2月2日开始起算（根据《最高人民法院关于审理著作权民事纠纷案件适用法律若干问题的解释》第28条第1款和《民法通则》第154条第2句），到2015年2月1日时效期间届满（根据《最高人民法院关于审理著作权民事纠纷案件适用法律若干问题的解释》第28条第1句和《民法通则意见》第198条第1款的规定）。

由于原告在2015年5月1日才提起诉讼，已经超过诉讼时效，因此其诉讼请求不会得到法院的支持。

综上，李华在2013年2月2日已经知道其唱片被上传至网络的事实是对原告诉讼请求的有效抗辩。因此该事实与本案的判决结果是相关的。

Ⅲ. 唱片销售数额没有减少（+）

第三，被告主张在原告的唱片被上传至百度音乐的期间内，原告的唱片“江晓”的销售数量并未因此减少。

《著作权法》第 49 条第 1 款第 1 句规定，赔偿数额需要按照著作权人所遭受的实际损失进行计算。根据《最高人民法院关于审理著作权民事纠纷案件适用法律若干问题的解释》第 24 条，权利人的实际损失，可以根据权利人因侵权行为所造成复制品发行减少量与权利人发行该复制品单位利润乘积计算。如果唱片销售数量并没有减少，那么实际损失的数额就是 0 元人民币。

综上所述，该侵权行为并未造成经济损失，原告无权根据《著作权法》第 49 条第 1 款第 1 句要求被告赔偿损失。因此，唱片销售数量没有减少的事实可以对原告的诉讼请求形成有效的抗辩，因此与本案的判决结果是相关的。

Ⅳ. 更低数额的诉讼费（+）

最后，被告主张原告为了制止侵权行为而支出的诉讼费用只有人民币 2,000 元。

《著作权法》第 49 条第 1 款第 2 句规定，赔偿数额还应当包括权利人为制止侵权行为所支付的合理开支。由于原告并未进一步提出事实证明其为制止侵权行为而支出的额外费用，因此原告的诉讼费用支出仅为人民币 2,000 元。因此，如果被告所主张的事实是真实的，原告的合理支出金额比其所主张的金额要低 5,000 元。

综上，被告所主张的原告的诉讼费用仅为人民币 2,000 元的事实可以对原告的部分诉讼请求形成有效的抗辩。因此，被告所主张的这一事实与本案的判决结果是部分相关的。

D. 证据

需要考虑的问题是，有争议的事实是否可以被证明。

Ⅰ. 知道侵权行为的时间

1. 举证责任

仍有疑问的是，对于原告什么时间知道她的唱片被上传至网络的问题由谁来承担举证责任？由于《著作权法》、《最高人民法院关于审理著作权民事纠纷案件适用法律若干问题的解释》、《民事诉讼证据规定》中都不存在特别规定，因此最一般性的《民事诉讼证据规定》第2条第1款予以适用。根据这一条文，当事人对自己提出的诉讼请求所依据的事实或者反驳对方诉讼请求所依据的事实有责任提供证据加以证明。原告已经提出充分的证据证明其诉讼请求的有关事实。现在被告提出了一个可以对原告诉讼请求形成有效抗辩的事实，该事实可以导致原告的诉讼请求被驳回的后果。因此，被告应对这一驳回原告诉讼请求的事由承担举证责任。

2. 证据问题的表述

是否可以证明原告在2013年2月2日已经注意到她的唱片“江晓”被上传至百度音乐？

3. 承担举证责任的当事人所提供的证据材料？

被告承担举证责任。对于这一主张，被告并没有提供任何证据。因此，被告的主张不能被证明。

4. 结论

证据问题应该用“否”来回答。因此，原告的诉讼请求不会因为被告主张的请求权超过诉讼时效而被驳回。

Ⅱ. 唱片销量减少

1. 举证责任

如前所述，《民事诉讼证据规定》第2条第1款在此适用。根据《著作权法》第49条和《最高人民法院关于审理著作权民事纠纷案件适用法律若干问题的解释》第24条的规定，销售数量的减少是确定赔偿数额的前提条件。销售数额减少的事实是原告提出的。根据《民事诉讼证据规定》第2条第1款，原告对该事实承担举证责任。

2. 证据问题的表述

是否可以证明在唱片“江晓”被上传至百度音乐供公众免费收听的期间内，原告唱片的销量比平时正常情况下的销量减少了900张？

3. 承担举证责任的当事人所提供的证据材料？

原告对该事实承担举证责任。她提供了唱片销售统计数据和她与唱片公司之间的许可使用合同。

4. 评估证据

原告以提交其所在唱片公司唱片销售统计数据的形式提供了书证。该统计数据显示了唱片“江晓”的每月销售数量。从中可以看出，通常情况下该唱片每月销售数量为300张。在唱片被上传至百度音乐的9个月时间里，唱片每个月的销售数量只有200张。没有理由对该统计数据的正确性表示怀疑。从每个月销量减少100张来看，可以计算出在唱片被上传至网络音乐平台的9个月中，唱片的销售数量一共减少了900张。

此外，原告还提供了她与唱片公司之间所订立合同正本的复印件。从该份合同可以看出，每售出一张唱片，唱片公司会支付原告50元人民币。这份合同的真实性毋庸置疑，因为该份合同上有原告和唱片公司董事长的签名。

5. 结论

证据问题应该用“是”来回答。因此，原告遭受实际经济损失为人民币45,000元。

Ⅲ. 更低数额的诉讼费用

1. 举证责任

如前所述，《民事诉讼证据规定》第2条第1款在此适用。根据《著作权法》第49条和《最高人民法院关于审理著作权民事纠纷案件适用法律若干问题的解释》第25条的规定，为制止侵权而实际支出的费用是确定赔偿数额的前提条件。因此，原告需要提出这些有关费用支出的事实。根据《民事诉讼证据规定》第2条第1款，原告对该事实承担举证责任。

2. 证据问题的表述

是否可以证明原告为制止侵犯著作权的行为而支出了7,000元的诉讼费用?

3. 承担举证责任的当事人所提供的证据材料

原告对该事实承担举证责任。她提供了她和她律师之间就制止著作权侵权行为所订立的合同，并且还提供了律师提供上述法律服务的律师费发票。

4. 评估证据

从该份合同中可以看出，原告聘请律师来采取必要措施，制止因原告唱片“江晓”被上传至百度音乐而侵犯其著作权的行为。

该发票表明律师的确采取了一些制止侵权行为的措施，但是只向原告收取了

2,000 元作为律师费。

没有理由对发票的真实性表示怀疑，因为发票上有律师的亲笔签名。

5. 结论

证据问题应该用“（部分）是”来回答。由于原告仅仅能够证明诉讼开支为 2,000 元，根据《著作权法》第 49 条第 1 款第 2 句，对于因制止侵权行为而产生的合理支出，原告只能主张 2,000 元的赔偿金。

E. 解决方案

法官会作出判决要求被告向原告支付 47,000 元人民币。对于超出该数额的部分，法院会驳回原告的诉讼请求。

根据《诉讼费用交纳办法》第 29 条，被告应承担 90% 的诉讼费，原告承担 10% 的诉讼费。

判决书

原告：李华，北京市汇新路16号。

委托代理人：宁荣辉，北京市华阳路3号。

被告：百度网络科技有限公司，北京市海淀区上地十街10号。

法定代表人：张大伟，公司董事长，地址同上。

委托代理人：信阳律师事务所律师，北京市安立路43号。

就李华与百度网络科技有限公司之间的法律纠纷，北京市海淀区人民法院卢德芳法官在2015年9月1日开庭审理之后，作出如下判决：

一、被告应向原告支付人民币47,000元。

二、驳回原告的其他诉讼请求。

三、被告承担90%的案件受理费，原告承担10%的案件受理费。

事实陈述

原、被告双方的法律纠纷在于对侵犯原告著作权存在争议。

原告是中国著名歌唱家，自1999年开始录制并销售唱片。她的唱片“江晓”累计销量超过一百万张。

被告运营百度音乐。百度音乐是一个在线平台，其注册用户可以向该平台上传部分音轨或整张专辑。任何人无需注册就可以回放上传至百度音乐的多媒体文件。

2013年1月，一名用户未经原告允许将唱片“江晓”上传至百度音乐。被告为了预防未经授权的上传而专门设计制作了反盗版系统。尽管原告的唱片已经被纳入被告反盗版系统的授权音乐资源库，但是因为技术问题该系统未能有效运行，从而导致唱片“江晓”被上传至百度音乐。原告委托了律师来制止著作权侵权行为。2013年9月6日，被告删除了上传的唱片。

在本次事件之前，未经著作权人同意将音乐作品（包括原告的一些唱片）上传至百度音乐的事情已经发生过。在著作权侵权事件发生后，原告作为被侵权人代表团成员之一，曾在此前的侵权事件中与被告就未经著作权人同意而上传其作品的损害赔偿的问题进行协商。

2013年5月1日，原告对被告提起诉讼。

原告声称，在唱片被上传至百度音乐直到被删除的期间，唱片销量比平时应销售的数量减少了900张。由于原告在每张唱片的销售中可以获利人民币50元，因此共产生经济损失45,000元。原告为了制止著作权侵权行为支付了7,000元律师费。

原告认为被告侵犯了她对唱片“江晓”的著作权。尽管被告采取了保护性措施，但是被告仍然应当对唱片上传至其网络音乐平台的侵权行为负责。

基于上述理由，原告请求法院判决：

被告向原告支付52,000元。

在答辩状中，被告请求法院判决：

驳回原告的诉讼请求。

被告主张原告在2013年2月2日就已经注意到其唱片未经同意被上传至百度音乐。

被告主张其对于原告唱片未经同意被上传至百度音乐的行为不承担责任。即使原告有权要求损失赔偿，该请求权也超过诉讼时效。

判决理由

有合理依据认为该诉讼是可以受理的。

1. 原告有权要求被告支付损害赔偿金人民币47,000元。

该诉讼请求的法律基础是《著作权法》第48条第1项并结合《最高人民法院关于审理侵害信息网络传播权民事纠纷案件适用法律若干问题的规定》第7条。尽管唱片“江晓”被上传到供公众免费获取其作品内容的网络音乐平台，这可能构成第48条第1项规定的通过信息网络向公众传播作品的行为。但是被告自己并没有上传唱片。被告只是运营了一个网络音乐平台，第三人可以将唱片上传到该网络音乐平台上。

《著作权法》第48条第1~8项所规定的都是主动侵权行为，而不包括不作为，例如没有积极阻止第三人的侵权行为。对于网络服务提供者的不作为侵权事实，《最高人民法院关于审理侵害信息网络传播权民事纠纷案件适用法律若干问题的规定》第7条第1款、第3款也需要被考虑进来作为法律基础。这是因为如果认为《著作权法》第48条第1项的侵权行为包括了运营网络的行为本身，那么《最高人民法院关于审理侵害信息网络传播权民事纠纷案件适用法律若干问题的规定》第7条中这些额外的特定前提条件就会被规避。

该诉讼请求的所有前提条件均已获得满足。

唱片“江晓”是受到著作权法保护的作品。根据《著作权法实施条例》第2条、《著作权法》第3条第3项，唱片“江晓”是《著作权法》意义上的艺术领域的智力创作成果，可以以某种有形形式被复制。唱片“江晓”是原告创作的，原告是中国公民，因此根据《著作权法》第2条第1款，该唱片的著作权受到法律保护。

《最高人民法院关于审理侵害信息网络传播权民事纠纷案件适用法律若干问题的规定》第7条要求必须存在第三人侵犯原告著作权的行为。在本案中，存在《著作权法》第48条第1项所列的侵权行为。百度音乐是一个供大众免费接入的互联网平台，各种多媒体文件都被上传到该平台上，因此百度音乐应当被认定为公共信息网络。有用户将唱片“江晓”的整个复制件上传至百度音乐，任何人都可以无障碍地免费回放唱片中的全部音轨。

由于被告负责运营百度音乐，所以被告是《最高人民法院关于审理侵害信息网络传播权民事纠纷案件适用法律若干问题的规定》第7条所指的网络服务提供者，其提供的网络被用于了实施著作权侵权行为。

正如《最高人民法院关于审理侵害信息网络传播权民事纠纷案件适用法律若干问题的规定》第7条第1款、第3款规定的那样，被告应当知道侵权事实的存在，却没有采取必要的应对措施。尽管被告在收到原告的投诉信后立即将上传的唱片“江晓”从百度音乐中删除，但被告没有事前采取必要的措施来防止侵犯著作权的行为。

被告有义务在其管理能力范围内及其职责范围内采取必要的预防著作权侵权的措施。

被告在多大程度上承担注意义务取决于个案的具体情况，需要综合考虑作者及其作品的知名度，侵权行为的可预见性，以及网络服务提供者百度音乐的状况等。本案中，尽管被告没有义务事先审查上传的多媒体文档的内容，但这并不能说明被告就可以只是在被动地接收到侵权行为告知后才采取紧急措施。相反，被告有义务定期检查上传的内容是否侵犯他人的著作权，并保证其反盗版系统的正常运行。考虑到原告已有15年的唱片发行经历，且原告的作品广受大众欢迎，其中一些唱片已累计销售超过100万张，因此被告应承担较高标准的注意义务。另外，此前在被告运营的百度音乐平台上已经发生过侵犯原告其他作品著作权的行为。在这些侵权事件中，原告作为被侵权人代表之一就百度音乐侵权一事与被告协商损害赔偿事宜，被告理应预见新的侵权行为可能再次发生，也应当知道原告不可能授权他人在百度音乐上发布其作品。

此外，原告的诉讼请求未超过诉讼时效，不会根据《最高人民法院关于审理著作权民事纠纷案件适用法律若干问题的解释》第 28 条第 1 句被驳回。

原告主张根据《最高人民法院关于审理著作权民事纠纷案件适用法律若干问题的解释》第 28 条第 1 句的规定，她因侵犯著作权的损害赔偿请求权的诉讼时效为二年，自她知道或者应当知道侵权行为之日起计算。根据《民法通则意见》第 198 条第 1 款的规定，两年的时效期间从 2013 年 6 月 13 日开始，到 2015 年 6 月 12 日为止。原告在 2015 年 5 月 1 日提起了诉讼。唱片是在 2013 年 1 月被上传至网络音乐平台，但是原告在 2013 年 6 月 12 日才得知该事实。根据《民法通则》第 154 条第 2 句，诉讼时效应当从下一天开始计算，在本案中则是 2013 年 6 月 13 日。虽然被告主张原告在 2013 年 2 月 2 日就已经注意到她的唱片被上传至网络，但本院认定原告在 6 月 12 日才知晓该事实。因为根据《民事诉讼证据规定》第 2 条第 1 款，被告提出的这一事实可以导致原告诉讼请求被驳回的后果，因此被告应当承担举证责任，证明原告知晓的时间早于她所称的时间。被告并没有提供任何证据证明其主张，因此被告提出的日期没有获得支持。

根据《著作权法》第 49 条第 1 款，原告有权要求被告赔偿损失 47,000 元。根据《著作权法》第 49 条第 1 款第 1 句和《最高人民法院关于审理著作权民事纠纷案件适用法律若干问题的解释》第 24 条的计算标准，原告因上传唱片的行为遭受实际经济损失 45,000 元。尽管被告对原告经济损失的数额提出质疑，根据《民事诉讼证据规定》第 2 条第 1 款，原告对于损失数额承担举证责任。原告能够证明前述经济损失数额。她提供了唱片销售统计数据和她与唱片公司之间的许可使用合同等书证。该统计数据显示了唱片“江晓”的每月销售数量。从中可以看出，通常情况下该唱片每个月销售数量为 300 张。在唱片被上传至网络音乐平台的 9 个月时间里，唱片每个月的销售数量只有 200 张。没有理由对该统计数据的正确性表示怀疑。从每个月销量减少 100 张来看，可以计算出在唱片被上传至网络音乐平台的 9 个月中，唱片的销售数量一共减少了 900 张。此外，原告还提供了她与唱片公司之间所订立合同正本的复印件。从该份合同可以看出，每售出一张唱片，唱片公司会支付原告 50 元。没有理由怀疑这份合同的真实性，因为该份合同上有原告和唱片公司董事长的签名。通过计算所减少的唱片销售数量以及每张唱片可以获得的利润，45,000 元人民币的定损额是合理的。

此外，根据《著作权法》第 49 条第 1 款第 2 句和《最高人民法院关于审理著作权民事纠纷案件适用法律若干问题的解释》第26条，原告为制止著作权侵权行为支出了合理开支2,000元。尽管原告主张其支出额为人民币7,000元，但是被告对此表示异议。根据《民事诉讼证据规定》第2条第1款，原告对于合理支出承担举证责任，但是原告只能证明存在2,000元的费用支出。原告提供了律师制止著作权侵权行为法律服务费发票。法院有理由认为该发票的真实性不存在疑问。该发票表明律师的确采取了一些制止侵权行为的措施，但是只向原告收取了2,000元作为律师费。由于原告对其所主张的其他支出无法提供证明，法院认定原告的合理支出为人民币2,000元。

2. 尽管原告请求人民币52,000元的损害赔偿金，但是根据《著作权法》第49条第1款以及《最高人民法院关于审理著作权民事纠纷案件适用法律若干问题的解释》第24条和第26条，原告仅有权要求被告支付赔偿金47,000元，驳回原告超出该金额的诉讼请求。

根据《诉讼费用交纳办法》第29条，被告承担本案90%的案件受理费，原告承担本案10%的案件受理费。

____

法官签字

五、专利法案例 R1

说 明

1. 请运用德国案例分析方法解决所给案例，并书写判决书。

2. 假设本案中所有形式要件方面的要求均已获得满足。

3. 如果认为解决该案例还需要更多的调查，请假定调查已进行但未得到结果。

案件卷宗

荣辉律师事务所

长沙办事处

长沙市花园路 3 号

起诉状

关于以下两方当事人之间的纠纷：

原告：燃气灶电器有限公司，长沙市惠新路 16 号，远大办公楼 8 层，由董事会主席代表。

律师：宁荣辉，长沙市花园路 3 号。

以及

被告：厨房科技有限公司，长沙市中新路 135 号太阳城大厦 11 层，由董事会主席代表。

我们代表原告请求法院作出如下判决：

责令被告停止销售 X2000 型号的燃气灶。

原告和被告均为厨房技术设备的生产商，生产包括燃气灶在内的设备。

2011 年 5 月 25 日，专利局对一项特殊的煤气阀技术授予了专利，专利号为 Z1238. A。该煤气阀只在打火时才开启，煤气火焰熄灭时自动关闭。该技术有效防止了任何非故意的漏气。专利说明书中包括五个技术特征。①

原告是前述专利的所有权人，将该专利适用于燃气灶 MQ12 上，向厨房经销商供货，也在自己的店内销售。

证据：公司及产品文件②

自 2014 年 7 月以来，被告也通过自己的网店和宣传册销售燃气灶 X2000，宣传册分发的范围遍及湖南省的各大城市。

证据：被告网店的打印页，被告的宣传册③

被告销售的燃气灶 X2000 中煤气阀的作用方式与原告享有专利的燃气阀的作用方式完全相同，并且使用的技术与原告专利说明书中的五个特征完全吻合。

证据：专家的技术评估④

因此，被告一直在侵犯原告的专利权，未经允许就使用了其 Z1238. A 号专利，所以原告有权要求被告停止侵权行为。

此致

长沙市中级人民法院

宁荣辉

长沙，2015 年 3 月 3 日

信阳律师事务所

长沙市安里路 47 号远洋大厦 15 楼

答辩状

关于以下当事人之间的纠纷：

燃气灶电器有限公司/厨房科技有限公司

我们代表被告，请求法院：

驳回原告的诉讼请求。

---

① 详细的专利技术特征，此处省略。

② 此处省略该内容。

③ 此处省略该内容。

④ 此处省略该内容。

理由说明

被告与原告的确都生产燃气灶，被告从 2014 年 7 月开始销售燃气灶 X2000，并且该燃气灶所使用的特殊煤气阀与原告所描述的技术特征相同。

但是，原告无权要求被告停止销售燃气灶 X2000，理由是并不构成专利侵权。

被告知道原告自 2012 年开始就没缴纳 Z1238. A 的专利年费，因此，该专利不再受保护。

即使缴纳了专利费，原告的煤气阀也不再受《专利法》的保护，因为 2013 年 1 月，原告向被告出售了 200 个这种煤气阀。

证据：200 个煤气阀的销售合同，收据及交付证明。①

因此，依据《专利法》第 69 条，原告无权禁止被告使用其享有专利的煤气阀。

另外，被告根本就没有利用原告的专利技术来生产自己的煤气阀，而是被告的一位工程师 Y 先生于 2011 年 2 月发明了与原告相同的技术。

证据：Y 先生的证人证言，长沙市正义路 5 号。

以及 Z 先生的证人证言（被告的市场经理），长沙市安里路 47 号。

最后，即使构成专利侵权，原告也无权提出任何请求，因为原告不是专利权所有人，第 Z1238. A 号专利最初是发明人 X 先生注册的。

证据：第 Z1238. A 号专利的注册证书。

为谨慎起见，被告还主张，X 先生与原告之间从来未签订专利的转让合同。

因此，原告无权对被告提出任何请求，应当驳回。

此致

长沙市中级人民法院

郭信阳

2015 年 4 月 4 日

① 此处省略该内容。

2015 年 4 月 4 日起诉状的附件 2

中华人民共和国专利局

长沙办事处

注册公告

X 先生

齐英路 47 号

长沙市，410000　　　　　2011 年 5 月 25 日

尊敬的 X 先生，

您于 2011 年 5 月 1 日申请注册以下技术专利：

打火时开启，煤气火焰熄灭时自动关闭的煤气阀。

兹通知，您的申请已经通过，您的发明将被授予专利号 Z1238. A，已于今日即 2011 年 5 月 25 日注册并公开。

具体特征如下（此处略）。①

致礼

中华人民共和国专利局　（盖章及签字）

荣辉律师事务所

长沙办事处

长沙市花园路 3 号

关于以下当事人之间的法律纠纷：

燃气灶电器有限公司/厨房科技有限公司

第 Z1238. A 号专利中的燃气灶技术最初的确是由 X 先生注册的，但是 2011 年 8 月 7 日，原告与 X 先生签订了合同，X 先生将其所有专利权转让给了原告，转让情况于 2011 年 8 月 12 日在专利局登记。

证据：（1）转让合同的复印件；

（2）注册证书的复印件。

因此，原告自 2011 年 8 月 12 日起成为该专利的所有权人，专利也没有被终

① 专利的五个技术特征，此处省略该内容。

止，因为原告2012至2015年期间每年都按时交纳专利费。

证据：缴费通知。①

另外，原告强烈反对被告提出的被告的工程师于2011年2月发明了煤气阀技术。原告的确向被告出售过200个煤气阀。

此致

长沙市中级人民法院

宁荣辉

2015年5月4日

2015年5月4日起诉状的附件1②

燃气灶电器有限公司	X先生
远大办公大楼8层	惠新路16号
齐英路47号	长沙市，410000
长沙市，410000	

转让合同

1. X先生转让第Z1238.A号专利（打火时开启，煤气火焰熄灭时自动关闭的煤气阀，2011年5月25日注册）有关的所有权利

X先生将立刻通知专利局并申请转让注册

2. 燃气灶电器有限公司2011年8月20日之前将70万元人民币转入以下银行账户：……

3. -10. ……

长沙市，2011年8月7日

（X先生的签字）（燃气灶电器有限公司执行经理的签字）

---

① 此处省略该内容。

② 这里只列出相关部分。

2015 年 4 月 4 日起诉状的附件 2

中华人民共和国专利局

长沙办事处

注册公告

燃气灶电器有限公司

远大办公大楼 8 层

惠新路 16 号

长沙市，410000　　　　　　2011 年 8 月 12 日

尊敬的先生/女士，

2011 年 8 月 7 日，X 先生将 Z1238. A 号专利（2011 年 5 月 25 日注册）转让给您。

兹通知您该转让已被注册，专利注册人变更如下：

先前的专利权人：　X 先生

齐英路 47 号

长沙市，410000

新的专利权人：燃气灶电器有限公司

惠新路 16 号

长沙市，410000

以上变更已经于 2011 年 8 月 12 日注册并公示。

致礼

中华人民共和国专利局　　　　　（盖章及签字）

<u>庭审记录：</u>

双方当事人都由其律师代表，并重复了以上陈述，他们各自阐明了自己的法律观点并进行了讨论。

案件事实分类表

原告	被告	诉讼过程（如果相关）
责令被告停止销售 X2000 型号的燃气灶	驳回原告的诉讼请求	
原告和被告均生产燃气灶		
2011 年 5 月 25 日，X 先生转让煤气阀专利（在打火时才开启，煤气火焰熄灭时自动关闭）		
	2011 年 2 月，被告的工程师发明了与原告专利相同的技术	
<u>2011 年 8 月 7 日：X 先生将第 Z1238. A 号专利转让给被告</u>		
原告将专利适用于燃气灶 MQ12 上		
	原告自 2012 年开始就没缴纳专利费	
	2013 年 1 月，原告向被告出售了 200 个带有专利技术的煤气阀	
自 2014 年 7 月以来，被告一直销售燃气灶 X2000		
燃气灶 X2000 中煤气阀的作用方式与原告享有专利的燃气阀的作用方式完全相同		
被告一直在侵犯原告的专利权		
	不构成专利侵权	

图例说明：

__________ = 有争议事实

无下划线的 = 无争议事实

………… = 法律意见

解决方案

A. 事实分类

为了清楚地梳理案件主要事实，建议使用案件事实表，见附件。

B. 充足性阶段

停止销售 X2000 燃气灶的诉讼请求

Ⅰ. 法律基础

"谁向谁请求什么，以什么为法律基础？"

原告要求被告停止销售 X2000 型号的燃气灶。需要考虑该请求权的基础，《专利法》中没有明确规定获得赔偿的条款，因此只能从民法和侵权法中寻找。《侵权责任法》第 2 条第 1 款规定，侵犯他人的民事权益，要承担侵权责任；第 2 款明确了前款中的民事权益包括了专利权。但是第 1 款只是笼统规定需要承担民事责任，没有具体规定被侵害方可以提起哪些诉讼请求。对此，《侵权责任法》第 15 条详细列举了承担侵权责任的方式包括停止侵害。

找到法律基础之后，法官需要在充足性阶段审查原告的主张是否支持了自己的诉讼请求，即假设如果原告主张的事实真实，原告能否胜诉。

因此，《侵权责任法》第 2 条第 1、2 款以及第 15 条第 6 项可以作为停止侵犯专利权诉讼请求的法律基础。

Ⅱ. 法律基础的前提要件

1. 已登记并公告的专利（+）

首先，原告的煤气阀必须是受《专利法》保护的专利。从《专利法》第 11 条第 1 款第 1 句可以看出，一项发明并不自动受专利法的保护，只有被授予专利权后才会受到保护。根据《专利法》第 39 条第 2 句，专利权自公告之日起生效，这就要求专利技术必须得到登记和公告。本案中，原告使用的煤气阀已于 2015 年 5 月 25 日在专利行政部门登记，专利号为Z1238. A，并于同日公告，因此该发明受专利权的保护。

2. 原告作为专利权人（+）

原告必须是该发明的专利权人。从《专利法》第11条可以看出，专利权属于注册专利的人。最初将专利权进行登记的不是原告，而是X先生，因此X先生是最初的专利权人。但是，原告可以从X先生那里获得专利权。《专利法》第10条第1款允许专利权的转让，该条第3款要求转让专利申请权或者专利权的当事人订立书面合同，并向国务院专利行政部门登记，由国务院专利行政部门予以公告。2011年7月，X先生与原告签订了书面的转让合同，根据该合同，X先生将Z1238. A号专利的所有权利转让给了原告，转让情况于2011年8月12日在专利局登记并公告。因此，通过转让，原告2011年8月12日起成为了专利权人。

因此，原告是第Z1238. A号专利的权利人。

3. 侵犯了专利权

依据《侵权责任法》第2条第1款，被告必须侵犯了原告的专利权。

a. 《专利法》中没有对侵权行为的明确定义

《侵权责任法》第2条第2款没有规定哪些行为可以视为侵犯专利权的行为，不过从《专利法》第60条可以看出，未经专利权人许可，实施其专利的，构成专利侵权。另外，《专利法》第63条第1句规定，假冒专利的也是侵犯专利权的行为。因此，被告必须实施或假冒了原告的专利技术。

b. 实施专利

原告可能存在《专利法》第60条第1句中的实施专利的情形，关于专利使用的定义规定在《专利法》第11条第1款中，该款规定未经专利权人许可，以生产经营为目的制造、使用、许诺销售、销售、进口专利产品的均构成专利的实施。接下来需要考虑的是被告是否实施了这些行为。

aa. 使用专利

本案中，被告可能使用了原告的第Z1238. A号专利生产了自己的产品并且予以销售。被告生产的X2000型号的燃气灶中配备了一种特殊的燃气阀，为生产该燃气阀，被告可能使用了上述专利。《专利法》中没有规定怎样确定一项专利是否被用于某一新产品的生产。但是《最高人民法院关于审理侵犯专利权纠纷案件应用法律若干问题的解释》为如何确定是否将专利用于侵权行为提供了指导，从该解释第7条第1款和第2款可以看出，如果一项新产品符合专利保护范围，那就有可能构成专利使用的侵权，该解释第 7 条第 2 款之规定：如果一项新产品包含的技术方案与权利要求记载的全部技术特征相同或等同，就属于上述情况。根据该款之规定，新产品最多有一个技术特征与专利产品的技术特征不相似，才能证明二者的等同。因此就需要考虑被告 X2000 型号的燃气灶中所使用的煤气阀是否与原告享有专利的煤气阀相似或者等同。

bb. 技术特征的比较

根据《专利法》第 59 条第 1 款、《最高人民法院关于审理侵犯专利权纠纷案件应用法律若干问题的解释》第 1 条第 2 款、第 2 条，权利要求是确定专利保护范围的基础，因此也是比较侵权产品与专利产品的依据。《专利法实施细则》第 21 条规定专利权利要求必须描述某项发明的所有技术特征以将其与其他技术区别开来。本案中原告的 Z1238. A 号专利的权利要求包含了 5 个特征，确定了该专利的保护范围，因此是区分不同煤气阀的依据。

需要考虑将两种技术的全部特征进行比较之后是否符合《最高人民法院关于审理侵犯专利权纠纷案件应用法律若干问题的解释》第 7 条第 2 款中相同或等同的要求。根据原告的主张，X2000 燃气灶中的煤气阀与原告的煤气阀的作用方式完全相同，也与原告的权利要求中描述的技术参数配置相同，完全符合原告煤气阀的 5 个专利特征，因此被告 X2000 燃气灶中的煤气阀与原告的专利技术完全相同。所以被告使用了原告的专利技术用于生产 X2000 燃气灶，符合《专利法》第 11 条第 1 款之情形。

cc. 以生产经营为目的使用专利

此外，原告的专利技术必须被被告以生产经营为目的而使用。本案中被告使用原告的专利技术用于生产自己的燃气灶，并随之销售盈利，因此被告的行为是以生产经营为目的。

dd. 未经专利权人允许

被告的行为还必须未经专利权人的允许。本案中专利权的所有人是原告（见前面分析），原告甚至不知道被告使用了其专利技术，因此原告并没有许可被告使用自己的专利，被告的行为未得到专利权人的同意。

ee. 中间结论

因此，被告的行为构成了《专利法》第 11 条第 1 款中的专利实施。

c. 假冒专利

被告可能假冒了原告的专利。《专利法实施细则》第 84 条第 1 款规定了列举假冒专利的行为，被告显然没有标注虚假专利标识（第一、二种情形），以未被授予专利权的产品冒充专利产品（第三种情形），伪造专利文件（第四种情形）或者其他使公众混淆的行为（第五种情形）。因此不存在《专利法》第63条第1句、《专利法实施细则》第84条第1款中的假冒专利的情形。

d. 中间结论

因此，被告通过使用与原告Z1238. A号专利完全相同的技术用于自己的煤气阀而存在专利实施行为，因而侵犯了原告的专利权。

4. 中间结论

要求停止侵犯专利的诉讼请求的前提要件满足。

充足性阶段的结论是肯定的，因此法官需要继续相关性阶段的分析。

Ⅲ. 结论

原告有权要求被告停止专利侵权行为。被告生产和销售的X2000型号的燃气灶包含了一种特殊的煤气阀，侵犯了原告的专利权，因此原告有权要求被告停止销售X2000燃气灶。

C. 相关性阶段

还需要审查被告是否提出与原告的诉求具有相关性的主张。

1. 专利转让合同（+）

首先，被告辩称X先生与原告签订了转让合同。按照《专利法》第11条之规定，专利权属于登记专利的人，最初，引起争议的专利是由X先生登记的。

如果被告的主张正确，原告从未与X先生订立转让合同，那么原告就从未得到第Z1238. A号专利的专利权。那样原告就不是专利权人，只有专利权人才可以在专利权被侵犯的情况下提起诉讼请求，因此原告也就无权对被告提起诉讼请求。

介绍部分已经指出，在相关性阶段法官需要转换视角，审查被告提供的事实能否满足法律基础的前提要件。

从事实梳理部分可以看出，有四个存在争议的事实：
- 专利转让合同的订立
- 专利费的支付
- 原告出售200个煤气阀给被告
- 被告比原告生产煤气阀在先

X先生从未与原告签订专利转让合同的事实会影响到原告的诉讼请求，因此该事实具有相关性。

2. 未支付专利费（+）

其次，被告提出原告自2012年就一直未缴纳专利费。

《专利法》第43条要求专利权人每年缴纳专利费，根据《专利法》第44条第1款第一种情形，没有按照规定缴纳年费的，专利权在期限届满前终止，《专利法实施细则》第98条进一步明确，授予专利权当年以后的年费应当在上一年度期满前缴纳，专利权人未缴纳或者未缴足的，国务院专利行政部门应当通知专利权人自应当缴纳年费期满之日起6个月内补缴，期满仍未缴纳的，专利权自应当缴纳年费期满之日起终止。

因此，如果被告的主张属实，原告连续两年（2012年和2013年）未缴纳年费，并且也已经超过补缴的期限，这样依据《专利法》第44条第1款第（一）种情形及《专利法实施细则》第98条，专利权应当已经终止。如果专利权已经终止就不会构成专利侵权。

因此，原告自2012年未缴纳专利费的事实也会影响原告的诉讼请求，因此也具有相关性。

3. 原告向被告出售200个煤气阀（-）

再次，被告称2013年1月，原告向被告出售了200个煤气阀。

如果该主张属实，可能会导致被告使用原告的发明但不构成专利侵权，依据是《专利法》第69条第（一）种情形。

根据该条规定，使用专利产品将不被视为专利侵权，如果该产品是专利权人销售的。原告作为专利权人已经将专利产品出售给了被告，因此，按照《专利法》第6条第（一）种情形使用该专利产品不构成侵权。问题是，利用该煤气阀的技术生产一个新产品是否仍然属于《专利法》第69条使用专利产品的范围。保护专利权的目的是为确保专利权人可以利用专利产品获利，该目的实现的途径是将产品进行销售。由于专利权人已经从该产品的销售中获利，就不能禁止该产品的进一步销售。这就是《专利法》第69条第1款第（一）种情形允许任何人在从专利权人处购得专利产品后使用该产品的原因。但是如果买方使用该专利产品的具体做法是将该产品的制作方法用于生产一个新产品，这就不仅仅是产品的使用，而是产品的发明方法的使用。如果《专利法》第69条允许此类行为，将有损于专利的保护，专利本身也就失去了意义。

因此，只有对产品本身的使用（如销售）才是《专利法》第69条第1款第（一）种情形中的使用行为，除此之外，使用生产专利产品的抽象制作方法的就不能视为该条中的使用行为，而是对专利的实施行为，是《专利法》第69条所不允许的。

本案中，被告不仅有《专利法》第69条第1款第1句中使用专利产品的行为，在生产自己的煤气阀时还实施了其专利，由于《专利法》第69条第1款第1句不允许该行为，因此即使原告向被告出售了200个煤气阀，被告的行为也依然构成专利侵权。

因此，该事实无法影响原告的诉讼请求，也就不具备相关性。

4. 被告之前自己发明了同样的煤气阀（+）

被告还主张X2000燃气灶中使用的煤气阀技术是自己的一个工程师在2011年2月发明的。

如果该主张属实，依据《专利法》第62条可能排除专利侵权行为。该条规定在专利侵权纠纷中，被控侵权人有证据证明其实施的技术属于现有技术的，不构成侵犯专利权。如果专利权人申请专利时被告已经发明了该技术，就符合该条的情况。由于被告的一名工程师在2011年2月份就已经发明了与享有专利的煤气阀作用方式完全相同的煤气阀，因此在X先生于2011年5月申请该专利时，该技术已经存在。因此，《专利法》第62条可以适用，不存在专利侵权行为，因为被告使用的是现有技术。

被告在2011年2月就发明了该煤气阀技术，并将其用于X2000燃气灶这一事实可以影响原告的诉讼请求，因此具有相关性。

> 被告提出的四个事实中有三个会导致前两个阶段结果的不同，因此在证据阶段要审查这三个事实。

D. 证据

需要考虑能否证明存在争议的事实。

Ⅰ. 原告与 X 先生之间的转让合同

1. 举证责任

需要考虑对于原告与 X 先生之间是否签订了专利权转让合同由哪一方当事人承担举证责任。《最高人民法院关于民事诉讼证据的若干规定》第 2 条规定，谁主张谁举证。根据《侵权责任法》第 2 条第 1 款、第 2 款，只有专利权所有人有权要求停止专利侵权行为。因此原告的专利权属是其诉讼请求的前提要件，由于他主张 X 先生将专利权转让给了自己，因此原告需要证明该事实。

2. 证据问题的归纳

证据问题应当这样归纳：如果答案是“否”，那么承担举证责任的一方当事人就要承担对自己不利的后果。

能否证明 X 先生与原告签订了转让合同，将自己的第 Z1238. A 号专利转让给原告？

3. 承担举证责任的一方当事人提供证据了吗？

原告承担举证责任，原告提交了自己与 X 先生签订的转让合同的复印件，以及专利局转让登记通知的复印件。

4. 证据的评估

原告提交的文书证据中包括了一份转让合同的复印件，该合同表明 X 先生于 2011 年 8 月 7 日与原告的执行总监约定将自己的第 Z1238. A 号专利以 70 万元人民币的价格转让给原告，该合同上有双方当事人的签名。另外，专利局的公告也证明了这一事实，专利局对转让的事实进行了登记。因此可以得出结论，当事人之间签订了转让合同，并按照规定的方式提交给了专利局，否则专利局不会予以登记。由于登记公告是基于行政机关的权力作出的，因此法院没有理由怀疑其权威。

因此，没有合理的理由怀疑所提交的合同的真实性。

5. 结论

证据问题的答案是“是”。原告获得了 X 先生转让的第 Z1238. A 号专利的专利权。

Ⅱ. 未缴纳专利费

1. 举证责任

需要考虑原告自 2012 年以来是否缴纳专利费这一问题由谁承担举证责任。《民事诉讼证据规定》第 2 条规定，谁主张谁举证。原告提供的事实满足了自己诉讼请求的全部前提要件，现在被告提出了一个可以排除该诉讼请求的事实，因此对于原告没有缴纳专利费的事实，应当由被告承担举证责任。

2. 证据问题的归纳

能否证明原告自 2012 年起就一直未缴纳第 Z1238. A 号专利的专利费？

3. 承担举证责任的当事人提供证据了吗？

被告承担举证责任，但是被告没有提供任何证据支持自己的主张，因此，该主张无法被证明。

4. 结论

该证据问题的答案是“否”。原告的诉讼请求不能因为未缴纳专利费而被排除。

Ⅲ. 被告先前就发明了煤气阀

1. 举证责任

对被告的一位工程师 2011 年 2 月就发明了被告 X2000 燃气灶使用的煤气阀这一事实，需要考虑由谁承担举证责任。根据《专利法》第 62 条的规定，应当由被告证明自己使用的是现有技术。

2. 证据问题的归纳

能否证明被告的一位工程师 2011 年 2 月就发明了 X2000 燃气灶中的煤气阀？

3. 承担举证责任的当事人提供证据了吗？

被告承担举证责任，他提供了两份证人证言：Y 先生（2011 年 2 月发明 X2000 燃气灶中的煤气阀的工程师）和 Z 先生（被告的市场经理）。

4. 证据的评估

被告提供了两份证人证言，法院只有对两位证人进行询问后才能判断其可信性和合理性。

5. 结论

如果法院在询问了 Y 先生和 Z 先生后接受了他们的证言，那么证据问题的答案就是“是”。

E. 解决方案

只有被告的工程师2011年2月发明X2000燃气灶中的煤气阀这一事实具有相关性，但目前还无法证明。因此法院要组织庭审程序，在开庭过程中，需要询问Y先生和Z先生，以查明被告使用的X2000燃气灶中的煤气阀是否在2011年2月就已存在。

判决书

就以下双方当事人之间的法律纠纷

原告：燃气灶电器有限公司，长沙市惠新路16号，远大办公楼8层，由董事会主席代表，地址与公司地址相同。

律师：宁荣辉，长沙市花园路3号，邮编410000。

以及

被告：厨房科技有限公司，长沙市中新路135号太阳城大厦11层，由董事会主席代表，地址与公司地址相同。

律师：信阳律师事务所，长沙市安里路47号，邮编410000。

长沙市中级人民法院以卢德芳法官为代表于2015年6月6日作出判决如下：

法院将要听取证据以判断被告所称的其工程师Y2011年2月就发明了与原告第Z1238. A号专利相似的煤气阀技术是否属实。

1. Y先生，长沙市正义路5号，邮编410000。

2. Z先生，长沙市安立路47号，邮编410000。

判决理由

原告要求被告停止销售X2000型号的燃气灶，理由是侵犯了其专利权。

被告自2014年7月起开始销售燃气灶X2000，该燃气灶中煤气阀的作用方式与原告使用第Z1238. A号专利的燃气阀的作用方式完全相同，由于该专利属于原告，且专利的保护没有因未支付专利费或《专利法》第69条第1款第（一）种情形专利产品的销售而终止，因此原告可以依据《侵权责任法》第2条第1、2款以及第15条第（一）种情形要求被告停止销售X2000型号的燃气灶。

这个问题取决于被告是否构成了专利侵权行为，根据《专利法》第60条第1款，专利实施行为可能构成专利侵权，由于被告使用的燃气阀与原告的专利技术相同，且未经原告允许就经营销售，因此构成了《专利法》第11条第1款的专利实施。

但是，《专利法》第62条规定，在专利侵权纠纷中，被控侵权人有证据证明其实施的技术属于现有技术的，不构成侵犯专利权。被告称自己的一名工程师在2011年2月份就已经发明了与原告享有专利的煤气阀作用方式完全相同的煤气阀，如果该主张属实，X先生于2011年5月申请该专利时，被告使用的技术就是现有技术。这样，依据《专利法》第 62 条，被告的行为就构成专利侵权。

因此，法院必须查明被告的主张是否属实，被告对《专利法》第 62 条中的主张承担举证责任，也提供了 Y 先生和 Z 先生两位证人的证言予以证明，因此法院必须询问两位证人来判断被告的主张是否属实。

法官签字

图书在版编目（CIP）数据

法律适用方法．知识产权法案例分析方法 / 国家法官学院，德国国际合作机构著．—北京：中国法制出版社，2016.1

ISBN 978-7-5093-6850-3

Ⅰ.①法… Ⅱ.①国… ②德… Ⅲ.①知识产权法-案例-中国 Ⅳ.①D920.5

中国版本图书馆 CIP 数据核字（2015）第 256438 号

责任编辑 周琼妮（zqn-zqn@126.com） 封面设计 蒋 怡

法律适用方法：知识产权法案例分析方法

FALÜ SHIYONG FANGFA：ZHISHICHANQUANFA ANLI FENXI FANGFA

著者/国家法官学院，德国国际合作机构

经销/新华书店

印刷/三河市紫恒印装有限公司

开本/730 毫米×1030 毫米 16 印张/22.25 字数/251 千

版次/2016 年 1 月第 1 版 2016 年 1 月第 1 次印刷

中国法制出版社出版

书号 ISBN 978-7-5093-6850-3 定价：68.00 元

北京西单横二条 2 号 值班电话：010-66026508

邮政编码 100031 传真：010-66031119

网址：http：//www.zgfzs.com **编辑部电话：010-66067023**

市场营销部电话：010-66033393 **邮购部电话：010-66033288**

（如有印装质量问题，请与本社编务印务管理部联系调换。电话：010-66032926）